U0052984

政治學的科學探究（四）

政治變遷與民主化

胡　佛　著

三民書局 印行

國家圖書館出版品預行編目資料

政治學的科學探究（四）政治變遷與民主化／胡佛
著．－－初版二刷．－－臺北市：三民，2004
　面；　　公分

ISBN 957-14-2752-7　（平裝）

1. 政治-哲學，原理-論文，講詞等
2. 政治-研究方法-論文，講詞等

570.107　　　　　　　　　　　　　86016210

網路書店位址　http :.// www. sanmin. com. tw

© 　政治學的科學探究（四）
　　政治變遷與民主化

著作人　胡　佛
發行人　劉振強
著作財　三民書局股份有限公司
產權人　臺北市復興北路386號
發行所　三民書局股份有限公司
　　　　地址／臺北市復興北路386號
　　　　電話／(02)25006600
　　　　郵撥／0009998-5
印刷所　三民書局股份有限公司
門市部　復北店／臺北市復興北路386號
　　　　重南店／臺北市重慶南路一段61號
初版一刷　1998年1月
初版二刷　2004年10月
編　　號　S 571090
基本定價　陸　元
行政院新聞局登記證局版臺業字第○二○○號

有著作權·不准侵害

ISBN　957-14-2752-7　（平裝）

自　序

　　政治學不僅是一門學科(discipline)，更重要的是一門科學(science)。但在所有的社會科學中，政治學的科學性質，常常不易彰顯，甚至受到扭曲。簡單地說，主要的原因可能來自兩方面，其一是社會的現實。何以說呢？我們不必從歷史，就從自身的經歷，即可清晰地看到，在一個政治權勢不容懷疑的威權社會，統治階層的特殊觀念，透過政治權力的行使，就會籠罩一切，政治的知識不過是信仰與奉行而已，那裡還有可能容忍政治學者，自由地根據學術求真的精神，運用嚴謹的分析方法，作科學性的探究呢？其二是學術的環境。我們也可試想，如政治學者本身的觀念就流於封閉，不能接納科學的新知，又如何能產生開放及開創的態度，拓展科學研究的學術天地呢？實際上，社會的現實與學術環境每是互為表裡的。威權政治愈是強烈，政治學者愈會受到牽制，但在另一面，也愈會有人刻意迎合，弄得政學不分。這樣的惡性循環，使得政治學的科學探究，益發不易開展。處於這樣的環境，還要堅持學術自由的原則，從事政治學的科學性與開創性的研究，那就不是一件輕易而輕快的事了。

　　我在上面對政治學的科學研究可能發生的一些困境，作了一些說明，主要的用意就是要指出，在過去的數十年間，我國正值威權政治極盛的時代，政治學的研究環境受到重重束縛，作為一個力求突破禁制，熱愛科學探究的政治學者，如不經歷種種的磨練與奮鬥，是不可能累積一些成果的。我最近檢點過去的若干學術著述，擬編輯成書，一些曾經引起爭議，甚至被查禁的研究與論文，又來到眼底。想到以往所遭遇的困阨與苦況，以及奮力對抗所滋生的激情，當時不易為人所知，現時人恐怕更難體會。而我自己，作為一段歷史人生的見證，則不能不在此一記。對於過去的境遇，我有時難免有點抱屈，但又覺

得十分幸運。想到身處威權統治，豈不是適逢其會，我還能有所突破，開展若干科學性的研究，對今日學術風氣的開放，總算提供了一點貢獻，這對一個政治學者來說，不也是非常難得的際遇麼！

　　相對於其他社會學科，政治學具有非常明確而獨特的觀察領域，即：權力。但傳統的政治學研究，特別在國內，多著重國家與政府體制的分析，而且常以正式的法令規章為主。權力的概念僅是隱藏其中，並不成為刻意探討的對象。對規制的解析當然是必要的，不過，如不能進入到權力的結構與運作的觀察，恐祇能得一個形式的瞭解，有時還不脫一種表象。要從形式進而探究政府體制實質而動態的運作，就必須包羅多種權力結構，尋覓交互影響的互動關係，這種關係的規律、類型，以及因果，才是科學性探究的對象。我在 1960 年代之初，就嘗試運用這樣的方法研析憲政結構。值得一提的是，在 1964 與 1965 年間，我們臺大政治學系的同仁，合作進行監察院的研究，我乃選擇政黨及利益團體對監察功能的影響，從事實質的動態觀察。我們初次運用問卷，並進行訪談，望能發現互動的規律，結構的實質類型，以及對整體監察體制的影響。不意這一學術研究竟觸犯了政治的現實，我們大多是執政國民黨的黨員，不僅受到黨紀的懲處，更進一步受到政治性的調查與影響。所寫作的著作，皆被收繳，成為禁書。這是科學研究所引來的一場政治風暴，餘波歷久不息，現祇能簡略在此順筆一述罷了。

　　從權力結構觀察政治體制是政治學科學探究的一面，但權力結構不能離開人的活動而獨存。因之，對人的政治行為的觀察，應是科學探究的另一面，並且是根本的一面。我的基本看法是，人的政治行為與活動來自政治生活的需要，而政治生活則是在政治體系內進行。我認為政治體系是由認同、結構與功能三者所組合而成，三者的內部及相互之間的互動，才是決定體系的穩定與變遷的主因。在另一面，群體的政治文化影響到個人的政治人格，又構成政治體系的認同、結構

與功能的基礎；如文化不能達到共識，整體政治體系就會發生動搖，
終而影響到政治生活的經營。以上是非常簡單地從政治體系的立體面，
加以剖解，其實學者間對此類政治體系的主張與理論，也多采多姿，
並不少見。但我總是覺得，無論在體系的縱的層次及橫的環節上，若
干論點，似未能緊密地掌握住政治的權力本質。就因如此，一些有關
的理論，即有欠周延，而嫌鬆散。我從 1970 年代的初期，決心試建以
權力關係為核心概念的整體理論架構，並發展各種假設，設計量表及
問卷，進行經驗性觀察，加以驗證。這種嘗試當然要投入相當的心力、
人力與物力。在研究的過程上，我先對權力的概念加以檢視，然後在
演繹的推理上，將體系內組成份子的權力關係分成三類，即：組成份
子或成員相互之間的，成員與權威機構相互之間的，以及權威機構相
互之間的。這一演繹性的權力分劃，可涵蓋各種權力關係，而構成類
型建立的理論基礎。在這一基礎上，即能進一步運用認同、結構與功
能的概念，分別從文化、態度及行動的層次，發展多層的概念與理論
架構，作多種類型及因果關係的探索。

　　體系的功能屬價值分配的決定過程，我接受系統論從「投入」
(input)，到「轉變」(conversion)，再到「產出」(output)的三種運作環
節的演繹性劃分，但將權力的概念注入。這樣的融合，一方面可將政
治體系的觀察範圍擴大至國家與政府之外，包括民間社會與政治社會
的多種團體；一方面可從功能運作的性質，設定各種功能體系，如選
舉體系、經濟體系等等，加以觀察。這些體系在上述三個環節的運作
上，也可發展多類的概念與理論架構，探尋類型及因果的關係。貫串
起來看，在權力的核心概念下，推論的過程可由政治人格及政治文化
到政治態度與活動，並連結至體系的運作，然後再從體系的運作而到
權力的結構與體系的維繫與發展。如此，一個整體的科學性探究架構
就可清晰地呈現出來。這是運用特定的權力概念，由個體(micro)的行
為發展到總體(macro)的體系，如說是一種自我設定的研究範型

(paradigm)，也就不妨了。

　　以上祇是一個大概，主要在說明致力科學探究的大方向，但我在困心衡慮之餘，也有一些自得。我覺得在發展研究架構的過程中，尚能作自主性及開創性的思考，並不一味沿襲西方學者的理論。我常想我們中國學者，對政治變遷大多皆有切身的經驗，如能善加體會，對政治運作的研析，應能更加深入、精當。不失自信，才能實踐自我，進而掌握方向。除此，我在概念的釐清上，亦尚能嚴格地加以定性，然後在架構中定其位，再在理論的假設上定其作用。我常在研究中作一些概念的檢討與自我的答辯，這在思辨上，也有助益，但有時會弄得自己能知，他人難讀，那就未免有些自憾了。

　　我在 1970 年代的中期，先就民主、法治等政治價值及社會化的過程，設計量表問卷，測量臺大法學院的學生。在 1976 與 1977 年間，我約同臺大政治學系同仁陳德禹教授及朱志宏教授，合力完成政治系統的權力價值取向及交互作用的整體架構，並進一步發展政治文化、政治態度、政治參與等數種概念架構及量表，在臺北市內湖區測量所有公務人員及公民的樣本。我們將公務人員與公民對比觀察，以探究體系的維繫與變遷的方向。在取樣上，我們自行設計兩層抽樣法，即先就第一母體的戶籍資料，隨機抽出相當實際觀察樣本十倍的第二母體，然後再從中隨機抽出十分之一的實訪公民樣本。如此，我們就存有多達九倍的預備樣本，可供隨機抽補，因之，訪問的成功率近於百分之百。我很高興當時參與討論及實地訪問的年輕同仁，現都進入教育及學術界，貢獻心力，如梁雙蓮教授、林嘉誠教授、彭懷恩教授、朱雲漢教授、徐火炎教授及陳明通教授等。

　　我們在內湖地區運用抽樣、統計等方法探究民眾的權力價值，這在國內是僅見的，當然會引起若干爭議。竟有學術主管站在政治現實的立場，認為權力是不能成為觀察的對象，更有人反對以統計的量化來研析政治。1980 年底，在中美斷交後，國內恢復中央民意代表的增

額選舉，我覺得選舉參與及投票行為，關係到政治體系的變遷，在我們的總體研究架構中是極為重要的，我下定決心，連同研究同仁，進行實證觀察。當時國內的政治體制無論在政黨結構、政見範圍及競選過程等，皆與西方民主國家不盡相同，於是我們乃重新發展概念架構，用以探索我國選舉的特色。但我們在籌劃研究時，一再遇到困擾，特別在經費的申請上，受到多方抵制。但幾經折衝，總算克服，我們對政治學的科學探究從此又進了一大步。

　　自 1980 年代以來，我們對國內重要的選舉，皆進行實證研析。對政治學者來說，這真是極為難得，而且可供定期觀察比較的實證場地。我們除觀察選舉行為，也根據總體的研究架構，一併觀察政治文化，政治態度，以及政治參與與變遷等，所以我們的問卷是整體結構的，並不限於選舉的一端。我們的抽樣，僅初次在臺北市，其後就擴展到全省地區。我們先要南北奔波抽樣，然後再作全省性的施測，每次皆要動員數十人。我們當然也有一些甘苦談，記得大批問卷回收，但我的研究室十分狹窄，祇能排列在地板上，我與陳德禹教授及其他年輕同仁，也只好列坐地板，俯身加以檢視、復查。當時尚年輕的同仁游盈隆教授，尤為辛勤。另要特別感念的是另一位年輕同仁高朗教授，在一次選舉研究中，數位同仁出國進修，他特來相助，作了這段緊要時期的義工。

　　我們不斷地在全省抽樣作實證性的科學研究，我們的研究小組也就很自然地形成了一個工作室，就稱為「政治體系與變遷研究工作室」。我們進一步探究候選人與地方派系，嘗試尋覓臺灣社會及政治流動的軌跡。這也關連到政治變遷，因之，我們的觀察就朝向臺灣政治體系威權結構的形成、鞏固、鬆散與轉型。這些皆需要發展新的概念與理論架構，我們都作了規劃，並完成對政治人物作深度訪談的問卷。我們更收集了極為珍貴的有關派系人物的資料，並設計估量的方法，加以轉錄及分析。在 1992 年，我與研究室的數位同仁，根據我們在臺灣

探究政治文化與政治參與的研究架構與理論，與美國哥倫比亞大學、杜克大學、加州大學洛杉磯校區及香港中文大學的學者合作，進行中國大陸、臺灣及香港三地有關政治文化及政治參與的研究。1994 年我與朱雲漢教授應邀參加在四十餘國進行的國際性選舉體制與投票行為的比較研究。我很欣慰我們多年來的科學探究，逐漸受到國際的認可。

　　我與研究室同仁所開發的多種研究仍在繼續進行，且時時加以檢討、充實與改進。近些時來，我們將過去多達十多次的大量實證研究資料，重加整理，輸入電腦，送請中央研究院保存，公開提供學界使用。我轉而想到也可將自己過去若干的著述及研究，先印成書，這樣才易於檢閱。我一向將著作隨手放置，現費了一些時間，才能彙齊，恐仍有遺漏。整理之餘，不時想到多年執著科學研究的信念與往事，所以決定用政治學科學研究的總稱，按著作的性質，先編成五本專書。現將書名，分列如下：

一、政治學的科學探究（一）：方法與理論

二、政治學的科學探究（二）：政治文化與政治生活

三、政治學的科學探究（三）：政治參與與選舉行為

四、政治學的科學探究（四）：政治變遷與民主化

五、政治學的科學探究（五）：憲政結構與政府體制

　　我在前面說過，早年從事研究時，就在政治權力的核心概念下，發展總體的研究架構，所以各書的著作大多能脈絡相通，祇可能在個別架構的說明上，有一些重複。還有一些已成專書的研究，如選舉方面的，我就不再納入。

　　我原先並未預計要把五本專書出齊，正在躊躇之際，陳明通教授特來協助編輯及安排出版事宜，張佑宗學隸及研究室多位助理也從旁協助，事乃有成，真使我非常心感。

　　我的學殖生涯雖遇到若干波折，但終能幸運地在研究的道路上不斷前進，這要感謝國內外許多學術界朋友對我的呵護與支持。我更要

感謝這許多年來與我共同研究的研究室同仁，如沒有相互的切磋、問難，甚至爭執到相持不下，那是不會有今日的研究進展的。我們的實證調查每次都是多位研究助理率同數十位的訪員，不避寒暑、無分日夜，在全省各地進行，我每一念及，即感激不置。我不能一一列出所有對我錯愛及協助者的大名，但皆會銘記心版，不敢相忘。我很想在未來多寫一些學術研究的追憶，以鑒往知來。

　　最後要感念的當然是我的家人，我的小女胡絲、胡蕙、胡芹，平時就幫我打字編稿，現更協助整理著作，令我頗感欣慰。我常常處在逆境，內人曉英則是最大的精神支柱。在電腦程式還未普及時，我試寫一些統計的計算程式，她在夜晚運用家庭的小電算機，登錄問卷，加以計算，而完成我最早的研究。數十年的時光轉眼即過，真可說歲月如流。我們有時在後山曲徑散步，夕陽、山風、溪水、鳥鳴，真覺得患難相扶，用「牽手」一語表意，實最為貼切。我雖不解音律，也即景生情，口占一首小詞，特錄在下面，作為序言之結：

牽　手 調寄浣溪沙

翠聳新篁半入天，水溢澗溪注枳園，道人心緒是啼鵑。

空山夕照留片刻，飛絮輕飄去無邊，拾階語住手相牽。

胡　佛

1997 年 12 月 5 日夜於大湖山莊

前　言

　　政治的生活不是沒有目的與方向的。用權力的內涵看，那就是：在目的上，追求權力價值的滿足，也就是說，在一個體系內，個人相對地謀求及獲取最大的權力價值。在方向上，權力價值的滿足既可針對整體體系的統合與發展，也可針對權力結構的開放與自由，以及參與功能的擴大與提昇。但政治生活常常受到體系內外各種因素的限制，必須不斷地爭取與突破，因而在時、空上構成政治的變遷。民主化則是破除政治的壓制和束縛，實現政治的開放與自由，而為政治變遷的主要內容與方向。在性質上，政治變遷與民主化是政治體系總體性的變化，但也可結合個體的行為，作整合性的探究。作者多年來強調總體與個體觀察的結合，曾發展概念與理論架構，從多種面向，包括人格、文化、行為、制度及歷史等，進行實證性的驗證及歷史的剖析，這些皆可從本集所收入作者的十二篇著作中看到。現再作數點簡要的說明：

　　一、作者認為人類的任何生活，皆在滿足生理及心理上的基本需要，而政治生活則涉及自尊、自重、自由、自主，以及自我實現的需求，從而才能發展為政治的價值取向，不斷地推動政治的變遷與民主化。但在歷史及文化的環境下，民主的方式儘可表現出多種及多樣，但大方向則趨於一致。這方面的討論，可見第一篇著作：〈社會變遷與政治建設〉。

　　二、政治變遷與民主化是一複雜而曲折的動態歷程，但要點則在極權或威權政治之變。近代頗多威權體制，作者認為這類體制都是在特殊政治理念與目的的號召下，由政治領袖掌握權柄，進而對統治社會、政治社會及民間社會，加以控制。作者乃發展傘狀威權結構的理論架構，進行觀察，可見第二篇著作：〈臺灣威權政治的傘狀結構〉。

　　三、臺灣的政治變遷與民主化，主要反映在威權體制的形成、鞏固、衰退及轉型。作者根據上述的傘狀理論架構，進而觀察各個階段的轉變，並加以分期，使具理論上的意義，可見第三篇著作：〈現代威權體制的轉型與民主化：總體的概觀〉。

　　四、臺灣在威權統治的形成階段，即在一黨專政的戒嚴體制下，進行局部地方性的選舉，以尋求政權的正當性。但選舉會發揮作者所稱的漩力的機制作用，對各種資源重新分配，而促動政治參與與民主化。作者運用個體及總體的實證性資料，作深入的探究，並指出本土意識從中所發生的作用，以及對未來的影響。可見第四篇及第五篇著作：〈臺灣的選舉體制與政治變遷〉，〈臺灣的選舉競爭與政治民主化〉。

　　五、威權體制的轉型及民主化的發展，非必經過流血革命，付出慘重的代價，也可經過策劃，透過朝野的互動與和解，逐步和平達成，如過去西班牙的轉型即是。但如何互動與和解，必先有溝通的策劃，作者乃從理論及臺灣的實例，加以析述，可見第六篇著作：〈政治發展與政治溝通〉。

　　六、在威權統治下進行民主化的轉型，最常見的困擾是：威權統治的當政者與支持者，有意或無意地混淆民主的意涵，如強調威權統治也是一種革命的民主等，使得民主建設，難以開展。作者一方面對民主觀念，加以釐清，另一方面，則對民主的文化，加以解析，並指出民主的建設必須植根在正確的民主觀念與文化之上。作者也對科技精神與民主政治之間的關連，有所省察。可見第七篇、第八篇及第九篇著作：〈民主政治的迷思與實踐〉，〈民主文化與民主建設〉，〈科技精神與民主政治〉。

　　七、對民主化轉型的影響，不僅來自體系內的因素，也可能由於外在的國際因素。臺灣與南韓都正進行民主化的轉型，且長期以來皆面臨統一的問題，所處國際環境也有類似處，因而，國際因素在民主

化的過程中是否有所影響，非常值得觀察，作者特加必較探究，可見
第十篇著作：〈臺灣與南韓民主化過程中的國際面向分析〉。

　　八、對具有數千年悠久歷史的中國來說，清末以來的政治變遷，
可說是翻天覆地的，最值得作全盤而深入的探究。作者先檢視啟蒙運
動的影響，可見第十一篇著作：〈啟蒙運動與中國近代政治發展〉。
再進而以較大的篇幅，對清末民初的變局及主要政治團體的主張與活
動，作詳盡的研析。作者發現仍然是政治價值，無論對政治團體的分
合及政治變遷的推動，皆具有關鍵性的作用。可見第十二篇著作：〈政
治團體與政治變革：清末民初政局的探究〉。

政治學的科學探究（四）：政治變遷與民主化

目　次

自　序

前　言

社會變遷與政治建設……………………………………………………　1

臺灣威權政治的傘狀結構………………………………………………　13

現代威權體制的轉型與民主化：總體的概觀…………………………　21

臺灣的選舉機制與政治變遷……………………………………………　35

臺灣的選舉競爭與政治民主化…………………………………………　69

政治發展與政治溝通……………………………………………………　101

民主政治的迷思與實踐…………………………………………………　117

民主文化與民主建設……………………………………………………　145

科技精神與民主政治……………………………………………………　153

臺灣與南韓民主化過程中的國際面向分析……………………………　161

啟蒙運動與中國近代政治發展…………………………………………　201

政治團體與政治變革：清末民初政局的探究…………………………　209

社會變遷與政治建設

|　　　　目　　次 |
| 一、社會體系與政治體系　　三、共趨的生活價值 |
| 二、政治體系的衰退與變　　四、變遷的性質與方向 |
| 　　遷　　　　　　　　　　五、政治的衝擊與建設 |

一、社會體系與政治體系

　　政治是社會的一環，社會發生變遷，政治是無法不受影響的。這一個觀念，似乎不難了解，但在實際上至少牽涉到兩個問題，一是政治體系與社會體系之間的關係，一是變遷本身的意義。對這兩個問題及有關概念的討論，或有助於現代政治的建設。

　　當代的社會及政治學者，常將社會視爲一個完整的體系，而將政治體系包含在內。所謂社會體系(social system)，簡單說來，是建築在物質環境、文化體系、及其他社會影響之上的一種人群關係。這種人群關係，一面以價值觀念及行爲規範爲取向，從事規則性的互動(patterned interaction)；一面在某種範圍內，具有持續性，而維持一種平衡的狀態。它的運作，表現在下列四個問題：(1)環境的適應，(2)資源的動用，(3)成員的整合，(4)價值觀念與行爲規範的維持，以及緊張情勢的處理。爲了解決這四個問題，乃形成四個不同的低層體系(subsystem)：第一個涉及富源的生產，爲經濟性的；第二個涉及政治的決定，以達成社會的目的，爲政治性的；第三個涉及成員的控制，爲社會控制性的；第四個涉及社會價值與規範的學習與維持，而爲社

會化性的(socialization)。這四個低層體系，各具結構(structure)與功能
(function)，且互相影響，發生「投入」(input)及「產出」(output)的「轉
變」(conversion)關係。「產出」可以「回投」(feedback)，而完成連鎖
的作用(Parsons 1951; Parsons, Barles, and Shils 1953; Holt 1967)。

　　政治體系的主要功能既是為了達成社會體系的目的，而作政治性
的決定，這種政治性的決定，在性質上，就是為社會作一種權威性的
價值分配。一個政治體系可剝奪某些成員原持有的價值，亦可給予新
價值，或加以阻擋，使不能取得新價值。當然，成員之間並非不可自
動地從事價值的分配，但如發生爭議，就不能不訴諸政治體系的權威
性。一個正常的政治體系，會維持相當穩定的結構與功能，經常替社
會成員進行價值分配的工作，這一情形是不必詳細討論的。但一旦受
到外在或內在壓力的影響，就不僅會削減體系的穩定性，甚至在激烈
時，能分裂或敗壞體系的結構與功能，使陷於混亂(Easton 1965)。

二、政治體系的衰退與變遷

　　用歷史的眼光來看，一個政治體系的不穩或衰敗，大致可分成兩
種情形：一起於體系內部能力的退化，一起於外在社會的變動，而體
系的結構與功能不能因應。要說明這兩種情形，必先了解結構與功能
的意義。

　　體系是結構與功能的組合，但結構不是單指若干具體的人，而重
在角色(role)行為。角色行為不僅是為社會所預期的，且擔任者也履行
社會所預期的行為。一個人常在社會中擔任多種性質不同的角色，而
遵行不同的行為模式。公務員是一個角色，家長是一個角色，教徒也
是一個角色，這些角色都可由同一個人擔任。在這樣的情形下，如說
結構的組織不同，不如說角色行為的不同。角色的行為模式是由於文

化體系的薰陶，經社會化的學習過程，使得某種價值、信念及態度內化為人格的一部分，而成為行為時的規範。如文化有變，行為的規範即有變，結構也就不能不變。這種變是本質上的變，往往是因社會的變遷而帶來的。

體系內部能力的退化，並不是指角色的行為規範發生變化，而是指扮演的人未能遵行角色的規範，使功能無法順利進行，甚至無法發揮功能。譬如演戲，演員不能演好一個角色，這不是角色的規範發生問題，而是演員的能力不夠，結果使得戲劇的效果受到損失。在政治上，體系內部能力退化的情形也常見，政府領導人物的昏庸、公務員的無能、人民的枉法等皆是。我國歷代王朝的衰敗，往往是因政治體系內部的日漸退化，而終於趨向崩潰。在另一方面，一個新的王朝興起，主要的任務即在恢復原有角色的規範，提高體系成員的能力，而不是對角色規範本身有所改變。數千年來，我國雖歷經治、亂、興、衰，但政治體系在本質上，大致是穩定的。

一個政治體系，如不是因內部能力的退化，而必須改變或調整角色的行為規範，才能進行功能時，這就在本質上起了變化，情形是比較嚴重的。本質的變化常來自外在的壓力，也就是外在的其他社會體系發生變遷，且變遷的強度已打破整個社會體系的平衡，各種結構除非調整或改變，就會呈現不穩，或者崩潰。調整及改變角色的行為規範，較恢復為難。我國社會自與西方文化接觸以來，發生極大的變遷。這種變遷表現在經濟、文化等各方面，幅度之廣、程度之強，是有史以來所未見的，時至今日，我們仍在調整因應的艱苦過程中，但不調整，就不能維持一個穩定的體系，更不論能否產生最大的功能了。

三、共趨的生活價值

當一個社會的文化體系，經過社會化的過程，建立相當穩定的基礎以後，社會結構的變遷，就不再是輕而易舉的事。但這祇能表示社會化對人類的行為具有很強的功效與塑造力，並不是說結構永不會變。任何社會體系，本身並非人類生活的目的，而是一種手段或工具。工具當然也有工具的價值，且一旦形成，也會束縛人類生活的內容，但到底仍是一種附生性的，如生活的價值變了，工具的價值是絕難維持不變的。人類生活價值的形成、維持與改變，是一很複雜的過程，非數語可盡，但可在性質上略加討論。

人類的生活在滿足一些生理上與心理上的需要(needs)，有了需要，才產生對需要對象的認知(cognition)，再加上愛好(emotional feeling)，而形成價值(value)，發生驅力(drive)(Jones and Gerard 1967)。個人有生活上的價值，一個社會團體，甚至一國的國民或全人類，在某種程度上，也有類似的生活價值。這不是說每一個社會成員的價值，無論在類別或層次與程度上皆完全一樣，而是指在全體中出現最多而有集中趨勢的，所以不妨借用統計學上的眾數(mode)觀念，稱為共趨的(modal)生活價值。人類為了追求共趨的生活價值，才有意或無意地組合各種體系，使正面的(positive)出現，負面的(negative)打消。假如人類沒有基本的需要，就沒有共趨的價值；沒有共趨的價值，社會體系根本就無法存在。

人類的需要有多種，心理學家也有不同的分類，但大體上，人性需滿足下列的經驗：生存或生理的需要（即所謂「食、色、性也」）、安全感、秩序與確定（以便正確判斷怎樣的行為會產生怎樣的結果）、創造與發明（使不斷加深與擴展質與量方面的滿足）、希望與進取（不

愜既有的成就與環境，而重視未來）、選擇、自由、自尊（自我的認同與完整）、自重（自我的價值感）、信仰、信任（相信社會能滿足及實現自己的願望）。這些人性與需要，在實際上是互相重疊、依恃、纏結，而維持一種平衡的狀態(Cantril 1964)。

人性與需要的根本不變，但價值會變。當外在的環境與文化發生變動，認知就會有所改變，而終於導致價值的變。這個情況可從兩類選擇中看到：其一是同類的需要，而對滿足的對象有不同的認知，要作某種選擇。如食的需要，本質不變，但在有無魚肉之間，不能免價值上的選擇；居的需要，本質不變，但在有無冷氣設備之間，不能免價值上的選擇。其二是需要的類別不同，而產生認知的不同，要作某種選擇。如食與居的需要，本質不變，但在魚、肉與冷氣設備之間，不能免價值上的選擇。至於在各類需要之間，有無本質上的強弱程度，有些心理學家認為生理的需要最強，心理的逐次在後(Maslow 1943)，這僅是一般原則性的說法，在事例上，並不呈現太大的穩定性。如一個非常具有文化成就感的民族，在經歷外力的侵略與屈辱後，最容易爆發民族主義，使民族的自尊、自由與自重成為最高的生活價值，一切物質的建設皆可放在其次，有些激進的份子，甚至置生命於不顧。

四、變遷的性質與方向

人類的需要確有不同，在環境的衝擊與文化的呼應下，為滿足需要所產生的各種生活價值，有些可能升高，有些可能降低，但在長期的發展上，總會趨向一個平衡的狀態，而求全體生活價值的最大滿足。任何一個社會體系，必須能在這一實現過程中，發揮最高的功能，否則即失去工具的價值，而造成危機。

從以上的發現，大致可知：

　　1.社會體系的變遷，是無可避免的。人類具有創新、進取、選擇的天性，再加上外在環境及文化體系的變，使得生活價值不斷更新變化。生活的內容既然在本質上是變動的，社會體系乃無法保持不變。在歷史上，不少傳統的文化體系對社會體系常發生穩固的作用，但一旦新價值形成，新的驅力就會突破傳統的束縛，使社會體系不能不變。當然，在另一方面，人類也需求秩序與確定，這一需要在變遷的過程中，最易表現在「變遷中維持秩序，秩序中維持變遷」，亦即相當我國現時兩句流行的話：「安定中求進步，進步中求安定」。

　　2.社會體系的變遷，是經常不斷的。在人類創造、發明及進取的天性下，知識不斷累積，科技不斷發明，生活的價值也將不斷改進。置身在所謂知識爆炸的社會中，人類未來價值的發展是不可限量的，從而，社會體系的變遷恐怕也是難於預期的。

　　3.社會體系的變遷，是具有方向的。儘管環境、文化、知識、認知、價值在交互的影響下，會發生不斷的變，但從先天而來的人生與基本需要，本質上是無可變異的。生活價值既在滿足人類的需要，它的發展必然要朝向這一個基本的方向。如追求物質生活的價值是一種基本需要，那麼，從農業社會發展到工業社會，仍成為必然的趨勢。

　　政治體系的功能是為完成社會的目的，而作權威性的價值分配，當生活價值發生變動，政治體系自須隨同改變。所以社會體系的變遷亦包括政治體系的變動在內。如就前述的各項概念觀察，對政治體系的變動情形與方向，也可作一些推論：

　　1.物質生活價值的追求，無非是工業化。用到政治上，必然是政治的效能化。工業化所代表的是知識與理性、嚴密的分工與配合、大量與快速的投資、生產與分配。一個政治體系，無論出於主動的推動或被動的因應，當然必須提高知識與理性，加強結構的分化與統攝、推動精確與快速的效率，亦即建立整體的效能化，否則，就不能為工

業化的社會作決策。

2.自由、自尊、自重的生活價值，影響於政治體系的，必然是政治的民主化。民主是以個人為一切價值的中心，由此產生人格的尊嚴、人權的神聖、以及人民的至上。這些觀念用在積極方面是政府由人民所產生，須受人民的控制，即無論進退，皆須根據民意；用在消極方面是制止特權，保障自由與民權，並加強社會團體的自治及自動的能力。

3.秩序與確定的生活價值，在求穩定的行為規範，用到政治體系上，必然是政治的法治化。法代表權威性的行為規範，一方面保障人權，維持安定，一方面適應時代，推動進步。在這樣的基礎上，法的效力至高無上，不僅是他律的（規範人民），也是自律的（規範立法者）。

4.信任的生活價值，實現在政治體系上，必然是政治的正當化(legitimacy)。人民需要從政治體系的能夠實現自身的願望中，獲得信任感；政治體系也必須贏得人民的信任感才能穩定而成為正當化。一個權力結構應當如何組織、發展及轉移；功能應當如何形成、行使及推進皆是正當化的根源。人民對正當化的政治體系，才會主動而積極地參與及支持，否則，會導致疏離(alienation)，甚或另尋信任的途徑。

總之，一個變遷的社會體系，將推動政治趨向效能化、民主化、法治化、正當化。

五、政治的衝擊與建設

對體系、結構、功能、角色、需要、價值等概念有所了解後，我們應可同意，西方文化對我國的衝擊在體系上所產生的影響是雙重的：不僅在體系內部能力的退化，而且在行為規範本身的變化。僅是能力

的退化，到了最惡劣的階段，還可用改朝換代的辦法恢復，如併生行為規範的變化，即不是恢復所能濟事，恐須在體系內的各級層次以及文化體系上作不斷的調整，才能因應。內部能力的退化，可不牽涉行為模式的改變，但行為模式的改變，必導致內部能力的退化。一方面要調整行為的模式，一方面又要恢復內部的能力，所產生的困難也是雙重的。

西方文化之所以能對我國傳統的文化及社會體系，產生重大的衝擊力，主要的原因在能帶來新的知識與價值，可對國人的基本需要，提供更大的滿足。如科學之於物質生活，民主之於自由生活等皆是。在衝擊的過程中，我們的自尊心確實受到創傷，不能不發揚民族主義；但在另一方面，卻又不得不強調「師夷以制夷」。當然，一味崇洋拜外，大可不必，但現代的知識與價值則必須追求。這兩個觀念的性質截然不同，是要加以區別的。

政治體系具有促進社會進步所需的力，它的成敗往往會直接影響到社會的進化或落後。近年來，我國朝野上下皆力倡政治的革新，且收到相當的成效，這是十分值得興奮的。但在另一面，我們的政治，也如同經濟，正在發展的狀態中，仍有待進一步加以建設，以下意見或可供參考：

1.如上所述，今日我國社會及政治體系的變，不僅由於能力的退化，且是行為規範的不能適應，對這一性質的變遷，我們必須要有自覺性的體認。現代的社會是變遷的、流動的、多元的；任何政治體系的決策皆必須要能設身處地，而就事論事（即所謂世俗化secularization）。權威的人格、僵化的思想，僑執的感情，皆必須揚棄，而代之以理性的、進取的及專業性的認知與判斷。唯有如此，才能養成開放的自我，一面可認清現實，一面可策劃將來，而能對現代化的社會作高度的適應。此種心智上的自覺能力即是指體認的能力

(empathy)(Danial Lerner 1958)，可作為政治上的心理建設。

　　2.在效能的增進上，必須能達到結構的分化(differentiation)與功能的專精(specificity)。任才的標準依靠本人的學識、能力、與成就，而非出於特殊的身份、關係或不相干的準則(Parsons 1951)。現代的社會，分工愈甚，專精愈甚，對統合的需要亦愈甚。所以，任何業務的處理，必須從全盤看個案，而不可從個案定全盤。但要能從分工中完成統合，必須要培養互相信任及擔負責任的工作態度。一般說來，狹窄的價值觀，最易養成封閉的權威性格，一面喜愛推卸責任，歸罪於人，一面流於浮誇嫉忌，不能欣賞或容忍異見。這些心理狀態如不能消除，信任與合作皆不是易事。培養多元的價值概念或許是補救的一道。

　　3.民主與法治的推行，是並行而不悖的，但總須出之於正確的觀念、誠懇的態度與積極的行動，而不停留在文字的敷陳與理論的敘述上。民權及守法的觀念，皆必須從每一件有關的事例中養成，決不可見其小而放鬆、忽視，甚至貪圖一時的方便，反其道而行。認真保障每一個人應享的人權，嚴格禁止每一件事的違法，必會帶來人民的安樂與社會的安定。

　　4.政府的正當性與穩定性是建立在人民的支持之上。要贏得人民的支持，必須所作所為能使人民感覺到「意義」(meaning)，有了意義才能產生認同感與向心力(Gardner 1964)。社會共趨生活價值的實現是最具意義的事，所以政府推動十大建設，不僅可滿足物質生活的需要，且可加強人民的認同感，效用是多方面的。但生理的需要，不過是人類若干種需要之一，如何能用具體的作為，對國人在各種心理的需要上，提供最大的滿足，將是進一步增加政府正當性與穩定性的努力方向。就政府本身來說，效能、民主、法治至少操之在己，是隨時可以努力以赴的。

　　改變一個結構的行為模式，無法不牽涉到文化體系的調整。亦即

對某些已習慣了的行為與價值觀念，須作某種程度的改正。這樣一來，不僅會發生所謂雙重價值的困窘(value dilemma)，且會影響既得價值或利益的分配，此在心理上難免會產生抗拒。但大有為政府的大有為，似即應當著力在此。　　（原載：《新時代》，第14卷，第10期，頁11-14。）

參考文獻

Cantril, Hadley. 1964. "The Human Design." *The Journal of Individual Psychology* 20:129-36.

Easton, David. 1965. *A Framework for Political Analysis*. New Jersey: Prentice-Hall.

Gardner, John W. 1964. *Self Renewal*. New York: Herper&Row.

Holt, Robert. 1967. "A Proposed Structural-Functional Framework." In James C. Charlesworth (ed.) *Contemporary Political Analysis*. New York: Free Press.

Jones, Edward E. and Harold B. Gerard. 1967. *Foundation of Social Psychology*. New York: Wiley.

Lerner, Danial. 1958. *The Passing of Traditional Society: Modernizing the Middle East*. New York: Free Press.

Maslow, Abraham H. 1943. "A Theory of Human Motivation." *Psychological Review* 12:370-96.

Parsons, Talcott. 1951. *The Social System*. New York: Free Press.

Parsons, Talcott, Robert F. Barles, and Edward A. Shils. 1953. *Working Papers on the Theory of Action*. New York: Free Press.

臺灣威權政治的傘狀結構

目　次
一、政治的權力結構　三、政治變遷的動源
二、傘狀的威權體制　四、民主化的方向

一、政治的權力結構

　　近幾年來，臺灣政局動盪激烈，引起海內外關心政治變遷與民主化人士注目。但臺灣在解除戒嚴，開放黨禁、報禁及強人總統蔣經國逝世後，不少人看到政治與社會上所呈現的種種衝突，像反對黨的示威遊行、執政黨內部所謂主流派與非主流派的奪權、議會內反對黨與執政黨議員的扭打，以及各種社會團體的抗爭等，常無法了解臺灣政治變遷的性質與走向，而感到困惑。執政的國民黨在遷臺後四十多年所建立及運用的是所謂的威權體制 (authoritarian regime)，這個體制的鞏固、鬆動及轉型，皆牽涉到非常複雜的因素，我們在觀察時覺得困惑，確實難免。我在這一篇短文中，當然無法作詳盡的討論，但望在觀念上試作某種程度的釐清，能稍減在觀察及分析上的一些困擾。

　　我們要視察臺灣的政治變遷，必得先了解臺灣的威權體制。對威權體制的探討，學者間雖有種種的看法，我則著重這個體制的政治結構。一般說來，政治的核心概念是權力，所以政治結構不外是一套政治的權力關係與規範。這在威權體制則是由統治者掌握最高的權力，然後經由政黨的組織，層層節制而下，控制三種社會的結構，那就是，

(1)統治社會(ruling society)的結構，(2)政治社會(political society)的結構，(3)民間社會(civil society)的結構。這樣的威權體制當然是立體的，而非平面的；在動態上，就像一把傘：統治者是傘的機紐，而在政黨的主軸上，撐起控制統治社會、政治社會及民間社會的三支傘柄，將威權體制的傘張開。我稱這種威權體制的動態結構爲現代威權政治的傘狀理論(The umbrella theory of modern authoritarianism)。根據這一傘狀理論，如統治者、政黨組織，以及控制三種社會的結構，任一在權力的掌握及節制上產生了問題，威權政治的傘就會出現破損或鬆脫的危機。當然，如對權力的掌握及節制不產生問題，民眾的政治及社會生活在威權體制的大傘籠罩之下，就會受到全面壓制，自由與民主未免成爲奢望。

二、傘狀的威權體制

　　前面提到，執政的國民黨在遷臺後的四十年來，建立了威權體制，但這一威權體制的結構究竟是怎麼樣的呢？前述的傘狀理論實際就是從臺灣的體制觀察而得。現可簡要地分成數點，作一解析：

　　1.四十多年來，居於威權體制樞紐地位的統治者是兩位蔣總統（蔣中正及蔣經國），他們父子相續，建立以家族爲核心的統治集團，形成一種高度封閉的特權階層或社會。蔣中正總統原具有歷史上的地位與聲望（主要來自北伐、抗日與剿共等），來臺後則強調孫中山先生的意識形態：以三民主義建國、復國，另建立了一套自己的觀念與價值結構（主要爲反共抗俄、反攻大陸等民族倫理與施政方針）。他運用他的地位、聲望及反共建國的理念，使自己成爲國民黨內不爭的領袖。蔣經國則在他的父親多年刻意培養下，掌握實權，控制統治集團，而能順利地繼承爲黨內的不爭領袖。三年前（1988 年）蔣經國去世，

他的總統及黨主席職位，則由他所選擇的李登輝副總統繼承。李登輝是臺灣歷史上，特別是近百年在日本殖民統治及蔣氏威權統治後的第一位臺省籍總統，所以特別受到臺灣籍政治人士．無論國民黨或非國民黨的愛戴，而產生所謂的李登輝情結。這一情結所帶來的政治支持，是否會促使李總統成爲黨內不爭的領袖？李總統自身的價值觀念又爲何？這些皆待進一步的觀察，但現在可以得而言的是：兩代蔣總統的過世，無疑地，使得所建立的威權體制呈現鬆動。

2.蔣氏兩代自國民黨遷臺後，即先進行所謂的黨的改造，一方面將黨的結構定位在革命民主政黨，發展嚴密的層級組織，一方面則加強黨員的訓練，使信仰黨的理念，服膺領袖的意旨，以貫徹黨的威權領導及監督的作用。這種一黨威權主義(one party authoritarianism)的建立，黨即成爲威權體制的主軸，無論統治社會、政治社會與民間社會的結構，皆可置於黨的領導及控制之下，而有關的從業人員則成爲同志，皆必須服從組織，尊重黨紀。四十多年來，國民黨所建立的一黨威權主義的結構，並未有實質上的改變，縱在兩位蔣總統過世後，也仍然維持。1987 年 10 月戒嚴解除，黨禁正式開放，反對黨在議會及民間的活動日趨活躍，對執政黨的威權控制確實構成相當的挑戰，但在結構上，執政黨仍維持議會外威權政黨的嚴密組織。將來執政黨在議會內的黨團組織，是否會挾民意，要求自主？我們在目前已可看到某些跡象，如立法院內分成了好幾個派系，爭取主導權，但還未發展到動搖整體威權結構的地步。

3.在執政黨威權結構的主軸上，最受控制的則是統治社會內軍隊的組織，由此造成所謂的威權軍國主義(authoritarian militarism)。至於政府的各部門，包括各級文官，則被視爲一個整體的官僚結構，而加以相當的控制，由此造成所謂的威權官僚主義(authoritarian bureaucratism)。前面曾指出，在戒嚴解除後，議會的議員有追求自主

的跡象，這就是要擺脫威權統治主義的色彩。在另一方面，也有少數司法界人士曾公開要求獨立行使職權，攻擊威權主義的控制。這些發展雖還不能顯示出整體威權結構已瀕臨危機，但多少已透露出一些鬆動的信息。

4.執政黨的威權統治，對民間的社會來說，一方面運用政府的官僚組織（包括憲、警、情治單位等），直接管制民眾的各種活動，造成所謂的白色恐怖。一方面則將所有的產業、職業等團體，置於黨的直接或間接的控制之下，而形成所謂的威權統合主義(authoritarian corporatism)的結構。透過這種威權統合結構，各種商會、農會、工會及職業團體雖可組織，但皆缺乏充分的自主，且受到種種的限制（如在每一地區只能成立一個等）。臺灣在解除戒嚴後，黨禁與報禁也隨之開放，民眾在言論、出版、通信、著作及身體活動等自由方面，確實較前獲得改善，白色恐怖似已逐漸為人淡忘。但威權的統合主義與結構卻仍然存續，儘管受到民間日增的自主性團體的挑戰與衝擊。在本屆立法委員的選舉，工人團體曾選出二位反對黨的民進黨籍立委，由此可見執政黨對工會的掌握，確已顯得鬆動，整體的威權統合結構當然也連帶地受到影響。

5.執政黨在民間社會建立統合主義的威權結構，在政治社會則發展所謂的依恃主義的威權結構(authoritarian clientalism)，也就是透過對各地區經濟活動的管制與特許，如金融保險業、汽車客運運輸業等等，嘉惠地方領袖所組成的派系，使能歸附，以博取在選舉及各種政治活動中的支持。作為一個外來的政權，執政黨與政府在遷臺後，不能不以三民主義的建設作號召，並以地方選舉的舉辦，爭取本身的正當性及臺省民眾的向心。為了控制選舉的進行，不使威脅及妨害到威權統治的運作，執政黨一面由政府宣佈戒嚴，實施黨禁，一面則運用依恃主義，結合地方派系，發展政治社會的威權結構，加以策劃及掌握。

這樣的設計，實際使選舉成爲有選無擇(election without choice)，淪爲一黨威權統治的工具。但值得我們注意的是，選舉本身具有一種特殊的機能(mechanism)，即選舉不斷地進行，參與角逐者會愈來愈多而競爭激烈，選民也會愈來愈要求選舉的公正與自由。這種機能終於逼使執政黨不能不逐步放鬆控制。黨外人士的出現，以及在 1986 年突破戒嚴時期的黨禁，組織反對黨，實皆與此有關。目前執政黨雖仍運用依恃主義的威權結構，以操縱政治社會的選舉與其他政治活動，但已無法壟斷。政治社會的鬆動，已甚爲明顯。

三、政治變遷的動源

我們在上面對臺灣的威權體制在性質及變遷上作了一些簡要的分析後，大致可以看出：在傘狀的整體威權結構中，選舉的機能是主要的動源，不僅促動了政治社會威權結構的鬆動，並由此進而帶動了民間社會威權結構的鬆動。前者相對地導致了民眾享有較多的自主，而後者則相對地導致了民眾享有較多的自由。合起來可說是一種民主化與自由化的發展。這一發展當然會影響到議會的威權結構，而在某個程度上鬆動了統治社會的掌權。不過，我們也要強調，軍隊及官僚的威權結構，在統治社會中，則仍甚牢固，發揮了相當的支持力量。上述的政治、民間及統治社會的三種威權結構，根據我們的傘狀理論，是以政黨威權結構爲主軸的傘柄，此三種傘柄的變形，對主軸定然造成某種影響，但在另一面，政黨威權主軸的能否支撐全局，最後還得取決於身爲樞紐的統治者。繼承蔣氏兩代強人的執政黨主席李登輝，最近雖強調民主的價值，一度主張回歸憲法，現又主導修憲，但在修憲條款中又保留蔣氏兩代過去所享有的特權。在實際的政治上，復爭取不爭的領袖地位，並控制威權政黨的結構。李總統的這些作法，究

竟是一種手段，用來排除障礙，實施民主改革，還是要續作強人的統治者，現姑且不論，但在我們看來，他最多也只能維持目前的現狀，運用已不如前堅實的政黨威權主軸，撐起在不同程度上已折損或變形的統治、政治及民間社會的威權傘柄，張開一把不能全開的威權體制之傘，容忍民主化、自由化及分權化風雨的吹襲。

像這樣的一把傘究竟能撐持多久呢？是否只是一過渡的形態呢？這很難說，一切要看內外環境的推移。如內部省籍的衝突加劇，外部因獨統之爭，引發中共的敵對行動，憲政的規範就不易受到尊重，自由民主乃跟著無法落實，威權體制的傘，縱然是破損的，也就丟不掉了。

四、民主化的方向

現不談環境的推移，如臺灣要續往民主化的方向發展，怎樣才能成功呢？我舉出數點，以作本文之結：

1.放棄在議會之外的威權政黨組織，而以議會內的政黨組織取代，也就是轉化為內在政黨，使黨的結構與民意相接。

2.在統治社會，取消威權的軍國主義與官僚主義，使軍隊國家化，文官中立化。另要著重決策機構的分權制衡，特別建立司法體制的獨立。

3.在政治社會，打破對經濟活動的管制與壟斷（唯一的獨佔或少數的寡佔），取消依恃主義的威權結構。在另一面，要積極培養自治及參與的社區意識，將民主扎根在基層的地方自治。

4.在民間社會，加強實施憲法對人權的保障，取消威權的統合主義，促進社會的流動與多元化。

5.在整體國家，建立國家認同及憲政結構的共識，揚棄省籍衝突

及**獨統**之爭。　（原載：《二十一世紀》，香港中文大學中國文化研究所出版，第 5 卷第 6 期，頁 36-40。）

現代威權體制的轉型與民主化

～總體的概觀

目　次
一、前　言	四、威權體制的衰退與轉型：1980 年
二、威權體制的結構、背景與規劃	至 1986 年
三、威權體制的形成、鞏固與維繫：	五、民主化的轉型與發展：1987 年—
1949 年至 1979 年	六、結　語

一、前　言

　　對臺灣政治變遷與發展的觀察，可將焦點放在「威權體制」。臺灣威權體制的形成、鞏固、維繫與衰退(devolution)與臺灣民主化的過程，在某種程度上是相對的。當然，威權制度的衰退，也可能造成一種循環，再出現一個新的威權體制，更可能衰退的過程，會延續很長的一段的時期。

　　從威權體制的形成、鞏固、維繫到衰退的過程，可說是一種制度化的歷程。這一歷程有助於政治的穩定及正當性的建立，也就是有助於將政治的「實力」轉化成「法力」（制度之力），而使政府的權力，具象徵性的意義與作用，如法幣的流通就是靠國家法力的象徵作用，而不是靠製造貨幣的材料（紙張等）價值。但在衰退的過程中，原有的威權體制就產生非制度化及非正當性的衰退轉化，政府權力的象徵作用減低，實力的衝突（如政潮）增多、增強，政治的穩定性乃告下

降。爲求政治的穩定與進一步發展，一種追求新的政治體制與制度化的努力，即會出現。以上的體制轉化歷程，可用來觀察臺灣的政治變遷與發展。

　　過去對政治變遷與發展的探討，非常重視經濟及社會因素的影響，如 1950 至 60 年代的現代化理論，1970 至 80 年代的依賴理論；他如階級理論及統合主義(corporatism)等，但往往忽視政治本身的因素。我們覺得政治本身的因素異常重要，必須要拿回來，才能進行觀察，建立新的理論。

二、威權體制的結構、背景與規劃

　　執政的國民黨自 1949 年播遷臺灣後所建立的威權體制，是所謂的現代威權體制，此體制是領袖操縱黨機器的權柄（祇有一黨，所以是一黨威權體制），再分別控制三種社會：民間社會、政治社會及統治階層（或社會）。這就好像撐開的一把傘，領袖掌握傘柄的樞紐，再經由一黨的傘柄及三根支撐的傘骨，控制上述三種社會，故可稱爲現代 威 權 政 治 的 傘 狀 理 論 (The umbrella theory of modern authoritarianism)。現代威權體制所不同於傳統威權體制的是，前者有一強固的傘柄（一黨），而後者或是欠缺，或非常脆弱。

　　1949 年執政的國民黨遷臺時，無論國際及國內環境皆有利於現代威權體制的建立。在國際上，美國爲了防堵中共，建立西太平洋集團安全體制，這當然仍要支持國民黨遷臺政府；在國內的情況，可分三點說明：(1)處在二二八事變後的陰影下，臺灣同胞發生嚴重的政治疏離感，因之，國民黨在領袖的主導下，可輕易地以黨領政（行政、立法、司法等），造成一黨官僚體制(authoritarian bureaucratism)，以及以黨領軍（包括憲、警、情治單位等），造成一黨軍事威權體制

(authoritarian militarism)。(2)在日治時代，臺灣並無正式的政黨組織，臺灣同胞祇在地方選舉少量的民意代表，在性質上，諮詢的意義多於參與。國民黨乃甚易掌握及發展以家族為主的地方派系，建立威權的依恃體系(authoritarian clientalism)，將整體政治社會納入控制。(3)在民間社會，無論社會、經濟及文化結構，皆欠缺自主性與多元性，國民黨亦不難掌控，而建立威權統合體制(authoritarian corporatism)。

在現代威權體制的建立上，國民黨自 1949 年遷臺後，即由蔣中正總裁發動黨的改造（成立國民黨改造委員會，進行黨籍總檢查，更換黨機器的領導階層等等），鞏固總裁的領袖地位（進行專權統治），確立革命民主政黨的組織（黨的威權倫理與結構），強調三民主義及反共抗俄的意識型態（宣示反共抗俄基本論，建築威權體制的意理基礎）及反攻大陸的總目標（威權體制最重要的目的）。另透過政府宣布戒嚴，修訂動員戡亂時期臨時條款，建立非常時期的法治體系（實施黨禁、報禁等等），使威權體制在形式上合法化。

在實質上，國民黨必須爭取臺灣同胞的認同與支持，使具有正當性(legitimacy)，以達到反攻大陸，實踐三民主義的目的。國民黨的作法為：(1)在地方實施一黨控制的選舉（限於鄉、鎮長，鄉、鎮民代表，縣、市長、議員，省議員），使民眾能作有限度的參與，兼示三民主義民權主義的實施。(2)在民間社會進行土地改革，改進產業結構，以發展經濟；另注重教育的平等與促進，以改善民眾的生活，兼示三民主義民生主義的實施。以上的作法確實增強國民黨在實質上的正當性，有助政治的穩定。在另一方面，不僅可消極地防止共產黨的滲透，且可積極進行反攻大陸的工作及爭取美國的支助。

三、威權體制的形成、鞏固與維繫：1949年至1979年

臺灣的威權體制從形成而鞏固（發展），而維繫，而衰退、轉型，在時間的進展上，是一緩慢、漸進的歷程，但大致可分成幾個階段：

（一）改建及形成時期：1949 年至 1952 年

如上所述，在特定理念與目的的號召下，建立領袖掌控的一黨威權，才能撐起威權政治體制的大傘，籠罩整體社會。在結構上，最核心的工作，則是建立一黨專政。換句話說，威權體制的形成，必先進行黨的整建。1949 年蔣總裁中正乃發動國民黨的改造（7 月 18 日在廣州的中常會通過中國國民黨改造案，9 月 20 日在重慶發表「為本黨改造告全黨同志書」），在臺灣全省宣布戒嚴（5 月 20 日由陳誠以臺灣省主席及臺灣省警備總司令宣布），設立「革命實踐研究院」（8 月）。1950 年 8 月 5 日成立黨的改造委員會（7 月 26 日發表改造委員會十六人，組成新的威權領導階層）。1952 年 10 月 10 日國民黨召開第七次全國代表大會，宣告改造完成，另決定修改黨綱，明訂為「革命民主政黨」，並通過「反共抗俄基本論」作為反攻復國的理論基礎。10 月 31 日成立中國青年反共救國團，該日為蔣總裁誕生日，以示青年對領袖的擁戴。在此時期的重大措施為：

1.改組內閣及省府（召開兩次全省行政會議，加強行政體制的控制及行政效率的革新，參加者除各級行政主管，議會正副議長外，尚包括省立中學以上校長，各銀行及公營事業的主管人員等）。

2.推行地方自治，開放縣、市長及省議員民選（一黨控制的局部

選舉）。

3.改革幣制（發行新臺幣），整頓金融、稅收。

4.實施三七五減租。

5.推行三民主義教育。整編部隊，重建政工體制。

（二）鞏固及發展時期：1953 年至 1971 年

從 1953 年開始，國民黨以蔣總裁為領導中心，並運用革命民主政黨的一黨威權統治，鞏固整體威權體制，一面加強制度化與正當性，一面作全部動員，朝向反攻復國的總目標。在此時期的重大措施為：

1.國民黨運用威權依恃體制，操縱及動員派系，進行一黨的地方選舉，強化對政治社會的控制，而將地方政治人物(elites)納入威權體制，增強政治的正當性及支持。但也從此奠定政治本土化的基礎，更值得重視的是：選舉的機能也逐漸發生作用，影響威權體制的維持。

2.改革軍制，加強特務控制，整肅反對份子（包括孫立人事件、雷震等組黨事件等）。

3.實施耕者有其田，進行農業及產業結構的改革，增進農村的安定與農民的支持（包括完糧、徵稅及服兵役等）。

4.青年反共救國團於 1954 年進入大專學院，並實施軍訓，進行思想訓練與監控，使民間社會的教育體系，皆受一黨威權體制的控制。國民黨另設知識青年黨部，發展大專學校的黨務。

5.國民黨分設各組，控制及動員工、商、大眾媒體及社會各種團體，發動對民間社會的威權統合作用。

（三）維繫及轉向時期：1972 年至 1979 年

1971 年 10 月中共排我入聯合國後，國民黨威權統治的反攻復國

總目標，受到嚴重挫傷，必須轉變威權統治的目標方向，才能維繫。
這一轉向是從國家的統一（國家層次）轉至社會安定與經濟繁榮（政
策的層次）。總目標的轉向動搖到過去制度化及正當化的基礎，如以
往實施的非常體制，就無法堅持原有的正當性，而不能不有所放鬆。
國民黨爲要維持威權統治，就必須再作轉向的制度化、合法化及正當
化。1972 年 5 月 20 日，蔣總裁中正續任第五任總統，旋提名長公子
蔣經國出任行政院長。蔣院長就任後，隨即提出十項行政革新，再提
出十大建設。蔣院長的兩個「十項」號召，就是要將過去威權體制進
行反攻復國的目的與正當性，轉向行政革新及社會、經濟建設的制度
化與正當性。蔣總裁中正是「反共復國」的威權領袖，而蔣院長則成
爲「十大建設」的威權領袖。1975 年蔣總裁逝世，蔣院長旋接掌國民
黨主席（1975 年 6 月；1976 年 11 月第十一全大會再選爲主席），而
成爲國民黨的新威權領袖。新領袖蔣經國繼承的過程非常順利，但以
領袖爲中心的新領導階層不如蔣總裁中正時代的威權性（聲望與能
力），此爲威權體制在先天上不易長久維持的原因之一。但蔣經國主
席的順利繼承，則是原有威權體制能延續的主因。這一時期的重大特
徵是因爲轉向，而導致威權結構的轉型，可如下述：

　　1.轉向的威權體制，無論在經濟發展及社會流動方面，皆有相當
的成就，但這兩項成就也增強本土的經濟力量及增加本土人士的參政
需求，縱然仍在一黨的威權體制之內。

　　2.既不能反攻復國，且本土人口眾多，經濟及社會力量日益增強，
此對以外省人士主導的統治階層，構成極大的挑戰。在此情形下，本
土化的轉向，已勢所必然。

　　3.最值得重視的是，選舉的舉辦與所發生的機能。在本土化的轉
向下，選舉由地方升至中央民意代表（1969 年先舉辦補缺選舉，1972
年舉辦增額選舉，其後按任期舉辦增選）。此使得由大陸遷移來臺，

代表法統,而迄未改選的中央民意代表,受到極大的挑戰。威權體制的正當性也受到懷疑與責難。

4.在本土化勢力日益增高(特別是經濟、社會及教育)的情形下,中產階級成形,第二代本土政治人士(35歲至45歲間)在這一時際,一面投入選舉,造成國民黨之內的抗爭(違紀及脫黨參選等,終在1977年11月19日爆發「中壢事件」),也造成國民黨之外(黨外)的抗爭(非國民黨的人士也逐漸參加各級選舉,最後爆發1979年12月10日的「高雄事件」)。臺灣政治人士與知識份子在1975年8月創辦「臺灣政論」雜誌,年底即遭查禁。1979年6月再出版「八十年代」雜誌;9月「美麗島」雜誌創刊,但未久皆遭查禁。這些雜誌皆以臺灣意識為中心,而推動本土意識民主運動。國民黨的威權統治雖仍能加以鎮壓,繼續維持,但也已暴露出本身的若干問題與弱點。

5.選舉進行期間造成所謂的「民主假期」,中斷國民黨的威權統治,對民眾的民主觀念及政治參與,皆有所促進。

四、威權體制的衰退與轉型：1980年至1986年

我國自1971年10月退出聯合國後,在外交上日形孤立(1972年7月,日本與我斷交,若干其他國家跟進;1979年1月,美國終亦與我斷交),不僅反共復國的威權體制總目標,難以維持,且社會滋生危機意識,輿論轉向「革新保臺」。自由主義的知識份子更強烈要求民主改革(終止戒嚴,廢止臨時條款,回歸憲法,全面改選國會等),此對國民黨威權統治的正當性,造成相當的衝擊,已非「十大建設」的威權正當性,所可阻遏。

再進一步看,現代威權統治只能進用兩種人員:領袖的追隨者(具同樣的政治理念或分享政治權位)及技術與行政官僚(不一定具有明

確的政治意識），而無法引進具現代開放觀念的人才。此種先天性的
結構上弱點，再加上領袖年邁、過世，不易替代的另一結構上弱點，
使得整體威權統治在蔣中正總統逝世後，在能力上逐漸下降：被動地
不易應付內、外在環境的衝擊；主動地不易推動總目標的實現或重新
規劃。內部也因目標的轉向與模糊，以及倫理與紀律的鬆弛，而趨向
腐化、因循。

在另一面，「十大建設」所帶來的經濟成長與繁榮，以及社會的
開放與流動，增強了整體民間及政治社會在政治參與方面的資源。此
種資源與本土的臺灣意識相合後，進而促動政治參與的勃興，選舉制
度乃成為吸納參與浪潮，安定政局的最佳制度化及正當化的管道。經
濟及社會資源與政治參與的相互結合，並透過選舉管道，重新分配政
治資源（特別在各級地方政府與議會，以及省議會與中央民意代表），
強化本土化的政治發展，如此在選舉機能的不斷循環下，使得威權統
治結構日趨鬆動而呈現衰退。

民意的內涵雖相當複雜，但選舉既由全體選民定期實行，即成為
最能反應民意，最具民意象徵的正當性制度。國民黨的權威當局不能
停辦選舉，否則，即會失去民意基礎的象徵正當性，也可能在現實上
引起紛亂。反對人士當然更要進入選舉，爭取民意支持的正當性。朝
野在這樣的考慮下，選舉的機能乃不斷發生作用，一面衝擊國民黨的
威權統治，一面也將反對人士納入制度的競爭管道，不採取過於激烈
的手段，而使威權體制能在和平的過程中，逐步轉型。反對人士所組
成的民進黨，就是在這一過程中所形成的。這是在威權統治衰退
(devolution)中，民主發展的一種演化(evolution)，也是一種再制度化與
正當化的轉變。

在此時期的重大事件為：

1. 1980 年 5 月，政府公布實施立法院所制定的「公職人員選舉罷

免法」（以前選舉規範皆為行政命令，此為第一部法律，使選舉合法化、制度化，不能隨時取消或以行政手段改訂。

2. 1980 年底的中央民意代表選舉（國大代表及立委的增選），若干美麗島受刑人家屬及辯護律師，皆獲高票當選，使得本土化的反對運動再起。

3.自 1982 年開始，黨外反對人士所辦的雜誌，如雨後春筍似地出現；禁後再出，禁不勝禁，各種禁書又逐漸在書攤出售，同樣無法禁絕。此對民間及政治社會的自由化，很有助益。

4. 1983 年 9 月，黨外人士為參選立委選舉，組織「黨外中央後援會」，而持反體制態度的黨外新生代，則組織「黨外編輯作家聯誼會」。1984 年 5 月黨外公職人員（現任或曾任）組成「黨外公職人員公共政策研究會」並拒絕依法登記。1986 年 3 月，公政會續在各地設立分會，執政黨擬加禁止，最後經由自由主義的學者及社會人士的協調、化解，而未起衝突。此對威權統制，造成進一步的破壞。

5. 1986 年 8 月，蔣經國總統向美國「時代週刊」表示，從不考慮蔣氏家族成員繼承他的總統職位（受「江南事件」的影響而發），威權領袖的地位進一步下降。

6. 1986 年 9 月 28 日，黨外人士宣布組織「民主進步黨」，由此突破黨禁。政府雖指為非法，但蔣經國總統在盱衡本土化的民主發展趨勢後，為了避免政治的大衝突，實際加以容忍，未予禁止。蔣總統曾一再強調時代在變，潮流在變。他看到本土化的民主發展外，可能也考慮到威權總目標已不易達成，威權領袖亦不易繼承，以及外省人主導的結構不易維持，而必須配合本土化的演進等。總之，黨禁的突破，使得政治社會的自由化與民主化逐漸再制度化，威權體制乃更形衰退，而必得轉型。

五、民主化的轉型與發展：1987年－

　　自從民主進步黨宣佈成立，突破黨禁後，臺灣乃進入民主化的轉型期，現仍在不斷地發展中，但未來能否日趨鞏固，提昇人民的政治生活，仍待觀察。整個的演變過程及其中的重大事件，可見下述：

　　1. 1987 年 7 月，政府正式宣告解除戒嚴，取消黨禁；1988 年 1 月開放報禁；1991 年 6 月 1 日，總統正式宣告動員勘亂時期終止（國民大會在同年五月底廢止動員戡亂時期臨時條款），隨後由行政院及立法院再修訂或廢止數十種有關動員戡亂的法規與命令。民眾乃紛紛組黨辦報，政治及民間社會獲得相當的自由活動空間，自由民主體制已呈現再制度化的進展。

　　2. 蔣經國總統於 1988 年 1 月 13 日逝世，由本省籍的李登輝副總統繼任，1 月 27 日李再繼任蔣所遺留的國民黨主席職位（先由中常會通過爲代理主席，後再由中委會選爲正式主席）。從此以蔣經國爲威權領袖的整體威權體制，在結構上發生根本性的變化。李主席逐步將過去以外省籍菁英所領導的中委會及中常會，以及中央與地方黨組織，改由本省籍人士領導，特別在 1993 年 8 月所召開的十四全大會，所選出中執委及中常委，皆以省籍人士爲多。行政院長也改由省籍人士擔任，考試院長亦如此，五院中祗監察院長尙由外省籍人士擔任。目前執政黨雖仍維持原有的組織架構，但已朝向臺灣的本土化發展，且完全放棄反攻復國的原定目標。此造成黨的流派之爭（李主席所領導的，以省籍人士爲主的主流派與原外省籍領導階層所主導的非主流派），且造成黨的第一次分裂，即新國民黨連線人士的出走，另建「新黨」。這些內部的爭執與對立，當然會改變既有執政黨的威權結構。李主席一面建立以本省菁英爲核心的黨的結構，一面在本土意識的號召下，

推動所謂的臺灣主義，而成為黨的新威權領袖。國民黨實際變成另一性質的威權政黨。這對民主政治的發展當然有所影響。

3. 1989 年資深國大代表全部退職，國民大會於年底全面改選；另資深立委在 1992 年全部退職，立委於年底全面改選，民進黨且獲大勝。此進一步使得政府結構轉向民主化及本土化。

4.各種社會性及政治性的自力救濟及反對運動，紛紛湧現（以 1986 至 1989 為高峰，合計約 500 餘次），相當呈現出民間及政治社會的轉向自由與自主。

5.黨外及民進黨在立委選舉的得票率，由 1980 年的 8.28%，增至 1992 年的 31.03%（共增加 22.78%），國民黨則由 1980 年的 73.64%，減至 1992 年的 53.02%（共減 20.62%），兩黨政治已逐漸成形。

6.在民主政治的價值取向上，根據作者的研究，傳統極權取向的選民，由 1983 年的 23.5%，降至 1989 年的 11.1%（共降 12.4%）；自由民主取向的選民，則從 1983 年的 12.8%，增至 1989 年的 20.7%（共增 7.9%）。由此可看出民主化在文化上的轉型。

7.目前國民黨的黨部已遷離學校與軍隊，但實際上，威權的控制仍在，但已逐漸削弱，另在其他社會及產業團體也如此。軍隊如不能國家化，民主體制還不能視為轉型成功。

8.現民進黨主張臺灣獨立，國民黨的主流派主張中華民國主權行使範圍限於臺灣（即所謂的「獨臺」），而國民黨的非主流派則主張一個中國及統一。此三方面對國家的範圍與認同，皆有實質上的距離，再加上本土意識及本土化所造成的省籍衝突，以及兩岸關係所形成的對抗，皆可能會影響到民主政治的轉型與鞏固。

六、結　語

　　1.國民黨的威權統治從轉向經濟及社會的建設，而增強本土的政治資源，這些社會力及政治力經由選舉管道，反過頭來，削弱原以外省籍人士為領導中心的威權體制。在這一過程中，選舉為非常重要而不可或缺的機制，國民黨原用作工具，以爭取本省同胞的支持及正當化，但演變到後來，卻成為削弱國民黨威權體制，推動本土化及民主轉型的工具。

　　2.在未來的政治發展上，獨統之爭可能將民主改革看成一種手段，對民主轉型會造成相當的影響。

　　3.選舉的不斷進行，兩岸的不斷交往，是否會化解獨統之爭？這是一歷史的考驗。此對未來民主轉型的能否完全成功，也是一大考驗。但民眾皆能認同選舉，接受選舉的機制，和平解決衝突，因而我們對未來民主化的發展，縱然有相當憂慮，仍抱樂觀的期待。

　　4.臺灣主體意識的強調，特別投射在李登輝總統，而成為李登輝情結，這是認同國家元首應由臺灣同胞出任，並應掌握實權。近來所進行的兩個階段修憲，皆趨向總統的擴權，現更有修改為總統制的各種呼聲。此種本土的主體意識可能會影響到憲政精神(constitutionalism)的發揚與憲政體制的安定，使民主過程，不能平坦。因之，安定憲政體制，使選舉有一穩固的正當性基礎，對未來民主的建設與轉型，十分重要。

　　5.過去的威權體制，以及所控制的民間社會的產業結構及政治社會的派系依恃結構，現因臺灣本土化的轉變及選舉機制的作用，已相當程度地與民間社會的企業家（金權）與派系領袖合流，不少此類人士進入了立法院、國民大會及執政黨的黨機器，使得轉型的政治體系

反而受到金權及派閥的宰制，而影響到民間及政治社會的自由與自主的空間，這在實質上，對民主政治的發展，非常不利。因之，如何再制度化，區隔金權與派閥的特權，實為推動民主轉型的重要課題。　（本文為作者於 1994 年 1 月 16 日參加「蔣經國國際學術交流基金會」慶祝成立五週年所舉辦「臺灣的經驗與發展」學術討論會的小組討論報告。）

臺灣的選舉機制與政治變遷

目　次

一、概說　　　　　　　　四、選戰中崛起的民進黨
二、選舉與一黨威權政權的鞏固　五、選舉所呈現的社會與政治
三、選舉對文化、社會、經濟與　　　分歧
　政治變遷的影響　　　　六、結論：臺灣民主的前景

一、概　說

　　儘管已經有相當多的著作討論政治變遷，但是對於選舉機制在威權政體民主化過程中所扮演的角色，卻一直未被適當瞭解，而且通常是被低估了。[1] 既有對於民主轉型比較的文獻，幾乎都圍繞著社會與經濟因素，視之為獨立變項，而不注重政治的因素，例如選舉競爭。[2] 我認為在臺灣選舉是許多社會變動背後的主要政治機制，而這些社會變動則反過來成為削弱威權統治，以及推動民主轉型的主要動力。

　　就如同當代許多其他例子，臺灣的威權政體可以被描述為一種傘

[1] 兩個最著名的例外是：Darke 與 Silva(1986)，以及 Lamounier(1989)。

[2] 關於這方面的討論有許多途徑，對於官僚威權工業化模型，參見：Cumming(1984)，以及 O'Donnell(1973)。對於統合(Corporalist)模型則可參見：Stepan (1978)。對於國家或歷史結構途徑，可以參見：Gold (1986)。對於世界系統理論，可參見：Wallerstein (1979)。以現代化理論來探討經濟發展階段和民主化在 1950 以及 60 年代關係的著述可參見：Cnudde and Neubauer (1969)。對臺灣研究途徑的廣泛探討，可參見 Winckler and Greenhalgh (1988)。

狀的結構，傘的主軸是國民黨一黨獨大的威權體系，在主軸上則支出
三個傘骨，控制政治體系的三個主要部份：統治階層、政治社會與民
間社會，[3] 經由這種威權控制，一黨體制就可貫穿到統治階層、政治
和民間社會。在一個政治社會中，民主的意義是：人民一方面擁有在
競爭性的選舉中，選擇統治權威的自由，一方面經由各種參與模式，
影響政府的決策。再就民間社會看，民主則是人民擁有相對於國家的
個人及社會的自由，而統治階層在民主的結構上，則是分權與制衡，[4] 以
這些標準來評估，我們可以說臺灣的人民在上述傘狀結構之下，缺乏
一個自由民主社會中所應該擁有的自由與權力。然而這並不是說臺灣
沒有任何選舉的實行。事實上，很少當代開發中國家的威權政體，在
完全沒有某種形式的民主外觀情況下，還可以持續，[5] 然而這種民主
所具的功能很有限，在性質上是工具性的而非目的性的，主要的作用
不過是用來鞏固一個威權政體的一黨統治而已。換句話說，一個政治
體系只有部份而有限的民主那是不能被稱之為民主的。在我們的概念
中，作了這樣的區別後，我們就可以將部份而有限的選舉，視之為在
探究政治變遷過程中的獨立變項。

　　1949 年之後，在臺灣所舉行的選舉就是部份和有限的，但這的確
構成了一個政治機制，對於威權體制的轉變，產生了促進的作用，這
一作用是相當重要而突出的：雖然選舉的結果，經常在變，但所產生
的影響卻從未稍減。

---

[3] 這個理論是由胡佛教授所發展，要瞭解進一步的討論，可參見：胡佛
(1991)。

[4] 這個對民主三位一體的界定，可參見：胡佛(1989)。作者指出民主轉型
不僅是政體的民主化，也包括自由化。事實上，民主化應涵蓋政治社會
及民間社會對政治自由及參政權行使的制度化。

[5] 有一個相當具有啟發性的探究，可參見：Epstein(1984)。

　　在本文中首先要探討的是：國民黨爲何以及如何把選舉拿來作爲維持威權統治的機制。第二，要探討的是：選舉對候選人結構，以及對選民態度的影響，在這方面，選舉可以說是社會變遷的一個催化劑，也可以說是社會化的一個機制。第三，是要檢討從威權主義到成爲反威權機制的演化過程中，特別是民主進步黨的興起，本文中將根據 1983年、1986 年、1989 年三次選舉的開票結果以及選舉行爲的調查資料，來看在國民黨與民進黨間逐漸浮現的政黨競爭。第四，是要從候選人的競選議題和選民抉擇所顯示的社會及政治分歧中，進而分析最近幾次選舉競爭的本質和意義。本文也將運用個體層級的資料分析選舉競爭。最後在結論的部份，將就實證的發現，討論臺灣未來的政治轉型。

二、選舉與一黨威權政權的鞏固

　　在內戰中敗給共產黨之後，1949 年國民黨的威權政權在風雨飄搖中播遷到臺灣，當時所面臨的嚴重挑戰是來自於如何贏得本省臺灣人的支持及重建政權的正當性。臺灣在 1945 年 10 月脫離日本殖民統治後，還不到二年，在 1947 年 2 月 28 日就發生了不幸的 228 事件。[6] 五十年的歷史分離，加上 228 事件的發生，使得本省人逐漸產生「臺灣認同」，相當影響到對中國的認同。除此之外，國民黨政權幾乎完全在外省人的掌握之下，這一事實也讓臺灣人民認爲這是一個外來的殖

---

[6] 在這一天，在外省人領導的國民政府與臺灣反對人士之間，發生了一個相當激烈的衝突，最後整個事件經國民黨軍隊的鎮壓而平息。這個意外發生後，即被廣泛地受到注意，但直到戒嚴解除之後，才能解除禁忌，可作公開地討論。臺灣的史學界對 228 事件發生的原因和過程的看法，仍然充滿歧異，本文除了指出其傷害性的影響之外，將不深入討論這整個事件的細節。

民統治。國民黨政府在這個時候，若要想取得臺灣人在正當性上的支持，就必須要弭平本省人和外省人之間的對立。在缺乏本省人的認同以及內部結構不整合的雙重危機下，國民黨乃規劃在臺灣建立一個「革命民主」的政權，主要的目的是爲了鞏固國民革命，反攻復國，因之，強調政黨的威權控制，有其必要，但在另一方面，爲了要防止臺灣內部的反抗，乃決定實行有限的民主，而將臺灣人民統合進國民黨的威權體系中。主要的作法是：在戒嚴的黨禁下，允許臺灣人民選擇地方層級的公職人員，以培育本地人民對國民黨政權的支持。這種「革命民主」的規劃，爲國民黨在臺灣的統治建立了一個相當鞏固的基礎。一方面滿足了黨內重整的要求，更重要的是爭取臺灣人民對政權正當性的支持。這一過程，可爲下述：

首先，根據--套黨的改造計畫，國民黨依照列寧式路線，以領袖爲黨的核心，在意識型態上則強調反共革命。另一面，則實施戒嚴法，厲行黨禁與報禁，並運用「動員戡亂時期臨時條款」的修訂，凍結了許多憲法條款。

經過了政黨改造之後，國民黨在各地區及各社會部門組建功能性的組織單位，而益形強化。[7] 在基層，國民黨沿用既有的扈從網絡，在全島建立起一套複雜的政治機器。在省級以下的每一個行政管理區域內，國民黨培育並維持至少兩個相互競爭的派系，讓他們競爭公職和其他準國家組織的選舉職位，包括農會和水利會。更重要的是，國民黨允許地方勢力可以在政黨控制的利益大餅中，爭取以地方爲基礎的非交易商品部門的經濟租。[8] 在地方層級之上，國民黨經由黨部的統合運用，對商業、專業組織、工會、公務員、新聞界、知識份子、

---

[7] 請參見：Winckler (1984)。

[8] 對於地方菁英合作機制的分析，可參見：Winckler (1981)

學生和其他特定組織控制，加以操縱，幾乎控制了所有的民間社會。國民黨黨員更囊括了幾乎 20%的成年人口，[9] 與此同時，國民黨也控制了包括自然獨佔和國家特許所產生的經濟租，並將之分配給自己的忠誠支持者，而當這些籠絡的手段都失敗之後，就輪到情治單位登場。在戒嚴法的統治下，情治單位連最些微的政治異動，都要鎮壓。在國民黨統治的前三十年中，反對陣營非常脆弱，且沒有組織。大多是地方性的反對勢力，而欠缺全國性的政治目標，所以對國民黨沒有產生太大的威脅。所以，在一段相當長的時間中，國民黨在政治與民間社會都成功的建立了相當穩固的威權統治。

　　國民黨的第二個策略是維持一個五院制中央政府結構，其中立法院由 1948 年在中國大陸上選出的委員組成，並宣稱代表全中國人民。另包括一個為整個中國設計的四級行政體系，從中央開始逐級而下到省、縣/市、以迄鄉/鎮，這在結構上是相當複雜的，但國民黨藉著黨、政、軍三位一體的結構，在統治上相當成功。在這個結構之中，黨與政不管在角色或利益上幾乎是無法區分的。一般來說，內閣的主要成員同時就是黨中常會的成員，在立法部門，黨鞭也是黨的忠誠幹部，黨籍總是被那些想要在官僚系統或軍隊體系中謀求較優職位的人，當成一項資產和一個必要的踏腳石。在實踐上，國民黨掌握了所有決策過程，並壟斷了國家的政治資源。

　　第三，為了增強國民黨統治的正當性，從 1950 年開始，國民黨採取了有限的地方自治，本省人被允許在省的層級以下選擇民意代表，也可以在縣的層級以下選擇政府首長，當然這些選舉是部份而有限的。但即使如此，仍然代表了國民黨威權政體的結構，又邁出了一步。國民黨藉由派系的依恃關係，並利用對選舉的操縱，而能夠與地方政治

---

[9] 根據最近數據顯示，國民黨黨員數目大約是兩百萬人左右。

菁英合作，並將地方的政治與社會勢力統合到黨的結構中。在這種情況下，地方選舉僅僅成為國民黨鞏固威權統治的工具。事實上在 1970 中葉以前的三十年中，國民黨充分地控制了選舉，並成功地在社會的每個部份建立起支持的基礎，就如在表一指出的，國民黨的派系候選人，在 1950 年到 1985 年中所贏得的席位，總是比非派系候選人高出甚多，兩者之間的比例為 83.32%與 33.88%，這很清楚地證明了國民黨威權政權運用依恃關係，成功地取得了選舉上的支持。

表一 省議員選舉中的地方派系候選人(1950-85)

	國民黨派系候選人	國民黨派系當選人	非派系當選人
1950	59.30%	75.40%	8.00%
1954	55.20%	78.00%	30.00%
1957	43.80%	82.20%	39.70%
1960	52.20%	85.70%	40.30%
1963	54.90%	70.90%	47.20%
1968	47.40%	88.40%	38.40%
1972	43.80%	90.70%	43.60%
1977	56.30%	88.50%	42.50%
1981	44.00%	83.60%	18.80%
1985	42.60%	89.80%	30.30%
Total	49.95%	83.32%	33.88%

資料來源：從歷屆省議員選舉結果的資料計算而得

三、選舉對文化、社會、經濟與政治變遷的影響

如上面所討論的，國民黨在地方層級所安置的選舉系統，最初對於一黨威權統制的正當性，提供相當的幫助，然而當地方選舉定期舉

行之後，卻逐漸地帶動了國民黨的威權統治的轉型，包括了政權的本質和運作兩方面。這就如同一個水的漩渦一般，這個定期舉行的機制，在交互作用中，吸納了文化、經濟、社會與政治等資源，並重新加以分配，而導致結構性的改變，[10] 這個微妙而動態的過程，可從以下的分析看到。

表二　選舉對選民心理的影響(1986-89)

	非常強烈		相當強烈		普通		沒感覺		合計	
	n	%	n	%	n	%	n	%	n	%
1986	68	4.8	264	18.6	849	59.7	240	16.9	1,421	100
1989	71	5.6	232	18.2	800	62.6	174	13.6	1,277	100

資料來源：參考註釋 11，括弧中的數字為樣本數。

選舉具有競爭性和遍及性，特別是在一個開發中國家，全面性的選舉往往成為促使人民政治社會化的主要機制。我們雖然缺乏關於地方選舉在 1950 年代到 1970 年代之間影響人民的實證資料，但可以在 1980 年代的資料，看到這種影響。[11] 表二顯示在 1986 及 1989 兩次選舉中，各有 23.4%及 23.8%的選民，自認心理上受到相當程度的影響。表三更顯示出，在兩次選舉受到影響的選民中，相信選舉對政黨政治造成突破，帶來民主新希望者，1989 年比 1986 年共增加 23.9%（1986

---

[10] 有關這一漩渦功能概念的討論，可參見胡佛(1988)。

[11] 作者所主持的臺大「政治體系與變遷研究工作室」曾針對 1983，1986，1989 三次選舉進行了三次調查訪問，分別在 1984 年 2-6 月、1987 年 2-6 月、1990 年 2-6 月，樣本母體是全臺灣二十歲以上的選民，樣本數分別為 1629(1989), 1430(1986),1301(1989)，我們使用選舉人名冊以及戶籍資料作為抽樣母體，先抽取市/縣，區/鎮(或村)，然後在所抽取的區域內，再隨機抽娶選民樣本。對於抽樣方法更進一步的討論，可參見：胡佛，陳德禹，陳明通，游盈隆 (1987:44-47)，以及林佳龍 (1988:67-79)。

年爲 40%, 1989 年爲 63.9%）。我們從表三也可發現愈來愈多的選民認爲選舉會提高本省同胞的政治地位，增加未來主導政治發展的可能（1986 年爲 9.1%，1989 年爲 44.6%）。然而資料也同時顯示出愈來愈多的選民憂心選舉會造成對國家觀念的混淆，增加省籍的對抗。從 1986 年的 10.5%增加到 1989 年的 31.9%，共增加了 21.4%。毫無疑問地，選舉最顯著的效果是喚起了人民更大的政治自覺，一方面反映在人民對臺灣政治民主化的關心，另一方面則顯示出人民對認同衝突的憂慮。

表三　選民對選舉的看法(1986-89)

		贊成		沒意見		不知道		合計	
		n	%	n	%	n	%	n	%
1.對政黨政治造成突破，帶來民	1986	128	40.0	21	6.6	171	51.5	321	100
主新希望	1989	189	63.9	92	30.4	15	5.1	296	100
2.提高本省同胞的政治地位，增	1986	29	9.1	30	9.4	260	81.5	319	100
加未來主導政治發展的可能	1989	133	44.6	146	48.2	149	6.4	198	100
3.造成對國家觀念的混淆，增加	1986	33	10.5	32	10.2	250	79.4	315	100
省籍的對抗	1989	95	31.9	186	62.4	17	5.7	288	100

資料來源：參考註釋 11，括弧中的數字為樣本數。

　　我們在 1983 年以及 1989 年的兩次實證研究中，相當關注基本的政治價值取向，也就是選民的政治文化。整體來看，民主體制是由統治組織、政治社會及民間社會所組成的，而統治組織是權、責相當及制衡的，政治社會是主權在民及參與的，民間社會是自由與多元的。基於民主的這些本質，我們可以進一步將民主文化區分爲四種權力價值取向：(1)分權，(2)主權，(3)個人自由，(4)社會自由或多元主義，[12] 並

[12] 民主價值取向是經由一個十項題目的量表，加以測量，這個量表也是作者主持的「政治體系與變遷研究工作室」所發展而成。量表的題目主要

進行實證觀察，問卷題目如附錄一，結果可見表四。

表四　選民的民主價值取向(1983-89)

	1983(%)	1989(%)	1983-89(%)
主　　權	68.3	76.2	+7.9
個人自由	33.7	50.1	+16.4
社會自由	20.3	40.6	+20.3
分　　權	46.8	64.4	+17.6

樣本數目：1,692(1983)，1,301(1989)

　　文化是一種共識，學者 Herbert McClosky 將共識訂在 75%的同意水準。[13] 我們認為可定一個次級的標準，即 60%。我們從表四可以看出，臺灣的政治文化是很難被認定為民主的。在一個從威權到民主的光譜中，1983 年受訪選民的政治文化，可以被歸類為現代威權的類型，亦即除了人民主權之外，無論在個人自由、社會自由及分權方面，皆缺乏共識。這顯示受訪選民的政治文化，仍然沒有脫離威權的陰影。不過，在另一方面，也顯示選民的政治文化的價值取向，從威權的一端到民主的一端，共有 6.9%到 20.3%不等的移轉，其中對主權的共識勢將形成一個催化劑，推動政治社會的形成。選舉在這方面毫無疑問地是這一共識形成的關鍵助力。

　　為了進一步觀察與比較，我們可以將受訪選民對於這四個政治文化的價值取向區分為三種類型：(1)傳統威權：對所有四種價值取向，皆為否定；(2)現代威權：至少對其中一個價值取向，表示肯定；(3)自

針對五種民主體系的權力價值傾向，也就是平等權，主權，自由權，多元權及分權。有關民主價值取向及選舉行為的理論分析，可參見：胡佛、陳明通(1986)。

[13] 參見：McClosky(1964)。

由民主：對所有四個價值取向，都作肯定。表五顯示，在 1983 年及 1989
年，臺灣人民的政治文化是屬於現代威權的類型，在 1983 年為 63.7%，
1989 年為 68.3%，約增加 4.6%。但傳統威權類型則相對地萎縮(12.4%)，
而自由民主類型則呈現較大的增加(7.9%)，我們從這三種價值取向的
類型中，可以清楚地看出臺灣的政治文化變遷與選舉的關係。

表五　政治文化的類型與變遷(1983-89)

	1983(%)	1989(%)	1983-89(%)
傳統威權取向	23.5	11.1	-12.4
現代威權取向	63.7	68.3	+4.6
自由民主取向	12.8	20.7	+7.9

樣本數目：1,692(1983) ，1,301(1989)
資料來源：參考註釋 11，括弧中的數字為樣本數。

　　就社會經濟結構來看，選舉一方面影響到臺灣的社會變遷，另一
方面也受社會變遷的影響。選舉則是將不斷湧現的經濟和社會力量，
吸納入政治系統之中的主要工具。面對不斷的選舉挑戰，國民黨的地
方派系網絡，比正式黨組織更能適應社會及經濟的變遷。當傳統的依
恃結構無法再如以往動員選票時，派系或候選人為中心的動員關係就
逐漸擴大到包括更多的次級團體及區域利益，特別是在快速發展的都
市區。在另一面，隨著當選後而來的社會特權和經濟利益，使得越來
越多的競爭者加入選戰，來爭取政治及經濟的優勢。在一個不斷擴張
的經濟體系中，對地方派系來說，選舉的成本與賭注，也越來越大，
因之，當越來越多的社會資源被動員到選舉過程中時，選舉變得更制
度化，且成為地方政治菁英得到認同的主要制度，更是整個地方權力
結構的基礎。逐漸地，國家的統治菁英發現政治體系不但不能沒有選
舉，而且更面對黨內外持續升高要求提高選舉層次的壓力。

　　再進一步看，在文化與社會經濟變遷的影響下，選舉也促動了政治參與，我們發展一個「古特曼(Guttman) 層級」的架構來區分這些參與活動，依據選民在政治系統中的功能性的活動，政治參與可分成五種類型或層級：[14]

　　1.維持性：支持選舉體系的運作，包括：「閱讀候選人的傳單、快報或有關的報導」，「與人談論候選人的競選」。

　　2.敦促性：著重在選舉體系中的產出，包括：「敦促親友投票」以及「邀約親友前往通取政見發表會」。

　　3.改革性：否定選舉體系中的某些部份，要求更動或改革，包括：「對辦理選務人員的公正性表示懷疑或批評」，「對選舉制度與法規表示不滿或批評」。

　　4.推動性：提出各種建議及需求，推動選舉體系的運作，包括：「對選舉制度提出新的構想與建議」，「建議他人競選」。

　　5.干預性：直接干預決策制訂或政策施行過程，包括：「替候選人活動」以及「親自參加助選或競選」。

　　以 1983 年、1986 年、1989 年三次增額立委選舉中受訪選民的選舉參與，作比較分析，結果可見表六。

　　由於問卷設計上的修改，1989 年選舉的調查的題目，不完全與前兩次相同，所以某些題目無法比較，在古特曼(Guttman)的層級指標上，五種參與的類型或層級，在 1983-89 年間並沒有顯著的改變，但我們仍然可以看到在參與結構中某些有意義的變化，主要是在較高層次參與，亦即在：改革性、推動性及干預性等層級呈現增加，而非在較低

---

[14] 這五個層級的參與架構，也是由「政治體系與變遷研究工作室」根據政治系統的功能過程所發展而成。這五個層級的參與，形成 Guttman 的模式，並在測量上獲得驗證。詳細的討論可參見：胡佛(1985, 1988a)。

層次的維持性和敦促性的層級，如敦請親友參加政見發表會，呈現減少，但在表達不滿，及提出改革方面，卻有增加。此外，受訪者表示自己曾經擔任候選人或助選員的比例，從 1983 的 2.6%增加到到 89 年的 3.8%。這種從較低層次的參與，擴大到較高層次的參與，顯示出臺灣民眾變得越來越獨立和自主。

表六　五種不同層級的選舉參與(1983-89)

		1983(%)	1989(%)	1989(%)
維持性：	「閱讀候選人的傳單、快報或有關的報導」	60.9	57.6	69.4
	「與人談論候選人的競選」	45.6	39.4	n/a
敦促性：	「敦促親友投票」	33.9	51.3	n/a
	「邀約親友前往通取政見發表會」	29.5	20.6	17.7
改革性：	「對辦理選務人員的公正性表示懷疑或批評」	7.6	14.1	n/a
	「對選舉制度與法規表示不滿或批評」	6.1	11.6	n/a
推動性：	「對選舉制度提出新的構想與建議」	4.4	8.2	n/a
	「建議他人競選」	3.4	3.2	n/a
干預性：	「替候選人活動」	7.3	5.3	n/a
	「親自參加助選或競選」	2.6	1.8	3.8

樣本數:1692(1983)，1430(1986)，1301(1989)

　　在文化和社會經濟結構帶來以上的改變下，臺灣政治菁英則進而要求更廣泛和更完整的政治參與。這類需求的呼聲變得越來越大，國民黨已無法不加正視，如果定要壓制，可能會傷害到整個政治體系，因此，對國民黨來說，最好的策略就是容忍和讓步，結果就是放鬆革命威權體系，以及增加民主的調節。國民黨以往藉著「革命民主」理論來維持威權統治的方法，已經無法貫徹，我們可以在政治結構上可以看到以下的改變：

　　首先，在早期的選舉中，國民提名的候選人可以相當輕易地贏得選戰，在許多的選區中僅僅只有一位候選人。然而當越來越多的政黨菁英彼此爭奪黨提名時，爭端隨之增加，於是有候選人違紀參選和退

黨參選。這種情況經常發生，就不是運用黨記所可壓制的，國民黨後來就不得不放寬提名的人數。例如在 1981 年省議會的選舉，在 77 席中，國民黨僅僅提名 38 個候選人，其餘的席次開放競爭。從 1989 年開始，國民黨採取了黨內初選，不過在初選得票率低於 50%的地區，提名委員會仍然保持有一定的彈性決定候選人的人選。雖然如此，國民黨開始採取初選，毫無疑問地大幅提昇了威權結構的民主化。

其次，如同前面所指出的，選舉在臺灣被限定在地方政府與議會層級，省政府主席以及國會議員的選舉並未開放，當要求更廣泛政治參與的壓力增加的時候，國民黨政權同意從 1980 到 89 年間，逐步開放三個國會的增額代表選舉。選舉的開放終於達到了中央政府層級。1948 年在大陸所選出的所有三個國會的資深民意代表，在 1991 年底全部退職，更多的臺灣人進入了國家統治結構，取代 1949 年以來由外省菁英掌握的狀態。

文化與社會經濟變遷的第三個結果是反對運動的興起。在快速的都市化、教育普及及生活富裕等轉變下，反對運動得到越來越多具有自信而且經濟穩定的選民的支持，而敢於對國民黨政權的正當性挑戰。這個發展在 1977 年的選舉中，達到高峰。一個鬆散的政治聯盟，以黨外的名義在地方及省級公職人員選舉中，得到了相當的收穫。

在 1979 年選舉的前夕，[15] 反對運動相當堅定地建立了一個正式的全島性的競選組織，之後儘管國民黨強硬地宣告禁止組黨的決心，但黨外的異議份子仍然組成一個近似政黨的組織。與此同時，統治菁英也發現到以鎮壓的方法來對付，成本越來越高。在高雄美麗島事件之後，很多知名的反對黨領袖雖以叛國的罪名遭受起訴，而國民黨政

---

[15] 在 1978 底中共與美關係宣佈正常化之後，國民黨政府隨即取消了 1979 年的選舉。

權也付出了很高的代價，特別是正當性的成本。經過了一個短暫時間的混亂，黨外重新組織起來，並在 1980 年的選舉中，又取得了新的支持。在 1983 年黨外候選人「黨外後援會」第一次正式推薦候選人參與角逐。這個後援會在 1984 年被提昇到一個近似政黨的組織：「公共政策研究會」。最後在 1986 年選舉的前夕，一個正式的政黨：民主進步黨乃告正式成立。

這個突破對於鬆動威權政治具有多重的效果，一方面，引發了對政治壓制更大的對抗，一方面也開啓了更快速的政治自由化和民主化的過程。結果是國民黨發現正統治著一個逐漸浮現的民間社會。若干自主的社會團體合力打破過時而不合宜的限制，社會抗爭和各種社會運動也不斷地湧現，[16] 威權秩序的裂縫因此越來越大，國家的權力在實質上已是逐漸退縮。自然而然地國民黨政權被迫對這些反應做出回應，包括了在黨內權力結構的本土化和更廣泛地政治解禁。1987 年上半年的解除戒嚴及黨禁、報禁，可說達到高峰。到了 1992 年，在政府登記有案的政黨，共有 60 個之多。

四、選戰中崛起的民進黨

若想瞭解黨外／民進黨在選戰中脫穎而出的意義，首先，要重視「群眾支持」的因素。

表七顯示，在 1983 年、1986 年及 1989 年四個選舉中，國民黨、黨外／民進黨及無黨籍人士之得票率。[17] 由於臺灣選舉制度採雙重代

---

[16] 參見：朱雲漢(1990)。

[17] 在 1986 年的選舉中已可輕易地分辨出民進黨與無黨籍的候選人。但在民進黨成立前，尚不太容易分辨黨外與無黨籍候選人。不過，在 1980 與 1983 年的選舉，也有明確的資料可按，因為在這兩次選舉中，黨外候選

表制,所以可分成兩個簡單的類別。[18] 表七第一部分指出在區域選舉中各黨派的得票率,第二部分則是各黨在職業與原住民代表中的得票率,最後一部分則是總得票數中各黨的得票率。

表七　國民黨、黨外/民進黨與無黨籍候選人的得票率(1980-89)

	1980	1983	1986	1989
區域選舉:				
國民黨	72.0	70.5	66.7	59.7
黨外/民進黨	19.5	18.9	24.6	29.7
無黨籍	18.4	10.6	8.8	10.5
職業與原住民選舉:				
國民黨	82.4	87.5	84.7	65.5
黨外/民進黨	1.3	3.1	6.9	19.9
無黨籍	16.3	9.4	8.4	14.6
總得票率:				
國民黨	73.64	72.86	69.06	60.6
黨外/民進黨	8.28	16.68	22.22	28.2
無黨籍	18.09	10.46	8.72	11.2

資料來源:各黨派得票率的資料來自行政院中央選舉委員會。各候選人的黨籍,
　　　　參考李筱峰(1988)。

人已正式組成一臨時性的全國競選組織。如在 1980 年的選舉,黨外候選人是由黨外候選人全國後援會所推薦者。可參考:李筱峰(1988:164-66)。至於 1983 年的選舉,黨外候選人則是由黨外候選人競選後援會推薦,可參考:前引,頁 189-91。

[18] 臺灣的全國性公職人員選舉是雙重代表制。多數代表經由各地區選出(按照行政區劃分)。另一相當高比例的席位則由六個職業團體選出。另設二個原住民選區(平地與山地)。這種制度規定職業團體與原住民選民登記在不同的名冊上,而分開票選。例如,在 1986 年的選舉中,72 個席位中有 18 席由這八個特別的群體選出,而這些群體的人數只佔選民總數的 13.3%。

　　表七的統計可看出黨外/民進黨候選人從 1980 年蹣跚起步後，逐漸在往後的選舉中獲得越來越多的選票支持。在當時，也就是高雄事件（美麗島事件）發生後一年，反對陣營正處於紛亂不安之中，在倉促成軍的情況下，無法提出足夠的候選人。不過，他們仍在 21 個縣市中的 14 個縣市推出候選人，並在區域投票中獲得 9.5%的支持率，在職業與不分區代表中獲得 8.28%的支持率。獲得這樣的得票率，已數難能，黨外領導人意外之餘，更全力徵召候選人投入選戰。在 1983 年的選舉中，黨外推薦的候選人，在正式的提名下，參加了所有 23 縣市的競選（包括金門與連江縣），他們共在區域投票中獲得 18.9%的選票，在總票數中獲得 16.7%。

　　與此相較，國民黨候選人得票率，由 1980 年的 73.6%銳減為 1989 年的 60.6%，而在較重要的區域選舉中，得票率更由 72.1%下滑至 59.7%。黨外/民進黨的得票率由 1980 年的 8.3%大幅增加為 1989 年的 28.2%。不過，最明顯的轉變則是無黨籍候選人的總得票率，由 1980 年的 18.1%下降至 1986 年的 8.7%。民進黨的成立不僅吸納了部分國民黨的票源，無黨籍人士的票源亦被瓜分，這充分說明民進黨的成立，象徵反對陣營已脫離鬆散的黨外聯盟，轉變為臺灣的正式政治組織。

　　另一個重要的發展是，隨著民進黨的成立，越來越多的選民開始在兩黨中選擇其一作為政黨認同的對象。很顯然地，緊蹦的選戰使得選舉的重要性，舉國大增，同時也使得政黨所標誌的象徵意義日顯，加速了選民政黨意識的興起。[19] 此時，選民的政黨偏好與投票決定有了緊密的關係。就某種程度而言，民進黨成功地將這個有限的選舉過

---

[19] 當然我們不排除這是因為政治風氣的開放，而使得愈來愈多的選民願意表達他們的政黨偏好，不過，這亦無法解釋為何執政黨獲得愈來愈多的支持。

程，轉化爲全國性的兩黨政治競賽。民進黨的存在，不僅具政黨之名，
亦日漸被視爲一個具選戰實力的政黨。

表八　政黨偏愛與政黨選擇(1983-86)

1983 年	親國民黨		無政黨偏好		親民進黨		總計
	n	%	n	%	n	%	N
投票給國民黨籍候選人	427	95.96	443	78.27	44	49.44	914
投票給民進黨籍候選人	18	4.04	123	21.73	45	50.56	186
總計	445		566		89		1100
chi-square=133.5, p<.001							
1986 年							
投票給國民黨籍候選人	474	94.80	204	78.16	22	19.47	700
投票給民進黨籍候選人	26	5.20	57	21.84	91	80.53	174
總計	500		261		113		874
chi-square=328.9, P<.001							

資料來源：同註 11。

　　根據我們對 1983 年選舉的調查，如表八，半數以上的選民表示對
於任一政黨並無明顯的偏好。[20] 三年後，70%以上的選民已對兩黨之
一具有偏好及認同。[21] Chi-square 統計數字顯示，在 1983 年的選舉，
政黨偏好與投票行爲之間，呈現極密切的關係。這一情形在 1986 年，
益形明顯。[22] 選民的政黨認同，構成一項重要，而且可以預期的當選

---

[20] 在此處及以下的分析中，爲了獲得清楚的比較，投給無黨籍候選人的受
　　訪選民，不包括在內，只列入國民黨籍與民進黨籍候選人的支持者。

[21] 我們使用的這些項目是用來測量政黨偏好，而非政黨認同。後者不僅須
　　要對一個政黨具有態度上的偏好，而且在心理上要與該政黨接近。關於
　　政黨傾向不同的測量方法，請參考：Asher (1983)。

[22] 我們並不是指選民選擇特定的候選人，只是因爲個人的政黨偏好。我們
　　認爲政黨偏好在投票行爲中的重要性，須與其他因素一同比較。對個人
　　層次投票行爲的分析，並不是本文的重點；我們主要想瞭解的是，在系

資源。

　　綜而言之，民進黨的崛起，在近年的選舉中，具有相當的意義。截至 1989 年爲止，民進黨籍候選人囊括將近四分之一的選票，在整體選戰的作用上，遠超過以往的反對陣營。民進黨已成爲正式的政黨組織，而不是「非國民黨」候選人的統合而已。在黨的組織與領導中，民進黨已可整合來自不同選民基礎的群眾支持，發展一個完整的全國性政治策略。同時也獲得相當一部份選民的認同。更重要的是，民進黨將選民的支持，建立在要求政治改革，以實現多數統治上，將競選訴求大幅昇高至質疑國民黨政權的正當性。當然，上述的觀察仍需要作進一步的實證觀察，下面當再作說明。

五、選舉所呈現的社會與政治分歧

　　對選舉競爭的個體觀察，可分爲兩個層次：一爲候選人，另一則爲選民。首先，我們檢視了兩黨候選人所採用的競選文宣，尤其是其中的政見議題，如此可區分出國民黨及民進黨候選人各自代表的經濟、社會與意識型態的利益，或辨識出雙方的社會與政治分歧。其次，我們將比較國民黨及民進黨支持者的社會、經濟及政治背景，這可以顯示出這些政治、社會分歧與選舉競爭之間的關係。

　　我們採用內容分析來檢視 1986 年選舉中各候選人在選舉公報中的政見。爲了有系統地比較候選人對各類議題的立場，我們根據 1983-1986 年各候選人的競選手冊、海報及選舉公報的資料，列出 34 項候選人政見，詳見表九。我們將這些政見，按其性質，分爲三大類：國家認同、

統層次上所出現的政黨意識及所具的意義。關於投票行為的分析，詳見：胡佛、陳德禹、陳明通、林佳龍(1990)。

政治結構及公共政策。在每一大類中，再分成不同的小類。在表九中，
關於國家認同的四項政見可分為二小類：中國情結與臺灣情結；[23] 有
關政治結構的十二項政見，可分為二小類：政權維持與民主改革；屬
於有關公共政策的十八項政見可分為五小類：國家發展、社會安全、
後物質主義價值、[24] 拓展外交關係與行政革新。

表九　候選人競選政見內容分析(1986)

	國民黨籍 (N=51)		民進黨籍 (N=17)	
	n	%	n	%
一、國家認同				
1.中國情結				
(1)堅持三民主義的原則統一中國，反對分離意識與地域主義	25	49.02	0	0.00
(2)愛護國旗、使用國號，以發揚愛國精神	1	1.96	0	0.00
2.臺灣情結		0.00		0.00
(3)臺灣的前途應由臺灣全體住民共同決定	0	0.00	17	100.0
(4)肯定臺灣歷史、語言與文化，以加強對臺灣鄉土的認同感	0	0.00	13	76.47
二、政治結構				
1.體制維持				
(5)鞏固領導中心，反對污衊英明領袖	2	3.92	0	0.00
(6)體認非常時期的國家處境，絕對支持政府決策	0	0.00	0	0.00
(7)為維持社會秩序，反對群眾性抗議運動	2	3.92	0	0.00
(8)維護社會和諧，嚴禁偏激言論	0	0.00	0	0.00
(9)促進政治安定，反對政黨林立	0	0.00	0	0.00
(10)集中政治權力，減少牽制，以建立大有為政府	0	0.00	0	0.00

[23] 中國情結泛指一種信念取向，即：贊同臺灣最終與中國大陸統一，並堅
持兩者在政治、文化上的不可分性。臺灣情結則強調臺灣的自主性，以
及在政治及文化上與中國大陸有所不同。我們的分析共列國民黨籍(51 位)
及民進黨籍(17 位)的區域候選人。在國民黨陣營，黨的背書意指候選人
可獲得黨內提名及黨的批准，但民進黨的背書就不是如此明顯。請參考
李筱峰(1988:189-91)。

[24] 關於後物質主義價值，可參考：Inglehart(1976)。

表九　候選人競選政見內容分析(1986)（續）

2.民主改革

(11)全面改選中央民意代表，以擴大政治參與	0	0.00	17	100.0
(12)反對政治特權與政治壟斷	0	0.00	17	100.0
(13)落實司法獨立，根絕政治干預	1	1.96	17	100.0
(14)堅持組黨自由，各政黨公平競爭，輪替執政	0	0.00	17	100.0
(15)立即解除戒嚴，以確保基本人權	0	0.00	17	100.0
(16)解除報禁，開放電視等傳播媒體，以促進言論自由	0	0.00	17	100.0

三、公共政策

1.國家發展

(17)善用外匯存底，推動國家建設	8	15.69	13	76.47
(18)加強經濟發展，改善貿易環境	24	47.06	15	88.24
(19)加強交通建設，改善交通秩序	28	54.90	2	11.76
(20)研究尖端科技，增強國防力量	15	29.41	0	0.00

2.社會安全

(21)保障農、工、漁民的生活權益	29	56.86	15	88.24
(22)妥善照顧榮民、後備軍人及軍眷生活	16	31.37	0	0.00
(23)提高軍公教人員的待遇	31	60.78	0	0.00
(24)改善低收入民眾的生活，縮短貧富差距	5	9.80	4	23.53
(25)實施全民失業及醫療保險，加強社會福利	42	82.35	17	100.0

3.後物質主義價值

(26)制訂消費者保護法，保障消費者權益	16	31.37	10	58.82
(27)保障婦女權益，消除女性差別待遇	18	35.29	15	88.24
(28)保護生態環境，消滅公害	42	82.35	17	100.0
(29)實行精兵政策，縮短服役年限	1	1.96	14	82.35

4.拓展外交關係

(30)突破外交困境，重返國際社會	16	31.37	16	94.12
(31)推展全民體育，參加國際競賽，爭取國家榮譽	5	9.80	1	5.88

5.行政革新

(32)健全賦稅制度，減輕人民稅負	30	58.82	6	35.29
(33)增強警力，維護治安	21	41.18	0	0.00
(34)澄清吏治，肅清貪污	26	50.98	15	88.24

不同政黨候選人採用以上三十四項政見的情況，[25] 可見表九。結果顯示國民黨籍與民進黨籍候選人在國家認同及政治結構度上具有相當的分岐，但在公共政策議題上，並無明顯的不同。民進黨籍候選人的政見大多將焦點放在國家認同之上，也就是臺灣前途由公民自決，以及臺灣認同。該黨候選人也幾乎是都支持民主改革，包括「國會的全面改選」，「開放黨禁」及「保障基本人權」，這些與國民黨籍候選人的政見恰好相反。半數的國民黨候選人，對於國家認同的立場明確，但幾乎所有的候選人都在政治結構的政見上保持模糊的立場，不願表態。與 1983 年的選舉相反，在 1986 年的選舉中幾乎沒有國民黨籍候選人表態擁護威權體制的正當性，[26] 由此可見，在某種程度上而言，已經默認民主改革的議題。

至於有關經濟成長、社會安全、後物質主義價值、拓展外交關係及行政革新等的政見，兩黨候選人意見大致相同。不過，仍可以看出一個主要的分別，即：民進黨籍候選人都不提增加國家權力的政見。相反地，許多的國民黨籍候選人則傾向維持一個強大的國防力量，同時改善軍、公、教人員的福利及擴大警察的編制。[27]

從以上的分析可以發現，民進黨籍候選人基本上反對既有的國家與政治體制，將選舉訴求推向政權正當性，而國民黨籍候選人則將主題限定在公共政策上。另外，我們從內容分析中，也可看出，兩黨候

---

[25] 本文只分析國民黨與民進黨所推薦的區域候選人，共包括 51 位國民黨籍及 17 位民進黨籍。在國民黨陣營，黨的推薦意指候選人獲得了黨的提名或是報准參選；民進黨的推薦就沒有這種區分。請參考：李筱峰(1988)。

[26] 我們只根據 1986 年的選舉公報從事內容分析，並不包括 1983 年國民黨籍候選人有關維護體制的政見。但在 1986 年時大多數的國民黨籍候選人已揚棄此類訴求，這個對照突顯了臺灣政治在此期間的變遷。

[27] 特別是第 20,22,23,33 項。

選人皆無意訴諸階級或族群，相反地，他們的訴求是針對所有類型的
選民，從工商界人士到中下階級，從消費者到環保人士。唯一的例外
是，只有國民黨籍候選人強調代表軍公教人員的利益。

我們進一步觀察選民經濟、社會背景及價值取向，共選擇四類獨
立變項，即：民主價值傾向、國家認同、[28] 省籍，以及經濟、社會階
層。[29] 分析的重點在這些變項間的交互關係及對選民選擇政黨時的影
響。[30] 由於大多數的變項在本質上都是明確的，故可以採用 log-linear
的方法進行分析，[31] 結果如表十所示。

經由 log-linear 的分析，首先我們發現外省籍選民是國民黨最大的
支持來源，而客家族群則是三大族群中最不支持國民黨的。第二，國
民黨的選票多來自公務人員、農民、家庭主婦及退休軍公教人員；民
進黨的支持則來自中產階級，資本家及勞工階級，這三個階級都屬於
現代社會中的私部門，所以是一個極具意義的結果，因為說明了臺灣
這樣一個國家控制的社會，最重要的經濟、社會分歧，不是由資本主

---

[28] 關於國家認同的態度，我們採用二個題目：「你是否同意為了兩岸統一
的遠大目標，我們應放棄地方主義？」 及「你是否同意建設臺灣比統一
更重要？」我們將受訪者在二個問題中的 Likert Scale 得分相加，對國家
認同作綜合評估。

[29] 依據職業的性質將受訪者分為下列幾類：農民、勞工、公務員、中產階
級、資本家與其他。農民包括了稻農、酪農、漁民；勞工類包括手工業
者、非管理階層的白領員工(私部門)；公務員包括：公務人員、軍人、
警察、國營事業員工、國民黨工、公立學校教師、救國團員工；中產階
級包括：專業人士、技術人士、工程師、經理；資本家包括：店主、大
型企業及小型企業的員工；其他類包括家庭主婦、學生、失業者與退休
者。

[30] 同樣地，為了獲得清楚的比較，我們未將投給無黨籍候選人的選民包括
在內，亦即只列入國民黨籍與民進黨籍候選人的支持者。

[31] 關於 log-linear 模型的介紹，可參見：Fienber(1981)。

表十　投票選擇時社會背景與意識型態的關聯(1986)：多面向的
對數線性分析

作　　用	國民黨	民進黨	國民黨/民進黨
對選擇政黨的主要作用	1.752	0.571	3.07
省籍的作用			
1.閩南人*	1.146	0.837	1.31
2.客家人*	0.672	1.489	0.45
3.外省籍	1.300	0.770	1.69
階級的作用			
1.農民	1.207	0.829	1.46
2.勞工	0.917	1.091	0.84
3.軍公教人員	1.174	0.852	1.38
4.中產階級	0.766	1.305	0.59
5.資本家	0.882	1.134	0.78
6.其他	1.140	0.877	1.30
認同的作用			
1.肯定	1.309	0.764	1.71
2.否定	0.764	1.309	0.58
民主正當性的作用			
1.肯定	0.933	1.071	0.87
2.否定	1.071	0.933	1.15
省籍加上民主正當性的交互作用			
1.閩南人			
a.. 肯定	0.745	1.343	0.55
b. 否定	1.343	0.745	1.80
2.客家人			
a. 肯定	1.141	0.876	1.30
b. 否定	0.876	1.141	0.77
3.外省籍			
a. 肯定	1.177	0.850	1.69
b. 否定	0.850	1.177	0.72

N= 953　Likelihood-Ratio Chi-Square= 72.5

* 閩南及客家人是臺灣持不同方言的族群。其先民多是由中國大陸福建省及廣東
省移民來臺灣。

資料來源：同註 11。

義的生產關係所決定，而是國家權力的延伸所決定。以經濟層面而言，
中產階級、資本家及勞工階級相對地較不依賴國家；以社會層面而言，
要將現代社會的這三個階級，納入既有的派系依恃網絡裡面，相對而
言，是很困難的。

　　同樣具有重大意義的發現是，在民主價值部份，得正分的選民不
傾向投票給國民黨，而是傾向投給民進黨，兩者的比值為 0.87（參見
表十）；在國家認同上，支持中國認同的選民，較傾向於投票給國民
黨，而非民進黨，兩者比值為 1.71。此顯示選民的民主價值取向及國
家認同與政黨選擇之間，具有著密切的關聯。

　　進一步觀察民主價值取向與政黨選擇之間的關聯，我們的模型則
指出族群背景的交互作用。基本上，民主價值取向與投票選擇相當程
度地由族群背景所決定。就本省選民來說，具有正面民主價值的傾向
於不支持國民黨籍候選人，而本省客家或外省籍選民則有相反的傾向，
特別是在民主價值的取向上得正分的外省籍選民，較不會支持民進黨
籍候選人。原因可能是客家與外省籍選民並不認為國民黨是民進黨所
聲稱的不民主的政黨。同時這兩個族群選民亦認為，民進黨候選人所
採取的反體制策略，可能會危及民主的穩定轉型，而在臺灣佔有人口
多數的閩南籍選民，則傾向認為民主改革與臺灣認同的兩個訴求，並
不相違。

　　我們從 log-linear 分析的結果中也可得知，具有相當比例的選民認
知到國民黨籍與民進黨籍候選人，在政見上的差異性，而選民自身的
政治態度與投票選擇間則存有高度的一致性。這也說明民進黨籍候選
人的政治訴求是相當有效的，特別在本省籍選民之間。我們在表十最
後一欄的數據中可以發現，在大部份的情況中，投給國民黨與民進黨

的相對比例，都高於 1.0。[32]

表十一　　國民黨與民進黨支持者中的政見取向選民

	政見取向選民		非政見取向選民		
	n	%	n	%	N
國民黨支持者	195	25.9	558	74.1	753
民進黨支持者	65	33.5	129	66.5	194
N	260		687		947

chi-square statistic=4.1　p<.05

資料來源：同註 11。

　　由此可知，選民在民主正當性與國家定位等政見上所隱含的政治分歧與社會分歧，同樣顯著；社會分歧是沿著族群、經濟社會階層而劃分。經濟與社會的分歧在過去幾次選舉中的影響，比其他己開發國家，較不明顯，因為政治及族群分歧的問題，超越了經濟社會的區隔。資料顯示民主正當性與臺灣認同的兩個政見間，潛存著緊張的關係，尤其是在外省及客家族群看來，民主改革與臺灣認同之間，存有差異。

　　然而，上述多變項模型並沒有呈現選民在個人層次上，形成一個完全成熟的投票決定模式。據 1986 年選舉調查，[33] 僅有三分之一支

---

[32] 2 個或 2 個以上的社會及態度變項，可用相關變項數值的乘積來計算，例如一個外省籍的公務員在國家認同上採肯定的態度，其可能投給國民黨與民進黨的比率為 3.99 比 1。這個數字來自 1.69(省籍作用)乘以 1.38(經濟社會階級作用)再乘上 1.71(國家認同作用)。基本上，國民黨與民進黨的勝率比為 3.07 比 1，我們可推斷一個有上述經濟政治因素的選民，在投票時投給國民黨與民進黨的比率為 25 比 12。若以一較典型的例子來看，一本省籍選民，屬中產階級，且在國家認同上為否定的立場，其投給國民黨或民進黨的比率則降至 1.38 比 1，計算過程為：1.38=3.07×1.31×0.59×0.58。

[33] 同前，為了獲得清楚的比較，我們未將投給無黨籍候選人的選民包括在

持的民進黨的選民，表示候選人的政見，對其投票產生重大影響（請見表十一）。支持國民黨的選民，在政見取向上的比例更低，幾乎有四分之三(74.1%)支持國民黨的選民，認爲非政見因素如候選人的能力、成就、黨籍、家族關係、宗親、社團組織等，才是投票時重要的考量因素。[34]

　　爲了更進一步探討究竟是那一些政見真正吸引國民黨與民進黨的選民，我們乃將前述選舉中最常用的 34 項政見製成卡片，請受測的政見取向選民選出最能吸引他們的一個或數個政見。如同先前的內容分析，這 34 個政見被分爲 3 大類：國家認同、政治結構及公共政策，而每個大類又分爲數個小類（請參考表九關於這 34 個政見的完整分類）。

表十二　國民黨與民進黨的政見取向選民：國家認同與政治結構
(1986)

		國民黨選民				民進黨選民				
		是		否		是		否		
		n	%	n	%	n	%	n	%	P 值
國家認同	中國情結	93	47.9	101	52.1	2	3.0	64	97.0	.00
	臺灣情結	11	5.6	184	94.4	29	43.9	37	56.1	.00
政治結構	體制維持	101	51.8	94	48.2	4	6.2	61	93.8	.00
	民主改革	62	31.8	133	68.2	55	83.3	11	16.7	.00

資料來源：同註 11。

　　表十二顯示國民黨與民進黨的政見取向選民，在議題的偏好上，並不相同。有 93 個支持國民黨的政見取向選民（佔國民黨政見取向選

內，亦即只列入國民黨籍與民進黨籍候選人的支持者。
[34] 關於選民投票決定的模式，可參見：胡佛等(1990)。

民的 47.9%）及 2 個民進黨政見取向選民選擇與中國情結有關的政見。
另有 64 個支持民進黨的選民（佔民進黨政見取向選民的 97%）未選
任何一項與中國情結有關的政見。反過來看，我們發現共有 43.9%的
民進黨政見取向選民，選擇臺灣情結的政見，而支持國民黨的政見取
向的選民，只有 5.6%作如此選擇。

　　表十二的數據顯現半數以上的國民黨政見取向選民，對「體制維
持」的訴求，表示同意。從另一個角度而言，在 105 位選擇「體制維
持」議題中至少一項政見的選民中，有 101 位是支持國民黨的政見取
向選民。相反地，共有 83.3%的民進黨政見取向選民至少選擇「民主
改革」議題中的一項政見。總之，所有的四項政見議題：中國情結與
臺灣情結，政治體制的維持與民主改革，都相當具有可區辨性，因之，
對這四項議題的比較觀察對我們分辨國民黨與民進黨的議題取向選
民，很有助益。

表十三　國民黨與民進黨的政見取向選民：公共政策(1986)

	國民黨選民				民進黨選民				總　計		
	是		否		是		否		是	否	
	n	%	n	%	n	%	n	%	n	n	P 值
國家發展	67	75.3	125	74.0	22	33.3	44	66.7	89	169	.94
社會安全	108	73.5	86	76.1	39	59.1	27	40.9	147	113	.73
後物質主義	58	74.4	136	74.7	20	30.3	46	69.7	78	182	.10
國際地位	26	60.5	168	77.4	17	25.8	49	74.2	43	217	.03
行政革新	94	73.4	99	75.6	34	51.5	22	48.5	128	131	.80

N=260

資料來源：同註 11。

　　相對而言，公共政策的議題則沒有任何的區辨性。表十三說明兩
黨的政見取向選民對公共政策議題中五個政見的偏好差別。我們可以

發現，兩黨的政見取向選民，只對增強國際地位的政見在看法上有較大出入。依 chi-square 統計的結果，其他四項政見則吸引了兩黨同樣多的選民。很明顯地，在議題投票選民的眼中，兩黨的差別主要在於體制正當性的問題，而非施政的表現。所以，到目前為止，我們可以很清晰地看出，臺灣選舉競爭的主題，多集中在對政治結構本身的不同主張，而不是集中在不同的經濟社會階層的利益衝突上，此結果與我們內容分析，也相當符合。更值得注意的是，這些結論對大多數選民而言，與我們 log-linear 的多變項分析結果是相同的。

六、結論：臺灣民主的前景

我們經由文化、社會、經濟及政治等方面的轉變，來探討並呈現臺灣選舉機制的漩渦性功能。事實上，國民黨的威權統治已在這機制中遭受相當程度的挑戰，民主轉型的正面發展已然萌芽。但我們也要指出，雖然國民黨已脫離一黨專政的階段，但時至今日，一個完全競爭的政黨體系仍未發展完全。再者，雖然政黨間的競爭促進並導引了社會運動的增加，但國民黨在實質上仍控制了大部份的社會組織、學校及大眾媒體。所以，國民黨的威權統治雖然逐漸褪色，一個新的民間社會及政治社會的輪廓，已日益明晰。但在我們看來，仍不夠顯著，因為整個社會仍非完全自主。

更值得憂慮的是，當選舉推動民主改革的同時，臺灣認同與臺灣獨立運動的訴求已使民主改革與認同的議題糾纏不清，這將使得改革本身受到忽略，且亦阻礙了「以和解進行轉型」[35] 的途徑，隨之而來

---

[35] 關於「經由和解轉型」的分析，請參考：Share and Mainwaring(1986) 及 Share(1987)。

的可能是兩極化的衝突。在本質上,民進黨的「新國家、新憲法」的
訴求已超越了體制內的政治改革,而是對體制本身所展開的政治革命。
在這樣的基調下,選舉只是為獲得人民對革命的支持及增加反對人士
正當性的工具與過程。諷刺的是,如同剛遷來臺灣時國民黨所發展出
的「革命民主」理論,反對人士實際上也是在利用選舉作為實現革命
的工具。如果反對陣營持續倡議「新國家、新政府」,這對國民黨的
威權統治有何影響?在過去,國民黨必須以政治讓步及縮小革命特權
以因應擴大政治參與的壓力。如果擴大的政治參與轉變成革命與獨立
的壓力,這是否會給國民黨一個充分的理由不放棄威權統治,以及放
慢民主化的腳步?或是內部發生結構性的變革,摒棄原有的傳統與理
念,而消除與反對人士針對體系本身的對抗?從另一角度來看,如果
獨立的訴求能在選舉中獲得民眾的支持,反對人士會擱置這項議題轉
而在既有的憲政體制下追求民主改革嗎?

　　由上述的發現可知,選舉過程加速了政治轉變,而政治轉變又回
過頭來測試選舉機制。這個互動過程顯示臺灣的選舉仍處於十字路口,
尚未在民主的架構下,獲致結構性的穩定,所以臺灣未來選舉民主的
前景,仍未完全明朗。　　(本文原係作者於 1991 年 11 月 6 日在英國牛津
大學(Oxford University)現代中國研究中心(Center for Modern Chinese Studies)
的英文專題演講論文,題目是:"Electoral Mechanism and Political Changes in
Taiwan"。後收入 Steve Tsang 編之:*In the Shadow of China: Political
Developments in Taiwan since 1949.* London: Hurst, 1993, ch. 6, pp.134-68。現
承吳親恩先生譯為中文,併此致謝。)

參考文獻

胡佛，1985，〈臺灣地區民眾的參與行為〉，《第四次社會科學研討會論文集》，中央研究院，頁 363-97。

胡佛，1988，〈選舉漩力與政治發展〉，哥倫比亞大學東亞研究所、北美二十世紀中華史學會主辦：「近代中國民主發展研討議」專題演講詞（中文摘要載：聯合報，9 月 23 日）。

胡佛，1988a，〈臺灣地區民眾的選舉參與行為〉，《中央研究院民族學研究所專刊》，乙種之 20，頁 401-18。

胡佛，1989，〈民主政治的迷思與實踐〉，時報文教基金會主辦「中國的民主前景研討會」論文。

胡佛，1991，〈臺灣威權政治的傘狀結構〉，載：《二十一世紀》，香港中文大學中國文化研究所出版，第 5 卷第 6 期，頁 36-40。

胡佛、陳明通，1986，〈政治體系與選舉行為：理論架構的建構與探討〉，載：中國政治學會編，《投票行為與選舉文化》，專刊第 1 號，頁 1-36。

胡佛、陳德禹、陳明通、游盈隆，1987，《選民的投票行為》，臺北：行政院中央選舉委員會出版。

林佳龍，1988，《國民黨和民進黨的群眾基礎：臺灣選民政黨支持的比較分析，1983-1986》，臺灣大學政治研究所碩士論文。

李筱峰，1988，《臺灣民主運動四十年》，臺北：自立報系出版部。

朱雲漢，1990，〈臺灣的社會抗議和政治民主化〉，《政治科學論叢》，第 1 卷第 1 期，頁 65-88。

Asher, Herbert. 1983. "Voting Behavior Research in the 1980's: An

Examination of Some Old and New Problem Areas." In Ada Finifter (ed.) *Political Science: The State of the Discipline*. Washington, DC: American Political Science Association.

Cnudde, Charles F and Deane E. Neubauer (eds.) 1969. *Empirical Democratic Theory*. Chicago: Markham.

Cumming, Bruce. 1984. "The origin and development of Northeast Asian Political Economy: Industrial Sectors and Political Consequence." *International Organization* 28(2):253-64.

Darke, Paul and Edurado Silva (eds.) 1986. *Election and Democratization in Latin America, 1980-1985*. San Diego Center: Center for Iberian and Latin American Studies, University of California.

Epstein, Edward. 1984. "Legitimacy, Institutionalization, and Opposition in Exclusionary Bureaucratic-Authoritarian Regimes." *Comparative Politics* (October):37-54.

Fienber, Stephen E. 1981. *The Analysis of Cross-Classified Categorical Data*. Cambridge, MA:MIT Press.

Gold, Thomas B. 1986. *State and Society in the Taiwan Miracle*. Armonk, NY:M.E. Sharpe.

Inglehart, Ronald. 1976. *The Silent Revolution: Changing Values and Political Styles Among Western Publics*. Princeton University Press.

Lamounier, Bolivar. 1989. "Authoritarian Brazil Revisited: The Impact of Election on the Abertuna." In Alfred Stepan (ed.) *Democratizing Brazil: Problems of Transition and Consolidation*. Oxford University Press.

McClosky, Herbert. 1964. "Consensus and Ideology in American Politics." *The American Political Science Review* 58:361-82.

O'Donnell, Gulliermo A. 1973. *Modernization and Bureaucratic-Authoritarism: Studies in South American Politics*. University of California.

Share, Donald and Scott Mainwaring. 1986. "Transitions through Transaction: Democratization in Brazil and Spain." In Wayne A. Selcher (ed.) *Political Liberalization in Brazil: Dynamics, Dilemmas, and Future Prospects*. Boulder, CO.: Westview Press.

Share, Donald. 1987. "Transitions to Democracy and Transition Through Transaction." *Comparative Political Studies* 19(4):525-48.

Stepan, Alfred. 1978. *State and Society: Peru in Comparative Perspective*. Princeton University Press.

Wallerstein, Immanuel. 1979. *The Capitalist World-Economy*. New York: Cambridge University Press.

Winckler, Edwin. 1981. "National, Regional and Local Politics." In Emily Ahern and Hill Gates (eds.) The Anthropology of Taiwanese Society. Stanford University Press.

Winckler, Edwin. 1984. "Institutionalization and Participation on Taiwan: From Hard to Soft Authoritarianism." *China Quarterly* 99:481-99。

Winckler, Edwin A. and Susan Greenhalgh (eds.) 1988. *Contending Approaches to the Political Economy of Taiwan*. Armonk, NY: M.E. Sharpe.

附錄一　民主價值取向量表

1.「主權」有兩道題目：

(1)如果人人強調自己有權過問政治，絕非好事。

(2)政府自會為人民解決困難、謀求福利，我們不必多作要求。

2.「個人自由」有三道題目：

(1)對付殘暴的罪犯，應立即處罰，不必等待法院審判的複雜程序。

(2)大家的想法應該一致，不然社會就會不安定。

(3)政府應有權決定那些意見可以在社會流傳，那些不可以。

3.「社會自由」有兩道題目：

(1)在一個地方（社區）上，如國東一個團體，西一個團體，就會影響到地方的安定與和諧。

(2)一個國家如果政黨太多就會導致政治混亂。

4.「分權」有兩道題目：

(1)政府如時常受到議會的牽制，就不可能有大作為了。

(2)法官在審判影響治安的重大案件時，應該接受行政機關的意見。

臺灣的選舉競爭與政治民主化

目　次

一、導　論

二、選舉和一黨威權政體的民主
　　開放

三、民進黨在選舉競爭中崛起

四、近年選舉競爭所突顯的社會
　　政治分歧

五、結論：臺灣的民主展望

一、導　論

　　在臺灣的政治民主化過程中，[1] 選舉是一項極為重要的政治機制
(mechanism)。經由這一機制，使得快速工業化所引發的社會結構變遷，
轉化為強大的政治力，進而削弱了原本基礎穩固的威權統治。實際上，
選舉促成了有組織的反對勢力的崛起。近幾年來，反對勢力即經由選
舉方式，開始對執政黨產生了實質的挑戰。因為受到逐漸增強的選舉
支持，反對勢力更敢於突破禁止組黨的限制，表露他們對既存政治體
系的不滿，並進一步推動民主政治的向前發展。這種日益浮現的挑戰，
已經迫使統治菁英採取廣泛的民主改革，改革必然會增進民選統治菁
英的籌碼，並有助於本土民選菁英在國民黨內部地位的竄升。因此，

---

[1] 我們贊同 Share 和 Mainwaring(1986)對民主的界定，所謂民主意指權力轉
移的可能性(possibility of an alternation in power)。就此而言，民主轉型
(transition to democracy)不只包括威權政體的自由化。民主化是指建立此
一權力轉移可能性的制度性安排，包括自由的競爭性選舉、普遍的公民
選舉權、言論、出版及政治結社的自由。故民主轉型同時包括 O'Donnell
和 Schmitter(1986)所稱的民主化與自由化。

在全國選舉中所出現的政黨競爭，可說是臺灣民主化過程的表徵，也是政治民主化的催化劑。在像臺灣這樣一個缺乏民主政治傳統的社會中，唯有競爭性的選舉，才能爲民主正當性的滋長，提供一片沃土。

　　本文將分別從候選人以及選民的選舉行爲的角度，探討選舉競爭與政治民主化的關聯。我們藉由候選人的競選政見和政黨選民的社會、政治背景，分析臺灣選舉競爭的特質。我們將分三個步驟進行探討：首先對選舉如何從一黨威權統治的附屬設計，演變爲統治菁英獲取正當性所不可或缺的一種制度安排（儘管他們擔心削弱其威權結構之潛在可能），作一簡要的歷史回顧。其次，根據 1983 年和 1986 年增額立法委員選舉所收集的選舉開票資料和調查資料，[2] 我們將提出一個國民黨和民進黨之間日益顯現的政黨競爭的總體輪廓。這個總體輪廓提供了較寬闊的脈絡，有助於了解候選人的競選活動和選民的投票行爲。最後，藉由候選人競選政見和選民投票所顯示的社會政治分歧(social and political cleavages)，我們將檢視最近幾次選舉競爭的性質與意義。在結論中，則嘗試說明我們的經驗性資料對臺灣民主轉型的前景所展現的可能意義。

二、選舉和一黨威權政體的民主開放

---

[2] 1983 年和 1986 年的調查訪問分別在 1984 年 2 至 6 月間，以及 1987 年 2 至 6 月間執行。這兩次研究的全島受訪選民樣本數分別是 1,629 人（1983 年）與 1,430 人（1986 年）。我們基本上使用的是個人層次的多階段配額抽樣(multi-phased quota sampling)。透過「抽取率與單位大小成比例」(porbability-proportional-to-size)的原則，先抽出適當數量的縣（市）、鄉、鎮、市、區，而後利用戶口登記資料和選舉人名冊，再抽出配額的選民樣本數。關於更詳細的及技術性的抽樣程序，請參見胡佛等人(1987:44-47)與林佳龍(1988:67-79)。

　　當代開發中國家的威權政體,只有極少數在缺乏某些形式的民主設計,而還能夠生存下去的(Epstein 1984)。然而,臺灣在過去的三十年來,從一開始時國民黨政權的地位鞏固之後,即很少依賴民主的正當性來維繫它的統治。

在進入 1970 年代之時,國民黨政權仍在中央層級維持著以外省籍菁英為領導核心的政治結構,並且嚴密控制在地方層級中所施行的有限的選舉過程。在形式上,國民黨維持一個複雜的五院制中央政府,同時宣稱 1948 年在大陸選出的民意代表,足以代表全中國的所有省份。它還企圖保留針對全中國所設計的中央、省、縣(市)、鄉(鎮)四級行政組織。自從 1950 年以後,國民黨開始施行有限的地方自治,臺籍人士乃被允許選出省級的民意代表以及縣(市)級的行政首長。

　　但實際上,經由類似社會主義式的意識形態,嚴密的列寧式政黨組織,以及在戒嚴法下情治安全機構的層層控制,國民黨乃能長期維持穩定的政治秩序。孫中山先生的三民主義是官定的意識形態,主要強調兼顧資本家和勞工階級的利益,同時主張節制私人資本、發達國家資本。藉著嚴密控制社會化機構、學校和大眾傳播媒體,外省籍菁英設計了一套灌輸意識形態的制度,使社會中的一般群眾都相信,國民黨政府追求的是超越階級的全民利益,因此,維持政治現狀,有助於利益的分享(Gold 1986)。

　　國民黨的政黨組織包括依地域和依職業而組成的功能性單位(Winckler 1984)。在草根層次,國民黨利用以利益交換為主的既存依恃關係的網絡(patron-client networks),將全島各地方派系的社會勢力一併納入組織。在省級以下的每個行政區內,國民黨至少扶植和支持兩個相互競爭的地方派系,使他們爭取公職和其他諸如農會、水利會等準國家機構的選舉職位,而尤其重要的是,使地方派系窮於爭奪政黨所操控地方分贓體系中非貿易財部門的區域性經濟租金(Winckler

1981)。在地方層次之上，國民黨經由預防性的整編措施，操控並抑制包括商會、工會、職業性公會、軍公教人員、知識份子、學生以及其他所有的現代社會部門。國民黨滲入且占據社會中的所有政治空間，目前黨員總數幾乎已達臺灣成年人口的百分之二十。[3] 此外，國民黨還透過全國性自然壟斷及政府專賣所獲取的租金，嘉惠效忠的追隨者。最後，如果灌輸或網羅的控制方式失敗，則特務機構將會派上用場。在戒嚴法的統治下，即使只是輕微的政治騷動，情治當局也會加以鎮壓。經過將近三十年的戒嚴統治，國民黨所面對的是一個缺乏組織的脆弱政治反對勢力，其中主要包括一些不具有全國性政治目標，以及不足以威脅國民黨優勢地位的地方派系。因此在相當長的一段時間內，統治菁英感受不到必須開放全國性選舉的壓力。

最初，選舉制度是用來網羅本土地方菁英，以及整編既存地方依恃關係網路的設計。然而，一系列的發展卻逐漸改變了選舉過程的性質與特徵。

首先，選舉逐漸成為吸納日益浮現的社經力量進入政治體系的主要制度。面對反覆的選舉挑戰，政黨扶持的地方派系比正式的政黨組織更能適合於社會經濟的變遷。當傳統的依恃網絡，不再如往昔能有效地爭取票源時，以派系為中心或以候選人為中心的依恃主義即被擴充用來整編更多的次級會社和地區性的商業關係，這種現象尤其以快速都市化的地區最為普遍。既然選舉的勝利能帶來立即的社會聲望和可觀的經濟收益，乃有更多新的競逐者願意投入選舉過程，以爭奪政治管道和經濟特權。隨著經濟的持續成長，地方派系參選所須付出的成本和賭注也跟著增加。而當更多的社會資源被動員進入選舉過程時，選舉變得更加的制度化，選舉成為地方政治菁英自我認同以及整個地

---

[3] 根據最近報導，國民黨黨員總數大約有兩百萬人。

方權力結構賴以維繫的制度。逐漸地,中央階層的統治菁英發覺到他們不只無法擺脫選舉,而且必須面對來自黨外要求開放更高參選層次的壓力。

另一個快速社經變遷所不能避免的政治後果是,新的政治反對勢力開始出現在選舉的舞台上。因為快速都市化、教育普及和一般物質生活條件的提升,敢於公開挑戰國民黨政權正當性的反對勢力,乃有愈來愈多的潛在支持者。此一發展在 1977 年的地方選舉時達於頂點,一個稱作「黨外」的鬆散結合的反對團體,在該次地方公職人員中大有斬獲。自從 1977 年以後,愈來愈多的行動者敢於公開挑戰以往的政治禁忌,反對勢力已經成功地把競選的過程,轉化成一種群眾普遍要求民主正當性的再社會化(resocialization)媒介。

外在環境的激烈變化,也迫使統治菁英必須更重視普遍要求政治開放的呼聲。1970 年代一連串的外交挫敗,退出聯合國,失去主要盟國的承認,都嚴重打擊國民黨政權所一再宣稱對全中國唯一的代表性。70 年代末期,中共發動的一系列和平攻勢以及臺灣海峽出現的低溫氣氛,也開始瓦解一般群眾的危機意識。因此國民黨感到有必要把重心擺在島內,而且更需依賴選舉制度為其獲取政權的正當性。結果,中央民意代表的增選,第一次在 1972 年局部的開放,並於 1980 年再度擴充。

中央民意代表選舉的局部開放,提供給具有全國性政治目標的獨立候選人組織全島性聯盟的基礎。

在 1978 年流產的選舉前夕,[4] 黨外正式成立了一個全島性的競選組織:臺灣黨外人士助選團(李筱峰 1988:130)。其後,黨外異議分子雖然面臨政府當局嚴厲的鎮壓恫嚇,但仍謹慎地逐步邁向組黨的

---

[4] 1979 年的選舉,因為美國與中共宣布建交而被政府當局取消。

目標。另一方面，統治菁英對民選反對領袖的鎮壓成本，已經與日俱增。在美麗島事件中，許多著名的異議領袖被以叛亂的罪名判刑入獄，然而不久統治菁英即發現，國民黨政權本身的正當性必須為此付出極大的代價。此一事件也為政治體系帶來了頗大的緊張壓力。在暫時性的驅散之後，黨外份子又迅速重組了起來，並於 1980 年的選舉中受到群眾支持。在 1983 年的選舉中，全國的黨外領袖組成黨外人士競選後援會，該會首次建立了正式的推薦程序。這個結合在 1984 年更進一步發展為準政黨組織，稱為公共政策研究會。最後，在 1986 年的選舉前夕，民主進步黨（民進黨）正式宣布成立，並在該次選舉中獲致相當可觀的選民支持。

　　受到日漸增多的選舉支持，反對勢力也更勇於提出政治訴求。他們的策略是從三個層面來瓦解國民黨政權的政治支持：政治認同(political community)、政治結構(political regime)與政策執行(policy performance)(Easton 1975)。自從 1983 年開始，因為受到選舉結果的鼓舞，黨外（民進黨）已經不斷以關係臺灣前途的敏感議題，挑戰國民黨政權。許多黨外（民進黨）的領袖顯然把民主化的目標和臺灣認同的議題，以及自決的原則，直接串連在一起。他們直接攻擊長期標舉一個中國的官方原則。在某些民進黨領袖的眼中，一個中國的主張為外省籍菁英提供了壟斷政權的意識形態上的藉口。為了增強選舉支持，民進黨候選人幾乎都無法抗拒獨立議題的誘惑，此一議題雖然長期受到壓制，但對廣大的非外省籍選民卻似乎具有相當程度的訴求效果。這個潛在的族群分歧(ethnic cleavage)交錯於社經分歧之上，似乎是個抗衡國民黨泛階級訴求的有效反對策略。這個議題也被視為一個足以統合民進黨內各種不同利益與理念的主張。面臨民進黨的抗爭策略，國民黨政權尤其在蔣經國在位的最後兩年，很明顯地已經失去了以武力直接鎮壓反對勢力的決心。

　　對民進黨所做的有限度的退讓，多方面鬆動了國民黨對整個社會的威權控制。此一開放激發一般群眾普遍要求解除政治壓制，並在 1980 年代初期促動了政治自由化和民主化之間的連鎖反應。剎那之間，國民黨政權發現它所統治的是一個逐漸覺醒的民間社會。許多自主性的社會團體突破禁令大量增長，各種社會抗議與對抗性的集體行動，也不斷湧現(Chu 1989)，因此，威權秩序的裂縫更為擴大，而國家權力實質上也被削弱了。最後國民黨政權被迫不得不加速黨內權力結構的臺灣化，並全面解除政治壓制。此一趨勢在 1986 年底解除戒嚴及解除黨禁及報禁等長期政治禁令時，達到高潮。

三、民進黨在選舉競爭中崛起

　　若要評估民進黨在選舉競爭中崛起的意義，我們必須了解既有的制度安排，如何限定競選過程及壓制反對黨。除了禁止設立新的政黨的法律限制，以及禁止候選人跨區聯合競選的嚴格選舉法規之外，仍有其他制度性障礙壓抑全島性反對黨的出現。首先，選舉制度的設計即在減少候選人之間的合作行動。在多席次選區（multi-seat district）和得票不可讓渡的規則（non-transferable rule）下，同一政黨的候選人必須彼此競爭票源。然而層級分明的國民黨因為擁有龐大的資源和組織性，能在政黨提名的候選人之間，有效扮演平衡和協調的角色；反觀反對勢力，則須在彼此之間，憑空創造出這種協調機制和權威。在此制度下，競選必然是以候選人為中心的，特別在地方層次的選舉中，政黨標籤能為候選人增加的選票極為有限。

　　其次，一位黨外（民進黨）的候選人，幾乎無法只靠訴諸全國性的政治議題而贏得議席。在實際的競選過程中，黨外（民進黨）候選人面對的挑戰並非來自國民黨的中央層領導者，而是來自國民黨提名

的地方政客。這些地方政客，在特定的社區中，都積聚龐大的財力以及無所不在的依恃關係網絡，而尤為重要的是，他們都有運作良好的拉票和買票機器。因此，全國性的政黨標籤並不太有助於反對勢力的候選人，扭轉這種已根深蒂固的地方政治。結果，黨外（民進黨）人士不得不在有利於國民黨的規則下競爭，這些規則限制了民進黨候選人對選民的動員能力，但卻有助於大多數國民黨候選人立於優勢的競爭地位。

在表一中，詳細列有國民黨、黨外（民進黨）和獨立候選人[5] 分別在 1980、1983、1986 年選舉時的得票率分布。因為臺灣採行雙元的代表制度，[6] 選舉投票結果可分為區域選區及職業（山地）選區兩類，表中第一列是全部區域選區的開票結果，其下並細分出 23 個縣市的開票結果，最後兩列則是職業（山地）選區，以及所有選區的三方面得票率分布。

---

[5] 雖然在 1986 年時，我們極易區分民進黨候選人和獨立人士，但在民進黨成立之前的幾次選舉中，並不容易直接分辨黨外候選人與獨立人士。不過在 1980 年和 1983 年選舉時，因為黨外候選人已經正式結合成某些全島性的競選組織，我們亦不難區別其與獨立人士。因此在本研究中，在 1980 年選舉時，黨外候選人指的是當時「中央民意代表選舉黨外候選人聯誼會」所擬「認同聲明」中所列名的人士（李筱峰 1988:164-66）。而 1983 年選舉時，黨外候選人則包括那些由「黨外後援會」推薦的人士（李筱峰 1988：189-91）。

[6] 臺灣的中央民意代表選舉，採行的是一種特殊的雙元代表制度。雖然大多數代表是經由相似的地理環境或行政區域構成的區域選區選出，卻有與人口不成等比例的席次，分配給六個以職業為劃分標準的職業選區以及兩個由山胞構成的山地選區。例如，在 1986 年選舉時，共有 72 個改選議席，其中 18 個席次選自職業及山地選區，但其得票數卻只占總票數的 13.3%。在非社會主義國家中，臺灣似乎是唯一同時採行地域代表與非地域代表選舉制度的案例。

表一 1980、1983、1986年國民黨、黨外/民進黨、獨立候選人在區域
選區與職業選區的得票率(%)

		國民黨			黨外/民進黨			獨立候選人		
		1980	1983	1986	1980	1983	1986	1980	1983	1986
	區域選區	72.1	70.5	66.7	9.5	18.9	24.6	18.4	10.6	8.8
1	高雄市	64.9	53.6	53.6	0.0	24.2	37.9	35.1	22.2	8.5
2	臺南市	67.8	64.1	54.1	0.0	19.2	15.7	32.2	16.7	30.3
3	宜蘭縣	71.9	53.9	54.7	24.1	44.6	42.5	4.0	1.5	2.8
4	嘉義市①	--	53.2	58.8	--	7.1	15.6	--	39.7	25.7
5	彰化縣	82.0	79.9	58.8	12.7	8.6	18.5	5.3	11.5	22.7
6	臺北縣	66.4	58.5	61.6	4.6	26.8	26.5	29.0	14.6	11.9
7	新竹市②	--	80.0	61.7	--	18.5	37.8	--	1.6	0.6
8	屏東縣	85.9	76.8	64.4	2.6	21.6	34.5	11.5	1.6	1.2
9	嘉義縣	69.3	64.9	67.6	0.0	3.2	5.2	30.7	31.9	29.2
10	新竹縣	84.9	76.5	67.4	9.8	11.3	31.0	5.3	12.1	1.6
11	桃園縣	71.3	70.9	65.6	16.2	27.1	29.2	12.5	2.0	3.3
12	臺北市	70.2	76.5	67.6	18.3	19.5	31.3	11.6	4.0	1.2
13	高雄縣	73.0	60.0	67.9	23.8	37.6	27.2	3.2	2.5	4.9
14	臺南縣	69.5	64.1	69.7	0.0	6.7	11.1	30.6	29.2	19.2
15	臺中市	64.6	77.5	70.3	17.0	15.1	26.6	18.4	7.4	3.0
16	雲林縣	50.9	77.8	70.6	0.0	2.6	17.1	49.1	19.6	12.3
17	南投縣	79.1	75.6	77.7	17.7	19.2	18.5	3.2	5.2	3.9
18	基隆市	77.2	80.7	78.3	7.2	17.9	18.5	15.6	1.5	3.2
19	苗栗縣	74.7	87.9	79.5	4.1	11.3	18.6	21.2	0.8	2.0
20	臺中縣	77.7	83.7	80.3	12.3	7.6	15.3	10.0	8.7	4.4
21	澎湖縣	94.6	89.2	90.8	3.3	8.3	4.7	2.1	2.5	4.5
22	臺東縣	90.4	89.5	100.0③	0.0	10.0	0.0	9.6	0.5	0.0
23	花蓮縣	72.8	75.4	100.0	0.0	22.6	0.0	27.2	2.1	0.0
	職業及山地選區	82.4	87.5	84.7	1.3	3.1	6.9	16.3	9.4	8.4
	合計	73.6	72.9	69.1	8.3	16.7	22.2	18.1	10.5	8.7

說明:①嘉義市在1982年前隸屬於嘉義縣。
　　　②新竹市在1982年前隸屬於新竹縣。
　　　③100%代表該選區沒有黨外/民進黨或獨立候選人參選。
資料來源:各得票率整理自中央選委會選舉實錄,各候選人的黨籍參見李筱峰(1988)。

如表一資料所示，黨外（民進黨）候選人雖然受到重重束縛，但自 1980 年的增額立法委員選舉開始，已逐漸在選舉競爭中，嶄露頭角。該次選舉在美麗島事件發生後一年舉行，反對勢力仍處於渙散狀態。在那時，倉促重組的反對陣營甚至無法推薦足夠的候選人，以黨外的旗幟參選，然而，他們仍舊在總共 21 個縣市中的 14 個縣市投入選戰，而且共獲得區域立委選區 9.5%以及全部選區 8.3%的選票支持，較原先預期為佳。受到以上選舉結果的鼓舞，黨外領袖乃繼而積極爭取更多獨立人士進入反對陣營，在 1983 年的立委選舉中，經由一個新的正式推薦制度，黨外推薦的候選人在所有 23 個縣市[7]中皆有代表參選，他們合計獲得 18.9%的區域選票以及 16.7%的總得票率。

另一方面，國民黨候選人的總得票率從 1980 年的 73.6%，持續跌落至 1986 年的 69.1%，其區域選區的得票率亦從 72.1%，一下降到 66.7%。反觀黨外（民進黨）的總得票率，則從 1980 年的 8.3%，上升到 1986 年的 22.2%。然而最顯著的變化主要發生在獨立候選人方面，其總得票率從 1980 年的 18.1%，滑落至 1986 年的 8.7%。此一現象顯示，民進黨在選舉中的竄起，主要是攫取了獨立人士的選票，多於國民黨候選人的選票。這也意含著民進黨的竄起，代表反對勢力已從一群無組織的獨立候選人，轉變為一個全島性的政治聯盟。

然而，黨外（民進黨）得票率的增加，並未轉變為相對比例的議席分配。例如，在 1983 年時，黨外贏得 16.7%的總得票率，但只分配到立法院改選議席的 8.6%。表二之一列有國民黨、黨外（民進黨）與獨立人士在 1980、1983、1986 年選舉中的議席分配。為什麼得票率和議席分配會有這麼大的差距呢？首先，在得票不可讓渡的規則下，國

---

[7] 更正確的說法應該是，黨外在包含這 23 個縣市的 8 個區域選區中皆有代表參選。

民黨因為居於組織配票的優勢，乃能獲得相對於得票率更多的議席分配。在國民黨的候選人之間，由於黨組織介入票源分配，每個黨提名的候選人都能獲得大略相等的選票。而之所以能夠如此精確地配票，是因為每位地方黨部的主委，都握有相當數量的「鐵票」可供機動調配。由表二之一可知在 1986 年選舉時，國民黨的得票率是 69.1%，但卻分配了 80.6%的改選議席；反觀民進黨，雖然擁有 22.2%的選票，其議席分配的比例卻只有 16.7%。

表二之一　　1980、1983、1986年國民黨、黨外/民進黨、
　　　　　　獨立候選人的席次分配

	國民黨		黨外／民進黨		獨立候選人		N
	n	%	n	%	n	%	
1980 年	56(16)	81.2	6(0)	8.7	7(2)	10.1	69
1983 年	61(18)	87.1	6(0)	8.6	3(0)	4.3	70
1986 年	58(17)	80.6	12(1)	16.7	2(0)	2.8	72

註：括弧內的數字代表職業／山地選區選出的席次

表二之二　　立法院改選席次佔總席次的比例

	改選席次	總席次	百分比
1980 年	69	406	17.00%
1983 年	70	368	19.00%
1986 年	72	324	22.20%

說明：總席次包括改選和資深不改選立委。
資料來源：行政院中央選委會。

其次，雙元的代表制度也較不利於反對勢力。在職業和山地選區中，非國民黨的候選人，因為受限於執政黨對相關社會部門的組織化控制，很難爭取到大量選民的支持。在表二之一中，括弧內的數字是

職業/山地選區的席次分配，以 1986 年的選舉爲例，在國民黨所獲得的 58 個席次中，其中有 17 個席次得自職業/山地選區，然而民進黨卻只從職業/山地選區中搶下一個席次。

　　再者，表二之二顯示，因爲資深立委長期無須改選，國民黨領導菁英的政治地位受到極大的特權保障，由此亦可知，臺灣邁向完全民主化的腳步仍甚遲緩。到目前爲止，由臺灣地區直接選出的立委名額相當有限，在 1986 年的選舉時，改選的 72 個席次竟仍未達立委總額的四分之一。[8] 這個簡單的統計數據正可說明民進黨爲何如此強調民主改革，因爲如果缺乏民主制度的保障，他們千辛萬苦贏得的選票，將不具有太大的實質意義。同理，這也可說明爲何執政黨不願加速民主改革的步伐。經由前述各種制度性安排，目前在選舉中竄升的反對勢力，對國民黨政權實不具有真正的挑戰作用。

　　伴隨著民進黨竄起的另一個重要發展，是有更多的選民產生了特定的政黨認同態度。顯然，日益激烈的政黨選舉競爭過程，已經助長了選民的政黨取向，[9] 而且選民的政黨偏愛與投票決定之間的連結關係，也已逐漸增強。就此而言，民進黨實已成功地把有限的選舉過程，轉變爲兩黨之間的全國性政治競爭，民進黨不再只是一個名義上的政黨，它已逐漸成爲一個選民心目中具有舉足輕重地位的政黨了。

　　我們在 1983 年選舉之後所做的調查研究顯示，超過半數的政黨選民（投票給國民黨或黨外候選人者），並不偏愛任何一特定政黨（表三）。[10] 但是三年之後，超過七成的政黨選民，已經具有特定的政黨

---

[8]　由於資深代表的自然凋零，國會議員總數目前已有緩慢的減少趨勢。

[9]　當然，我們也不排除一種可能性，即因為政治緊張的氣氛緩和之後，許多人比以往更願意回答他們的政黨偏愛。但這幾乎很難解釋為什麼選民對執政黨的政黨偏愛，也相對地增加。

[10]　在以下的分析中，為了清晰地比較國民黨選民與民進黨選民的差異，除

偏愛，[11] 卡方值（Chi-square statistics）也顯示，政黨偏愛與政黨選擇在 1983 年時，具有高度的正向關聯，而 1986 年時的正向關聯，還更為增強。[12] 以上所述選民的政黨偏愛結構，實已成為預測選民政黨支持的重要指標之一。目前無論是國民黨或民進黨，其支持者中都已有半數以上，已具有明確的政黨偏愛。

由上述可知，民進黨於近年的選舉競爭中竄起，是個非常明顯的事實，然而民進黨候選人至今所獲得的總得票率，仍然低於四分之一，這個數據並未高於在民進黨成立前，所有非國民黨候選人在選舉中的總得票率。不過，值得注意的是，二者所代表的政治意義，在性質上頗不相同。首先，民進黨是一個正式的政黨組織，其意義已不再只是非國民黨候選人在統計上的總和，藉著領導關係與組織網絡，民進黨可以整合各種不同背景的群眾基礎，進而產生一致性的全國性政治行動綱領。再者，民進黨已從廣大選民中獲得了地位認同，並贏取了不

了國民黨和民進黨候選人的支持者之外，其他獨立候選人的支持者將不納入分析。

[11] 此處所列選民政黨取向的水準，似乎高於雷飛龍教授 1985 年的調查結果。此一差異可從以下兩方面加以解釋：首先，二者測量的並非同一件事。我們測量的是政黨偏愛(party preference)，而雷教授測量的是政黨認同(party identification)，政黨認同所指的不只是對政黨的態度取向，還包括發展出對政黨心理上的歸屬。有關測量各種政黨取向的深入討論，可參見：Asher(1983:354-60)。其次，兩個調查研究的執行環境也頗有差異。1985 年的選舉是在民進黨正式成立之前舉行，而且是個地方公職人員的選舉，然而 1986 年的選舉是在民進黨正式成立以後舉行，而且包括中央民意代表選舉。由此不難理解，後者所呈現的政黨取向應該較為明顯。

[12] 我們並不認為許多選民只因為政黨偏愛而投票給特定的候選人，我們了解政黨偏愛對投票決定的重要性必須和其他因素相互比較後才能確定。但是個人層次投票決定模式的詳細分析並非本文切之所在；再者，我們主要的興趣在於評估系統層次政黨取向的顯著增加程度。有關選民投票行為模式的深入分析，參見胡佛等人(1987)。

少支持者的政黨偏愛，尤其重要的是，民進黨所受到的選舉支持，主要是建立在它對民主改革與多數統治的廣泛訴求上。顯然，民進黨的竄起進一步強化了選舉對政權正當性及政府統治權的考驗，當然以上許多觀察仍須有個體層次的經驗資料加以佐證，而這正是以下的分析重點。

表三　政黨偏愛與政黨選擇(1983-86)

		偏愛國民黨		無		偏愛黨外		N	
		1983	1986	1983	1986	1983	1986	1983	1986
投票給國民黨候選人	n	427	474	443	204	44	22	914	700
	%	95.96	94.80	78.27	78.16	49.44	19.47		
投票給黨外／民進黨	n	18	26	123	57	45	91	186	174
候選人	%	4.04	5.20	21.73	21.84	50.56	80.53		
N		445	500	566	261	89	113	1100	874

1983：χ^2=133.5, p<.001
1986：χ^2=328.9, p<.001

四、近年選舉競爭所突顯的社會政治分歧

現分別從候選人以及選民兩個層次，檢視臺灣選舉競爭的特質。首先，我們分析兩黨候選人對選民（特別是政見選民）所訴求的競選主張，這將有助於我們探討兩黨候選人所分別代表的社經利益與意識形態，或是他們企圖利用的社會政治分歧。其次，我們比較兩黨支持者的社會政治背景，這將突顯臺灣社會政治分歧的類型，及其在選舉競爭中呈現的嚴重程度。

我們以內容分析法(content analysis)研究候選人在 1986 年選舉公報中提出的競選政見。為了系統性的比較候選人的政見立場，我們從最近兩次選舉時候選人在各式傳單、海報及競選公報內，經常提到的競選議題中，編列出三十四項政見主張，表四詳細列有這些政見主張。此

外，為了評估兩黨在這些政見主張上的系統性差異，我們依據各項政
見主張所關切政治目標的層次，進一步歸納為三類政見主張：國家認
同、政治結構及公共政策，而後在每種類型中，並再區分出相對的各
個次類。在表四中，四項政見屬於國家認同層次，其中兩項強調中國
情結，兩項強調臺灣情結；[13] 十二項政見屬於政治結構層次，其中六
項強調系統穩定，另六項強調民主改革；此外，十八項屬於公共政策
層次的政見，可再區分為五個次類，分別側重國家發展、社會安全、
後物質主義價值(Inglehart 1976)、外交突破與行政革新。

表四　國民黨候選人與民進黨候選人政見訴求的內容分析

	國民黨籍 (N=51)		民進黨籍 (N=17)	
	n	%	n	%
一、有關國家認同的政見				
1.中國情結				
(1)堅持三民主義統一中國，反對分離意識與地域主義	25	49.02	0	0.00
(2)愛護國旗，使用國號，以發揚愛國精神	1	1.96	0	0.00
2.臺灣情結				
(3)臺灣的前途應由臺灣全體住民共同決定	0	0.00	17	100.0
(4)肯定臺灣的歷史、語言與文化，以加強臺灣鄉土的認同感	0	0.00	13	76.47
二、有關政治結構的政見				
1.系統穩定				
(5) 鞏固領導中心，反對污衊英明領袖	2	3.92	0	0.00
(6) 體認非常時期的國家處境，絕對支持政府決策	0	0.00	0	0.00
(7) 為維持社會秩序，反對群眾性抗議運動	2	3.92	0	0.00
(8) 維持社會和諧，嚴禁偏激言論	0	0.00	0	0.00

---

[13] 中國情結的價值取向贊成臺灣與中國大陸最後應該統一，並且堅持臺灣
在政治上及文化上與中國都是不可分離的。反之，臺灣情結主張臺灣在
政治上及文化上都應該是與中國分離的。

表四　國民黨候選人與民進黨候選人政見訴求的內容分析（續）

(9) 促進政治安定，反對政黨林立	0	0.00	0	0.00
(10) 集中政治權力，減少牽制，以建立大有為政府	0	0.00	0	0.00
2.民主改革				
(11) 全面改選中央民意代表，以擴大政治參與	0	0.00	17	100.0
(12) 反對政治特權與政治壟斷	0	0.00	17	100.0
(13) 落實司法獨立，根絕政治干涉	1	1.96	17	100.0
(14) 堅持組黨自由，各政黨公平競爭，輪替執政	0	0.00	17	100.0
(15) 立即解除戒嚴，以確保基本人權	0	0.00	17	100.0
(16) 解除報禁，開放電視等傳播媒體，以促進言論自由	0	0.00	17	100.0

三、有關公共政策的政見

1.國家發展				
(17) 善用外匯存底，推動國家建設	8	15.69	13	76.47
(18) 加強經濟發展，改善貿易環境	24	47.06	15	88.24
(19) 加強交通建設，改善交通秩序	28	54.90	2	11.76
(20) 研究尖端科技，增強國防力量	15	29.41	0	0.00
2.社會安全				
(21) 保障農、工、漁民的生活權益	29	56.86	15	88.24
(22) 妥善照顧榮民、後備軍人及軍眷生活	16	31.37	0	0.00
(23) 提高軍公教人員的待遇	31	60.78	0	0.00
(24) 改善低收入民眾的生活，縮短貧富差距	5	9.80	4	23.53
(25) 實施全民失業及醫療保險，加強社會福利	42	82.35	17	100.0
3.後物質主義價值				
(26) 制訂消費者保護法，保障消費者權益	16	31.37	10	58.82
(27) 保障婦女權益，消除女性差別待遇	18	35.29	15	88.24
(28) 保護生態環境，消滅公害	42	82.35	17	100.0
(29) 實行精兵政策，縮短服役年限	1	1.96	14	82.35
4.拓展外交關係				
(30) 突破外交困境，重返國際社會	16	31.37	16	94.12
(31) 推展全民體育，參加國際競賽，爭取國家榮譽	5	9.80	1	5.88
5.行政革新				
(32) 健全賦稅制度，減輕人民稅負	30	58.82	6	35.29
(33) 增強警力，維護治安	21	41.18	0	0.00
(34) 澄清吏治，肅清貪污	26	50.98	15	88.24

　　由內容分析，我們可得知：兩黨候選人[14]在各項政見主張上的異同，其結果列於表四的右端。在 1986 年的選舉公報中，兩黨候選人在政治認同和政治結構層次的政見上差異極大，但在大多數公共政策層次的政見上則頗為一致。民進黨候選人所提政見的共同特徵，在於他們都強調有關政治認同方面的主張，所有民進黨候選人都提出了關於住民自決和本土認同的政見，而且也都一致訴求民主改革，諸如「全面改選中央民意代表，以擴大政治參與」、「堅持組黨自由，各政黨公平競爭，輪替執政」、「立即解除戒嚴，以確保基本人權」。反觀國民黨的候選人，則主要集中於公共政策方面的政見訴求，雖然不少國民黨候選人具有國家認同層次的政見立場，然而他們絕大多數都避免提及有關政治結構方面的政見訴求，[15]但不像 1983 年的選舉，極少國民黨候選人在 1986 年選舉時，還全力護衛既存威權體制的必要性與正當性。[16]這點顯示，許多國民黨候選人之所以保持沉默，可能是因為他們相當程度地也贊同有關民主改革的政見。從結構上的改變而言，許多國民黨候選人和民進黨候選人一樣是民主改革中的直接受益者，民主化至少可提高他們在國民黨權力結構中的地位。

　　在有關經濟成長、社會安全、後物質主義價值、外交突破及行政革新等政見議題上，兩黨候選人大致上並無太大差異。其中主要特點

---

[14] 只有國民黨或民進黨提名推薦的區域選區候選人才納入分析，其中包括 51 位國民黨提名的候選人，以及 17 位民進黨推薦的候選人。在國民黨陣營方面，51 位提名的候選人，實際上包含正式提名者與報備參選者，至於民進黨方面，則無此區分（李筱峰 1988: 189-91）。

[15] 有關各候選人的政見主張，可參見：林佳龍(1988:257-77)。

[16] 因為我們只以 1986 年的選舉公報作為內容分析的對象，1983 年選舉時，國民黨候選人普遍提出的有關系統穩定的若干政見主張，在 1986 年選舉時，已被大多數國民黨候選人揚棄了。此一對比本身，即可作為島上三年之間政治氣候發生重大轉變的明顯指標。

在於民進黨候選人迴避了所有關於擴大國家機構權力的政見主張，而另一方面，許多國民黨提名的候選人主張增強國防力量，提高軍公教人員待遇，妥善照顧榮民，以及擴張警力。[17]

我們的內容分析證實了：反威權體制和反大中國認同是民進黨候選人的競選訴求重點。兩黨候選人在國家認同的政見議題上差異性極大，民進黨候選人企圖把競選焦點置於對政權正當性的爭議上，然而國民黨候選人則嘗試把競選焦點引導爲公共政策的討論。我們的內容分析也清楚地顯示，無論是國民黨或民進黨的候選人，皆未刻意強化階級性的議題。兩黨候選人都在爭取（或避免攻擊）各種社會背景的選民，包括企業菁英與下層階級，消費大眾與環境保護者，以及納稅人與治安敗壞的受害者。唯一的例外是，只有國民黨候選人宣稱爲國家機構受雇者爭取利益。

以上所述許多有關候選人層次呈現的選舉競爭特性，也反映在個體層次的選民身上。爲了檢視政黨支持的社會基礎和政治理念基礎，我們在多變項分析中，納入了四個自變項：民主價值取向、[18] 國家認同態度、[19] 省籍和階級。[20] 只有運用多變項架構，我們才能估算每一

---

[17] 特別是第二十、二十二、二十三、三十三項政見。

[18] 民主價值量表是由胡佛教授及其同事發展出的包括十道題目的態度量表。這些題目乃設計用來測量受訪者對五項民主政治原則的價值取向（贊成或不贊成），亦即平等權、民主權、自由權、分權及多元權。有關此一量表理論的詳細討論及測量效度的評估，請參見胡佛與徐火炎(1983)。

[19] 有關國家認同的態度，包括兩道題目：「你是不是同意下列的說法：爲了中國的大一統，應即打消地域觀念」、「你是不是同意下列的說法：建設臺灣要比統一中國更爲重要」。在組合這兩題以計算選民的國家認同取向之前，已先把第二題的李克特量表(Likert scale)計分方式顛倒過來，以便符合第一題的計分方式。

[20] 根據受訪者的職業，我們區分為六種社會階級類屬：農民、勞工、國家受雇者、中產階級、資本家與其他。農民包括自耕農、佃農和漁民；勞

變項在控制了其他變項及其互動關係的效果後，對選民政黨選擇的相
對影響力。[21] 因為我們分析的變項大部分是類別性資料(categorical
data)，[22] 所以使用的統計方法是對數線性模型分析(log-linear model
analysis)。

　　表五列有對數線性模型的分析結果。[23] 第一列是依變項政黨選擇
本身的主作用，意指任一選民投票支持國民黨或民進黨候選人的相對
機率大小。由其數值可知，整體而言國民黨的支持者多於民進黨的支
持者，而其比值(odds) 3.07 乃是前述兩個乘數參數(multiplicative
parameters)的相除結果。[24] 意指平均而言，[25] 一個選民支持國民黨的
機率是其支持民進黨機率的 3.07 倍。由此我們可以進而估算，各自變
項對政黨選擇的影響。從第一列以下，第一行的數據代表選民社會背

工包括勞動工人和私人部門的普通白領工人；國家受僱者包括公務員、
軍警人員、國營事業人員、國民黨黨務、團務人員和公立學校教職人員；
中產階級包括專技人員、工程師和經理人員；資本家包括店主和大、小
商人。最後，家庭主婦、學生、未就業者和退休者則歸納為其他一類。

[21] 同理，為了便於清晰比較，此處分析只包括國民黨選民和民進黨選民。

[22] 我們把兩個態度變項再進一步劃分為二分變項(dichotomous variable)，
以簡化對數線性模型分析。

[23] 表五的參數估計是以最適模型[POD][PC][PI][DC][OC]為基礎計算得出
的，其中 P 代表政黨選擇，O 代表省籍；C 代表階級，D 代表民主取向，
I 代表國家認同。運用 Goodman(1971)和 Fienberg(1981)所提供的模型逐
步挑選程序(stepwise procedure for model selection)，以概似率卡方值
(Likelihood Ratio Chi-Square Statistic)的增減為判準，我們得出以上模型
為最適合的模型。最適模型中的全體概似率卡方值(p=0.993)顯示，所選
模型可能太過切合觀察資料；但各條件檢定統計值顯示，所選參數應該
包括[PC]、[PI]、[DC]、[OC]等雙項關聯以及[POD]一項二階(second-order)
互動效果。

[24] 1.752 除以 0.571，得 3.07。

[25] 在對數線性模型中，這是指幾何平均數而非算術平均數。

景或預存態度，影響其投票支持國民黨候選人的乘數作用，第二行是
影響選民投票支持民進黨候選人機率的乘數作用。乘數參數若大於 1，
表示正面作用；若小於 1，表示負面作用。例如，第一行第四列的參
數 1.3，代表若已知選民為外省籍時，其投票給國民黨候選人的機率，
將增為 1.3 倍（亦即增加 30%的機率）；參數 0.77 意指該外省籍選民
投票給民進黨候選人的機率，將減為 0.77 倍（亦即減少 23%的機率）。
至於第三行的數據，則是外省籍選民政黨選擇相對機率的乘數作用，
亦即比值。總之，四個自變項（省籍、階級、民主價值及國家認同）
所相對應的比值表示，具有某一特定社會背景或預存態度的選民，在
主作用的基礎上，其政黨選擇所因之增減的比值大小。例如，第四行
的比值 1.69 表示，當其他變項相同時，一個外省籍選民相對上投票給
國民黨候選人的機率是投票給民進黨候選人機率的 1.69 倍。[26] 在表五
的第三行中，比值大於 1 者，代表該特定社會背景或預存態度，與投
票給民進黨候選人之間，存有正向關聯；而比值小於 1 者，則代表負
向關聯。最後，表五底部所示各省籍選民的正負向民主價值的乘數作
用，意指在省籍與政黨選擇，以及民主價值與政黨選擇兩個雙變項參
數的平均作用之外，該選民省籍與民主價值之間所增減的交互作用
(interaction)。例如，某一選民為閩南籍且具有正向民主價值取向，其
投票給國民黨候選人對投票給民進黨候選人的比值，不只是正向民主
價值的作用 0.87 乘以閩南籍的作用 0.31，還應再乘以民主價值和省籍
二者的互動作用 0.55。因此，此三數的乘積 0.63 即為正向民主價值取
向與閩南籍背景的所有聯合作用。此一數據意指一位具有正向民主價

---

[26] 因為比值 1.69 只代表外省籍，此一社會背景在基本比值 3.07 的基礎上
　　所增減的變化，因此整體而言，外省籍選民投票給國民黨候選人對投票
　　給民進黨候選人的比值是 5.19。此處 5.19 是基本比值(3.07)與外省籍效
　　果(1.69)二者的乘積。

表五　投票選擇時社會背景與意識型態的關聯(1986)：多面向的
對數線性分析

作　　用	國民黨	民進黨	國民黨/民進黨
對選擇政黨的主要作用	1.752	0.571	3.07
省籍的作用			
1.閩南人*	1.146	0.837	1.31
2.客家人*	0.672	1.489	0.45
3.外省籍	1.300	0.770	1.69
階級的作用			
1.農民	1.207	0.829	1.46
2.勞工	0.917	1.091	0.84
3.軍公教人員	1.174	0.852	1.38
4.中產階級	0.766	1.305	0.59
5.資本家	0.882	1.134	0.78
6.其他	1.140	0.877	1.30
認同的作用			
1.肯定	1.309	0.764	1.71
2.否定	0.764	1.309	0.58
民主正當性的作用			
1.肯定	0.933	1.071	0.87
2.否定	1.071	0.933	1.15
省籍加上民主正當性的交互作用			
1.閩南人			
a.. 肯定	0.745	1.343	0.55
b. 否定	1.343	0.745	1.80
2.客家人			
a. 肯定	1.141	0.876	1.30
b. 否定	0.876	1.141	0.77
3.外省籍			
a. 肯定	1.177	0.850	1.69
b. 否定	0.850	1.177	0.72

N= 953　Likelihood-Ratio Chi-Square= 72.5　p=.994

* 閩南及客家人是臺灣持不同方言的族群。其先民多是由中國大陸福建省及廣東
省移民來臺灣。

值取向的閩南籍選民，相對於一般選民（未知其特殊社會背景與預存

態度）而言，其投票給國民黨候選人對投票給民進黨候選人的機率，
將減為主作用的 0.63 倍（亦即減少 37%的機率）。

　　經由以上的對數線性模型分析，我們可以進一步提出更實質性的
解釋。透過分析兩黨選民的不同社會及政治背景，可以了解選舉競爭
中所呈現的社會政治分歧。首先，如我們所預料的，外省籍選民是國
民黨候選人的最忠實支持者，而客家籍選民則最少支持國民黨候選人。
其次，國民黨候選人顯然從國家受雇者、農民以及以家庭主婦和退休
人員為主的「其他」類選民中，獲得相對上較多的選票支持，而民進
黨候選人則從現代私人部門內的中產階級、商人階級與勞工階級中，
獲得相對上較多的選票支持。此一發現顯示，臺灣是個國家機構主導
的社會，較明顯的社經分歧並非源於資本主義生產關係，而是來自國
家權力的介入。從經濟上而言，中產階級、商人階級與勞工階級都相
對上較不依賴國家機構；從社會上而言，這三個現代（而且大部分屬
於都市）部門的成員，也較難被整編於派系性的依恃關係網絡中。

　　同樣重要的發現是，具有正向民主價值取向的選民，相對上較少
投票給國民黨候選人，其比值為 0.87。而具有正向國家認同態度的選
民，亦即中國認同者，相對上較多投票給國民黨候選人，其比值為 1.71。
由此可知，即使控制了選民的省籍、階級以及各變項間複雜的互動關
係，民主價值及國家認同依然與政黨選擇具有極明顯的關聯。以上發
現也與我們內容分析的結果完全一致。

　　然而，省籍和政黨選擇以及民主價值和政黨選擇之間的關係，比
以上初步的發現還要更為複雜。我們的模型指出，省籍與民主價值之
間存有複雜的互動作用。基本上，這種現象表示選民的民主信念與投
票決定之間的關係，受到省籍背景的影響。就閩南籍選民而言，民主
價值正值取向與投票給國民黨候選人之間存有負向關聯。但就客家籍
以及尤其是外省籍選民而言，其情形則完全不一樣。對那些具有民主

價值正值取向的外省籍選民來說，反而相對上較少投票給民進黨候選人。可能外省籍和客家籍選民，對於民進黨指控國民黨是個不民主的政權，並不苟同。這兩群選民可能也認為，民進黨候選人的反體制策略將有礙於穩定的民主轉型。然而反觀閩南籍選民，他們認為要求民主改革與強調臺灣認同之間相當一致，因為二者都有助於提升本省人的地位。

　　我們的對數線性分析結果使我們確信，臺灣至少有一部分選民相當清楚國民黨和民進黨候選人在政治主張上的差異。在選民的個人政治態度與投票決定之間，確實具有高度的一致性，這顯示民進黨候選人的政治策略是相當成功的，其中尤以對閩南籍選民而言是如此。但是對這種現象的解釋，也不宜太過誇張，因為當考慮各社會背景與政治態度的每種可能組合後，在大多數情況下，選民投票給國民黨候選人，對投票給民進黨候選人的累計比值，仍然遠大於一，[27] 顯示民進黨候選人目前尚未獲得任何一群主要選民的過半數支持。

　　以上分析也顯示，有關民主正當性及國家認同議題所呈現的政治分歧，與省籍、階級所呈現的社會分歧的顯著程度，差異並不大。臺灣以往選舉中所呈現的社經分歧之所以不如其他已開發國家嚴重，是

---

[27] 二項以上社會背景和態度取向的累加效果，可由各項比值的乘積得出。例如，一位選民同時是外省籍與國家受雇者，而且具有中國認同取向，其相對上更可能投票給國民黨候選人對民進黨候選人的比值是 3.99，此處 3.99 是 1.69（省籍效果）、1.38（階級效果）與 1.71（國家認同效果）的乘積。如果再考慮一般選民投票給國民黨候選人對投票給民進黨候選人的基本比值（3.07），我們便能推測得知，一位具有上述社會政治特徵的選民，整體上其較可能投票給國民黨候選人的機率，是投票給民進黨候選人機率的 12.25 倍。舉一個更具代表性的例子，一位具有臺灣認同取向的閩南籍中產階級選民，整體上其較可能投票給國民黨候選人的機率，只有投票給民進黨候選人機率的 1.38 倍。此處 1.38 是 3.07、0.58、1.30 與 0.59 的乘積。

因為政治和省籍分歧與社會分歧相交錯。我們的資料也指出，尤其在外省籍與客家籍選民的眼中，民主正當性和國家認同的議題之間，存有潛在的緊張關係，這可能因為外省籍與客家籍選民擔憂民主改革的要求，已糾結著臺灣認同的情結。

然而，我們不欲誇大選舉競爭所呈現政治分歧的嚴重程度，亟須指出的是前述多變項模型所建構的，並非是一個完全可用於個人層次投票決定的成熟模型。因為候選人對特定政見議題的立場，並非選民投票決定的最關鍵性因素，而即使它是一個重要因素，也非是經常的唯一決定性因素。

實際上，整個選舉制度的設計原本即在削弱政見的重要性。首先，過去所舉行的只是增額選舉，從制度上而言，這種選舉根本無法重組國會結構，更不用說影響整個政策過程。其次，如先前所言，在多席次選區及得票不可讓渡的制度下，縱使許多民進黨候選人極力突顯競爭的氣氛，競選仍然是以候選人而非以政黨為中心的。再者，競選過程受到嚴格法令規章的重重束縛，這些法令規章的設計，有助於國民黨候選人的組織及財力動員，並可使反體制的主張，無法有效透過文宣品、拉票及群眾集會場所流傳。大眾傳播媒體，特別是電視台，都在黨國勢力的直接操控之下，也都具有極明顯的黨派色彩。結果對大多數候選人而言，競選的致勝之道，是透過多重的人際網絡及龐大的參選資金來經營遍佈各地的動員機器。經由人際網絡建立的動員和買票，是兩個最有效的競選策略，這種情形尤以鄉村地區和都市內的老舊社區最為普遍。所有主要的地方派系，都建立有這種動員機器，並且藉著商業活動，把競選勝利轉化為經濟上的收益。

猶如宣傳活動並非大多數候選人獲取選票的最有效策略，政策取向和政治議題也非大多數選民投票決定的關鍵性因素。我們針對 1986

年選舉收集的調查資料顯示，[28] 民進黨的支持者只有大約三分之一，明顯受到競選政見的影響而投票（參見表六）。不難預測，國民黨支持者的政見選民，比例還要更低，接近四分之三(74.1%)的國民黨支持者指出，其他非政見因素，諸如候選人的個人才能或特質、黨團關係、以及血緣、地緣、社團等社會關係，才是主要的影響因素。[29]

表六　國民黨與民進黨的政見取向選民（1986年）

投票決定模式：	國民黨選民		民進黨選民		N
	n	%	n	%	
政見投票	195	25.9	65	33.5	260
非政見投票	558	74.1	129	66.5	687
N	753		194		947

χ^2=4.1, p<.05

　　因此，若要了解兩黨候選人如何用政見來向選民進行訴求，我們必須進一步檢視政見內涵，並區分兩黨選民的主要政見差異。在我們的調查訪問中，某一受訪者若回答，他是因為競選政見才決定投票對象，則我們進一步請他在前述三十四項常被提出的競選題中，選出一項或數項他認為最重要的政見主張。如先前的內容分析，三十四項政見主張被歸屬於三個層次：政治認同、政治結構與公共政策，而在每種類型中，並再區分出相對的各個次類（參見表四）。

　　從表七之一至表七之三，我們列有兩黨政見選民在政見偏好上的差異。表七之一第一行的數據顯示，97 位國民黨的政見選民（占樣本中國民黨政見選民的 47.9%)，以及 2 位民進黨的政見選民，支持中國

---

[28] 為了便於清晰比較，以下分析也只包括國民黨與民進黨的支持者。

[29] 有關選民投票決定模式的深入分析，參見胡佛等人(1987)。

情結的政見主張。在第二行中，64 位民進黨的政見選民（占樣本中民進黨政見選民的 97%）並未支持任何一項強調中國情結的政見主張。此外，表七之一也顯示共有 43.9%的民進黨政見選民支持強調臺灣情結的政見訴求，但是只有 5.6%的國民黨政見選民，支持強調臺灣情結的政見訴求。

　　表七之二的數據顯示，超過半數(51.8%)的國民黨政見選民，支持強調系統穩定的訴求。再者，在 105 位支持系統穩定的政見選民中，國民黨的支持者即占了 101 位；另一方面，83.3%的民進黨政見選民，支持至少一項民主改革的主張。整體而言，屬於政治認同或政治結構層次的四類政見議題：中國情結與臺灣情結，以及系統穩定與民主改革，都有極大的區辨力。

　　相形之下，公共政策的區辨力則甚小。表七之三列有兩黨政見選民在五類公共政策議題上的政見偏好差異，其中只有強調提高國際地位的政見，稍能區別兩黨的政見選民。顯然，在政見選民的眼中，兩黨的差異主要在於系統正當性而非政策表現方面。由此可知，臺灣的選舉競爭乃是針對政治體系本身的衝突，而非只是階級性的政策取向競爭，這種現象尤其在政見選民的身上，表現得最為明顯。

表七之一　國民黨與民進黨的政見取向選民：國家認同(1986年)

		國民黨選民		民進黨選民		N	p
		n	%	n	%		
中國情結	是	93	47.9	2	3	95	.00
	否	101	52.1	64	97	165	
臺灣情結	是	11	5.6	29	43.9	40	.00
	否	184	94.4	37	56.1	221	

說明：p 值為：Probability level of likelihood-ratio statistic

表七之二　　國民黨與民進黨的政見取向選民：政治結構(1986年)

		國民黨選民		民進黨選民		N	p
		n	%	n	%		
系統穩定	是	101	51.8	4	6.2	105	.00
	否	94	48.2	61	93.8	155	
民主改革	是	62	31.8	55	83.3	117	.00
	否	133	68.2	11	16.7	144	

說明：p 值為：Probability level of likelihood-ratio statistic

表七之三　　國民黨與民進黨議題取向選民：公共政策(1986年)

		國民黨選民		民進黨選民		N	p
		n	%	n	%		
國家發展	是	67	75.3	22	33.3	89	.94
	否	125	74	44	66.7	169	
社會安定	是	108	73.5	39	59.1	147	.73
	否	86	76.1	27	40.9	113	
後物質性價值	是	58	74.4	20	30.3	78	1.0
	否	136	74.7	46	69.7	182	
國際地位	是	26	60.5	17	25.8	43	.03
	否	168	77.4	49	74.2	217	
行政革新	是	94	73.4	34	51.5	128	.80
	否	99	75.6	32	48.5	131	

說明：p 值為：Probability level of likelihood-ratio statistic

五、結論：臺灣的民主展望

　　本文一開始所描述選舉競爭的輪廓，分別從候選人及選民層次獲得了證實，我們從中察覺到一些有利於民主轉型的正面發展。選民的

政黨意識，已經逐漸增強，這將成為一個制度化競爭性政黨體系的穩定性因素。我們也確信，全島性的立委選舉，不只將增進代議政治的一般性功能，而且實際上將成為臺灣民主化的催化劑。我們的內容分析和調查資料都呈現出一件有趣的辯證過程，亦即民進黨候選人動員選民，支持民主改革與本土認同；而反過來，民進黨候選人因為獲得日益增多的選票支持，又促使他們更致力於追求充分的民主與多數統治。尤其值得注意的是，我們發現民進黨和國民黨候選人，在民主改革的議題上，存有潛在的聯盟關係。這種可能性比其他任何因素，對民主轉型都更有意義，因為這將迫使國民黨的領導菁英，也須回應黨內的民主挑戰，特別是來自黨內民選菁英的民主政革呼聲。

　　但是另一方面，我們也注意到一些令人擔憂的發展。民主改革與認同議題的糾結，蘊含著兩極化政治衝突的潛在可能性，這種糾結關係將影響臺灣是否也能步上「和解式轉型」（transitions through transaction）的途徑(Share and Mainwaring 1986; Share 1987)。因為這不僅可能導致民進黨陣營內部發生分裂，也可能妨礙反對勢力與國民黨菁英建立基本競爭規則的「妥協性約定」(negotiated pact)。由於主張臺灣獨立與強調臺灣認同，以及住民自決，只有一線之隔，愈是提倡建立獨立新國家的激進國家認同主張，愈須徹底翻修既存的政治秩序。然而現行的政治結構，卻是許多國民黨菁英（包括外省人與臺灣人）及其追隨者既得利益之所繫，政治體制的激烈變革，將帶給大多數國民黨本省籍政治人物巨大的風險與不確定感，因為唯有國民黨政權主導的改革計畫，才能確保他們在黨國機器內，逐步掌權。再者，也唯有在主動的改革之下，他們才能在未來政權中，獲得更多機會在公職競選中扮演重要角色。

　　從另一個角度觀察，臺灣認同及住民自決的主張，至今已為民進黨爭取到了可觀的選民支持，並確立了民進黨的政黨定位。這些現象

對民主化的發展確有助益，但不無疑問的是，此種政見主張能否爲民
進黨在未來建立足以獲勝的選舉聯盟。只要民主改革和本土化過程持
續循目前的方向發展，政權正當性的爭議，可能逐漸消失。如果臺灣
認同的政見，不再與民主正當性及多數統治的政見糾結在一起，它原
本所具有的普遍吸引力，勢將減弱。另一方面，當選舉對政權轉移與
政策過程開始產生實質的影響時，公共政策的重要性無疑地將大爲增
加，而日益浮現的社經分歧，也將削弱省籍分歧。最後，中國大陸是
另一個不應忽視的重要因素，因爲兩岸人民間日益增多的經貿活動，
將使許多商業菁英與中產階級相信，臺灣獨立的主張將破壞兩岸的和
平往來，並因此失去海峽對岸潛在的廣大經濟市場。

　　以上任何討論，皆未排除歷史突發事件的可能性。即使在最謹慎
推行的轉型案例中，其間互動關係、競爭策略及利益型態的變動，仍
存有極大的不確定性(O'Donnell and Schmitter 1986:4)，因此我們也沒
有理由對臺灣的民主前景，太過樂觀。　　（原文為英文，由作者與朱雲
漢教授合作完成，並承林佳龍先生譯為中文，併此致謝。英文本原載：*Political*
Change in Taiwan. Tun-jen Cheng and Stephan Haggard (eds.) 1992. Boulder, Co.:
Lynne Rienner。中文譯本原載：《中華民國民主化——過程、制度與影響》，
張京育編，1992 年，臺北：國立政治大學國際關係研究中心。）

參考文獻

胡佛、徐火炎，1983，〈結構性的政治文化：概念類型及面向的探討〉。《第三次社會指標研討會論文集》，頁 47-85，臺北：中央研究院三民主義研究所。

胡佛、游盈隆，1984，〈選民的黨派選擇：態度取向及個人背景的分析〉。《政治學報》，12 期，頁 1-59。

胡佛、陳明通，1986，〈政治體系與選舉行為：理論架構的建構與探討〉，載：中國政治學會編：《投票行為與政治文化》，《中國政治學會專刊》，第 1 號，頁 1-36。

胡佛、陳德禹、陳明通、游盈隆，1987，《選民的投票行為》。臺北：中央選舉委員會。

李筱峰，1988，《臺灣民主運動四十年》。臺北：自立晚報出版部。

林佳龍，1988，《國民黨與民進黨的群眾基礎：臺灣選民政黨支持的比較分析》。國立臺灣大學政治學研究所碩士論文。

雷飛龍，1992，〈臺灣的選舉制度與投票行為〉，張京育編：《中華民國民主化——過程、制度與影響》，臺北：國立政治大學國際關係研究中心。

Asher, Herbert. 1983. "Voting Behavior Research in the 1980s: An Examination of Some Old and New Problem Area." In Ada Finifter (ed.) *Political Science: The State of the Discipline*. Washington, D. C.: American Political Science Association.

Chu, Yun-han. 1989. "A Strong State in Retreat?: Social Protest and Political Democratization in Taiwan." A paper presented at the National Taiwan University-University of Pittsburgh *Bilateral Conference* on *Taiwan's Development Experiences in Comparative Perspective*, April 3-5, Pittsburgh.

Easton, David. 1975. "A Re-assessment of the Concept of Political Support." *British Journal of Political Science* 5:435-57.

Epstein, Edward. 1984. "Legitimacy, Institutionalization, and Opposition in Exclusionary Bureaucratic-Authoritarian Regimes." *Comparative Politics* (October):37-54.

Fienberg, Stephen E. 1981. *The Analysis of Cross-Classified Categorical Data*. Cambridge: The M.I.T. Press.

Gold, Thomas. 1986. *State and Society* in the Taiwan Miracle. Armonk, N.Y.: M.E. Sharp.

Goodman, L. A. 1971. "The Analysis of Multidimensional Contingency Tables: Stepwise Procedures and Direct Estimation Methods for Building Models for Multiple Classifications." *Technometrics* 13:31-61.

Inglethart, Ronald. 1976. *The Silent Revolution: Changing Values and Political Styles Among Western Publics*. Princeton: Princeton University Press.

O'Donnell, Guillermo. 1986. "Introduction to the Latin American Cases." In Guillermo O'Donnell, Philippe C. Schmitter and Laurence Whitehead (eds.) *Transitions from Authoritarian Rule: Latin America*. Washington, D.C.: John Hopkins University Press.

O'Donnell, Guillermo, Philippe C. Schmitter and Laurence Whitehead (eds.) *Transitions from Authoritarian Rule: Latin America*. Washington, D.C.: John Hopkins University Press.

Share, Donald and Scott Mainwaring. 1986. "Transitions Through Transaction: Democratization in Brazil and Spain." In Wayne A.

Selcher (ed.) *Political Liberalization in Brazil: Dynamics, Dilemmas, and Future Prospects*. Boulder: Westview.

Share, Donald. 1987. "Transitions to Democracy and Transition Through Transaction." *Comparative Political Studies* 19(4):525-48.

Winckler, Edwin. 1981. "National, Regional and Local Politics." In Emily Ahern and Hill Gates (eds.) *The Anthropology of Taiwanese Society*. Stanford: Stanford University Press.

Winckler, Edwin. 1984. "Institutionalization and Participation on Taiwan: From Hard to Soft Authoritarianism." *China Quarterly* 99:481-99.

政治發展與政治溝通

```
目　　次
一、前　言　　　　　　三、政治衝突與政治溝通
二、我國政治發展的特質　四、結　語
```

一、前　言

　　政府自 1949 年播遷來臺以後，整體的政治體系在內外環境的變遷
與衝擊下，不斷地有所調整。這也就是說，近四十年來，我們所置身
的政治體系一直處於變遷與發展的過程中。大致說來，這一過程的早
期變遷是相當程度地在政府的規劃與控制之下進行，所以顯得相當平
穩。但較晚的發展則不斷呈現反對勢力與政府的對抗。特別在近三年
來，反對勢力的黨外逐漸進行組織化，並強化政治的訴求，而與執政
黨及所主政的政府形成尖銳的對立，政治的發展已面臨正面的衝突。
如果雙方的爭執就是解決衝突的規範本身，那麼衝突的爆發，必然缺
乏共守的息爭軌道，而難於化解，甚至會流於情緒化的實力對抗。這
樣的情勢不僅會影響到社會及經濟結構的秩序與安定，且會刺激群眾，
製造成如 Eric Hoffer(1963:1-6)所說的不安的群眾心理，進一步產生情
緒性的群眾運動。至於政治發展的兩項主要方向：民主與安定，[1] 也

---

[1] 視政治發展具有自身方向與目的的，所謂目的論者，常列出若干發展的
　目的與指標，其中最重視的列為民主與安全。可參見 Huntington(1968);
　Huntington and Dominguez(1975)。

難免挫退。在如此關鍵的時刻，應如何平息情緒，減低衝突，正視問題，並進而解決問題，或建立解決問題的規範及制度，實是當務之急。這一急務端在溝通，但溝通能否為雙方所接受，必須有賴為雙方信任的中介。我們由此可知，溝通與中介乃不能不成為政治發展中的一種所謂的建制(institution)。

　　自 1960 年代以降，探究政治發展與政治溝通的學者輩出，但將政治溝通納入政治發展的過程之中，而加以觀察的，則尚不多見。本文乃試以此為觀察的範圍，以抒一己之見。但因係試作，祇能限於概觀(overview)。

二、我國政治發展的特質

　　西方學者對政治發展的探討，常併合在政治現代化的觀察之內，而著重政治體系的功能面。也就是為了因應經濟及社會的現代化（如工業化、都市化、資訊化、社會的流動等等），政治體系也必須現代化，以增強決策及執行的能力。要增強體系的能力就要在結構上有所變革，那就是角色規範的分化(differentiation)、專化(specialization)及世俗化(secularization)等等(Almond and Goleman 1960; Almond and Powell 1966)。這就是將結構的變革依附於功能，再將功能的強化依附於經濟及社會的現代化。我對上述功能論者的觀點，並不能全然同意，因在我看來，人的政治生活亦是目的，而不僅是達成經濟及社會生活的手段，儘管各種生活之間，具有交互影響的關係（胡佛 1977）。在這一基本的看法之上，我認為政治結構是由一套權力關係的規範所構成，中心的問題是下述四種權力關係間的選擇（胡佛、朱志宏、陳德禹 1978）：(1)平權與特權，(2)民權（參政權）與專權，(3)人權（個人及社會的自由權）與極權，(4)分權（制衡與自治）與集權。政治生

活是群體的，權力關係的選擇，當然不是片面及絕對的，而要考慮到
交互與相對的行使範圍。但不管作怎樣的選擇，規範內的權力生活既
能自我滿足（特別在自尊、自重的基本心理需求），也可影響政治體
系有關因應及推動經濟及社會現代化的功能。

　　再進一步看，一個政治體系除了結構與功能外，必須要受到體系
成員的認同，也就是一方面自認為體系的一員，另一方面則能相互信
任與接納(Huntington and Dominguez 1975:32)。倘若體系成員對體系缺
乏認同，體系的本身就會發生根本的動搖與分裂，結構與功能也就無
從發生其作用。從這樣的觀念，我們就可以把政治體系看成一個立體
的結構，那就是以認同為基礎，其上是結構，再其上才有功能的運作。
政治體系既然是立體的，我們對政治發展的探究，當然不能僅限於功
能面，而要深入到結構與認同的基層。換句話說，我們分析政治發展
的架構，必須包括政治體系的功能、結構及認同等三個層次（胡佛、
陳明通　1986）。如有偏失，即難明整體變遷的底蘊。這對我國政治發
展的觀察，尤其重要，因我們所面對的問題絕不是片面的。

　　根據以上的分析架構，我們就可以很清晰地看出，政府自遷臺以
來的將近四十年間，在政治變遷與發展方面，所呈現的一些特質與問
題。現分三點加以說明：

　　1.體系的功能：政府自遷臺以後，即全力推動現代化的建設，在
經濟及社會方面皆獲致很大的成就。我們實施耕者有其田，推動普及
的教育，無論是經濟的成長與繁榮，或是社會的流動與社會力的提昇
等，皆獲得民眾的肯定，而且被譽為是一項奇蹟。我們不必多舉具體
的事例，因所要強調的則在：包括黨外在內的反對勢力，並未對整體
經濟及社會的現代化建設，提出特別的異議。在前二屆立法委員的選
舉中，黨內外的選民也不因經濟及社會政見，而有截然的劃分（胡佛
1986a）。這些可進一步說明，政府為了推動經濟及社會的現代化，對

政治決策及執行過程所作的現代化的改革，如工作編組的分化、職能的專精，以及就事論事的世俗化態度等，也大體受到普遍的肯定。當然近幾年來，政府的一些政策也受到挑戰，特利是核能及環境的污染等，但並非不可在理性與現實的考慮下，謀求共識，加以解決。至於聳動中外視聽的幾個大案子，如劉宜良案、李亞頻案、十信金融風暴案等，那就不是單純的現代化的問題了。無可諱言地，這些案件都滲雜了特權與人權的爭議，在性質上，已連接到政治結構的較根本的層次。我們由此也可見政治結構上的問題，對現代化的決策功能已產生了一些負面的影響（胡佛 1986b）。

2.體系的結構：幾乎在我國行憲的同時，政府即宣布進入動員戡亂時期的緊急狀態，主要目的在清除共產的動亂。在撤退到臺後，全國進入戒嚴，動員戡亂時期臨時條款也經過數次修訂，不斷地擴大政府的行政權限，最後終於完成了一套非常時期的政治結構與制度。我們如用前述的權力關係的規範內涵看，這套非常結構相當改變了憲法的正常規定，舉其要者如：①限制了憲法所保障的基本人權，如黨禁、報禁，平民的軍事審判等；②變動了憲法所規定的中央政府體制，使責任內閣制轉變為總統制；③賦予軍事機關的行政特權，如審查民間的出版物、監督一般平民及社團的活動等；④取消了資深中央民意代表（在大陸所選出的）的任期限制；一方面影響到民眾的參政權，一方面也在實質上削弱了制衡的功能；⑤凍結了憲法所規定的省、縣、市的自治體制。以上對憲法常規的改變，是否有助於整體社會生活的安定，或有益於經濟、社會及政治現代化的實現，我在本文不擬深論（胡佛 1985），但要強調的是：政府在經濟及社會現代化方面的成就，並未能抵消或代替反對勢力對民主憲政的要求，可能反而具有助長的作用，如國民平均所得的增加、中產階層的擴大、教育程度的提高等

等，對政治參與層次的提昇，都具有某種程度的積極作用。[2] 但我覺得最具直接影響力的因素，應是政治觀念的本身，包括對民主與自由理念的信念，以及親身對政治生活的感受，其中特別重要的則是選舉。政府自 1950 年在地方推行普及而直接的選舉，到了 1969 年又擴大到全國性中央民意代表的增補選。這一長期的民主參與過程，不僅會促進民眾對民主的信念，而且使得以民主憲政為號召的反對勢力，逐漸凝固成形，趨向組織化。所謂黨外的政團是由選舉中產生的，如黨外的重要組織，公共政策研討會，就是由黨外公職當選人所組織的。黨外勢力的逐漸凝固，以及對政府的非常政治結構的反對，使得我國政治發展的過程，充滿結構性的爭議。此種對規範本身的爭論，不僅涉及意識型態，也涉及現實利害，所以易趨向激烈，而會導致情緒化的對抗。

　　3.體系的認同：認同是一種感情的歸趨。情在國家，則滋生國家的隸屬感；情在同胞，則產生相互的依存感。我國立國數千年，早已確立深厚的認同文化。但這一深厚的傳統在政府遷臺以後，遭遇到相當的困擾。我們可從三方面加以檢視：①政府遷臺後，視臺灣為復興基地，而以光復大陸為神聖的使命，也就是承襲濃烈的對整體中國的認同。但在事實上，因逼於情勢，反攻行動經歷近四十年，迄不能付諸實現，此使得認同的象徵作用，不能落實。②甲午戰後的五十年間，臺灣淪為日本的殖民地，臺灣的民眾與祖國長期隔絕，當然影響到整體的認同。在另一方面，又因對抗殖民的統治，而易於產生本土主義。③國際對中共的姑息，使我們不能不從全中國的代表，退而強調中華民國在臺灣的管轄與法統，因而增強對中華民國在臺灣的認同，使得

---

[2] Seymour Martin Lipset(1960)即認為社會及經濟的條件與民主政治息息相關。

中國整體的認同受到某種程度的影響。我們從上述可知，自政府遷臺以後，政治認同已明顯地成為可以分割的三種領域，即：整體中國、中華民國、臺灣本土。執政黨及所主政的政府一方面堅持整體中國的認同在先，但在另一方面則相當強調中華民國的認同，而將臺灣本土的認同視為地方的次級認同。反對的政治勢力則相當提昇臺灣本土的認同，並及於中華民國的認同，而將大陸放在相對的地位，所著重的是國內外的政治現實。這就造成所謂中國結與臺灣結的對抗。[3] 認同的爭議不僅會影響到結構（中央民意代表是否應保障大陸各省的名額），也會影響到政策（反攻大陸，謀求統一，或與大陸政權和平相處），而且牽涉到民族的感情，所以在性質上是極為嚴重的。

　　根據以上的分析，我們可以發現近四十年來的政治變遷與發展，使得我們立體的政治體系在結構與認同的基層發生爭議，而對體系的未來發展構成威脅。

三、政治衝突與政治溝通

　　大致說來，我國的政治發展自 1949 年至 1969 年為第一個階段。在這二十年間，政府一方面推動現代化的建設，一方面建立非常時期的政治體系。選舉祇在地方的層級進行，頗能迎合早期政治參與的要求。反對勢力零星分散在地方，政府及執政黨實際上並未遭遇嚴重的結構性挑戰。到了 1969 年政府開放中央民意代表的增補選，政治參與乃昇高至中央政府的層級。政治發展從此即進入第二階段，而以今年，即 1986 年，政府決定開放黨禁及解除戒嚴為一段落。在這一階段的十五年間，出現了若干重要的事故：如聯合國的退出、先總統蔣公的去

---

[3] 有關「中國結」及「臺灣結」的討論，請參閱：胡佛(1986c)。

世、中美的斷交、美麗島事件、劉宜良事件，以及十信的風暴等等。
這些事故都對我國的政治體系造成相當的衝擊。換句話說，政府已不
斷地受到內外環境的挑戰，社會對政治革新的要求也日甚一日。我們
可舉一例，政府在中美斷交後所召開的數屆國家建設研究會，就無不
主張政治革新，而且皆討論到解除戒嚴，開放黨禁及報禁等問題。反
對勢力的黨外，在這樣的環境下，經歷了數次中央及地方的選舉，乃
逐漸凝結，而在 1983 年間組成黨外公共政策研討會，從事政治活動。
這一行動對政府的非常時期體制是一直接的對抗。政府在 1984 年 11
月公開宣布為非法，正面的衝突已迫在眉睫。但由於雙方接受學術界
人士的調停與溝通，而暫時息爭。至 1986 年的 4 月，黨外公共政策研
討會籌劃在全省各地設立分會，政府重申非法，擬加取締。這一決定
如果執行，必會造成全省性的衝突。於是原有的溝通乃再告恢復。本
文不擬對經過的轉折以及參與人士的活動多所轉述，而將討論的重點
置於溝通的背景、過程及功能，期望能從整體政治發展的途徑，作一
觀察。

　　1.政治溝通的背景：在表面看來，溝通祇是訊息傳遞的過程，無
論這一過程是經由大眾傳播媒體或中介人士。但深入一層看，此種訊
息的傳遞是使接受者有所認知，而能如傳遞者的意思，有所行動，包
括消極與積極的兩者。從雙方交互影響的過程看，溝通也是一種博奕
(game)，但在衡量國內外政治環境及雙方所擁有的資源後，我們認為
雙方的博奕並非是所謂零和的衝突，也就是一方全無所得，一方全無
所失，而是互有所失與所得。在這樣的情勢下，溝通應能進行。

　　(1)雙方實際的處境與考量可如下述：多年以來，國內外的輿論
時有主張：應解除戒嚴，開放政治結社。執政黨在三中全會後，且組
成專案小組進行討論。換句話說，戒嚴與黨禁已不是不能解決的問題。
執政黨乃願就此與黨外進行溝通，以換取黨外的遵守現行法制，也就

是尊重政府的公權力與正當性。黨外為了使公政會分會順利組成，當然也願溝通。

(2)雙方皆願避免激烈的正面衝突：美麗島事件是一警惕。對執政黨來說，如由政治衝突，而發展為司法案件，不僅予人以不尊重人權的形象，且也不能因此抑制未來的反對運動。還有：正面衝突將損害社會的安定，影響經濟的發展，使政府的施政發生困難，這些皆是執政黨與政府所不願見的。對黨外而言，激烈的衝突不僅易使個人受損，影響到自身的政治前途，也將破壞原有整體政治體系的權力分配與組合。這一變化很可能對未來黨外的發展產生非常不利的影響，因之，能加避免，則不如避免。

(3)衝突的過程不易控制，可能會延續至今年年底的選舉，而影響到選舉的正常運作，甚至中止。這當然也是雙方所不願見的。

2.溝通中介的需要：如前所述，執政黨與黨外的爭議因涉及結構與認同，已面臨嚴重的衝突。雙方相互敵對，不視另一方具有政治的正當性。因之，如何增進雙方的信任，建立公正的溝通制度，並進而折衝雙方的歧見，就必須有賴能為雙方尊重及接受的中介人士。由此可知，在黨內外的溝通中，中介人士應具備相當個人及社會的資源，諸如：①對整體政治發展及雙方爭執的焦點具有較深刻的認識，而易於推動溝通過程；②具備某種程度的社會聲望，而能為雙方所尊重；③對國事的熱心及不偏不倚的公正態度，而能勞怨自任，推展溝通；④無自身的政治企圖或其他私慾，以免利用溝通作為工具，而失去公信力；⑤具社會的責任感，促使雙方重視整體社會的利益；⑥為雙方所接受，而易於發揮折衷及說服的作用。

就實際的溝通過程看，中介人士也的確憑藉著上述某些資源，受到黨內外雙方的尊重與接納，然後才能建立溝通的制度，如雙方對等的地位、聚談的方式、商談的內涵，以及意見的發布等。中介人士之

一的陶百川先生曾應《時報新聞周刊》記者的訪問，談到他介入溝通
的經過，他說：

> 我同意參加溝通，那是鑑於一年多來，國內迭出的差錯、
> 危機潛伏、黃台之瓜不堪再摘。……執政黨對我的參加溝通，
> 迅即表示歡迎，同時我也獲得黨外一部分領導人士的接受。
> 於是我覺得我的參加固然是基於三位教授的熱心和感情，而
> 且也應該對執政黨和黨外，以及對民主和諧有所效勞了。……
> 我曾在 4 月 29 日晉見蔣總統，談得很多，也談起公政會問題。
> 總統對公政會和當前政治和諧問題的基本態度，你已知道。
> 他在 5 月 7 日中常會指示中央政策委員會要誠心誠意，進行
> 意見溝通，以促進政治和諧。而且報載執政黨中央已召開高
> 層會議，討論當前四項敏感的政治問題，包括：①中央民意
> 機構調整問題；②戒嚴問題；③組黨問題；④地方自治法制
> 化問題。我想這也是受了蔣總統的精神感召而來，我很欽佩
> 他的遠見和務實。[4]

　　從陶先生以上的說明，我們可以看到此次政治溝通所具備的主客
觀情勢。主觀是中介人士的資源，客觀則是執政黨在三中全會後已準
備在政治結構上有所更張，而且在現階段則不願見正面衝突，有意促
進政治的和諧。

　　3.中介人士的角色：黨內外的爭執是在政治結構與認同上，具有
基本的差異，而且經多年的醞釀，相互對抗，並無任何可資利用的溝
通管道與制度。因之，中介人士的角色負擔即相當沉重。一般說來，

---

[4] 中國時報，1986 年 5 月 29 日。

所擔任的角色行為可分成以下數項：

(1)規範的訂定者：與雙方磋商建立溝通的規範，並使制度化，已如前述。

(2)衝突的減緩者：此是最急需，但也是最消極的角色功能。中介者要對立即的衝突與雙方磋商，加以停止，有如救火隊的工作，否則，積極的溝通即無法進行。立即的衝突停止後，尚須進一步減削未來的正面衝突，也就是協調雙方，傳遞正確的訊息與社會的願望，並提供折衷的意見，而以溝通代替衝突，此就成為緩衝器。這些消極的功能，除了減緩雙方的正面衝突外，也可因此建立雙方的互信，化解敵對的態度。

(3)爭執的分析者：雙方所爭執的問題究屬於怎樣的性質？所持的究竟是怎樣的態度？中介者可運用對整體政治變遷與發展的可能，以旁觀者清的客觀立場，加以分析，以協助協議的達成。試舉一例，雙方皆對政治團體的活動，雖有異議，但所爭執的問題不過在設立的程序與所處環境的認識。經過這樣的分析，即可知雙方對立國根本的憲法皆能認同，而可達成這一更高層次的憲政認同的協議，而為雙方進一步解決問題的基礎。

(4)意見的提供者：在溝通的過程中，中介者常須提供折衷意見，以謀打開僵局，使協議能夠達成。

(5)發展的推動者：溝通不過是整體政治發展過程中的一環，主要的目的在消除障礙，使能達到民主與安定的目的。中介者既須具有政治的現實感，以協調當前的政治爭議與衝突，更須具有政治的理想與倫理，使溝通的方向與整體的政治發展相連接。對此次的溝通，中介者皆曾一再表示此一願望，如：「出面促成溝通，原意在遂行憲政

體制，調和黨內外的政治歧見，促成民主法治社會及政治和諧。」[5] 陶百川先生也一再公開說明中介人士持有三點基本原則，即：①團結和諧，②自由民主，③憲政法治。這些原則也可以說是調解雙方歧見的方向。

中介的角色是因雙方發生爭議或衝突才產生的，所以中介的工作必得在雙方對立的環境下進行，而難於左右逢源。相反地，卻很易成為兩面不討好的情況。還有，對立雙方的內部皆有激烈的反對份子，他們可能視溝通為一種軟弱的態度或退敗，而損害所持的強硬立場，於是也會積怨於中介者。在此次黨內外的溝通中，中介者即被譏為「陰謀份子」、「說客」，甚至遭受其他的種種人身攻擊。因之，中介者必須要有不計毀譽的胸襟，以安定和諧的說客，自由民主的說客、中國歷史的說客自任。

4.溝通的方式與過程：中介的溝通可以是兩面的，也可以是全面的；可以是公開的，也可以是隱密的；應視溝通的需要而定。溝通在發起時，中介者可能須進行雙面的磋商，以傳遞相互的誠意及決定溝通的規範與內涵等。全面的溝通是由雙方溝通者及中介者面對面地交換意見，進行協議。這一方式的本身，即可收減緩衝突的效果。此次溝通即先由雙面，再進入全面，並向社會公開，使黨內外的衝突，無形減緩。社會及輿論各界對溝通頗多寄望，原因實在此。

我們再看實際的過程，黨內外的爭執，因牽涉到政治體系的結構與認同，相當與意識型態有關，所以在進行時，非常艱困。大致說來，執政黨雖強調憲政，但主張非常時期的體制，以維安全。有關憲政的改革，則認為應逐步進行。黨外則堅持憲政的權利，特別是人民結社的自由，且贊成快速的改革。雙方的差距在非常體制的應否遵守，這

---

[5] 中介人士胡佛的談話，見：中國時報，1986 年 9 月 17 日。

對黨外公共政策研討會的合法性就產生不同的看法。後來黨外進而組織「民主進步黨」，也仍然產生類似合法性的歧見。但最值得重視的是，本年五月十日的第一次溝通，獲得一重要的協議，即：「參加人士對中華民國憲法咸有共識，至於如何積極推動民主憲政，有待繼續磋商。」這一共識實為政治的認同及結構奠定基礎。至於積極推動民主憲政，更可見於執政黨其後對解除戒嚴及開放黨禁的決定。目前黨外的政團，如以非常體制的戒嚴法及非常時期人民團體組織法的規定看，可視為非法，但政府既決定解嚴及開放政治團體與黨禁，當然不妨容忍事實上的存在，以待法制修訂後的合法化。所以，我們現時的政治體系正處於過渡的狀態，未來應可發展到進一步的民主憲政。

黨外在九月廿八日宣布成立「民主進步黨」後，因產生上述合法性的集會問題，中介者乃從事雙面的溝通，一方面強調認同中華民國憲法的共識，一方面致力法治的和諧與民主憲政的促進。為使社會了解政治溝通的方向，中介者曾在十月二十八日將溝通的情況對外說明：

> 近日來我們從事實質的雙向溝通，特別著重黨禁開放的問題，我們的意見主要有三：(1)政治團體的開放應包括政黨在內；(2)規範應具公平性，有關法制的修訂，對各政治團體應一體適用；(3)政黨活動的自由應予保障，有關法制應重原則性的規定，不必作過多不必要的約束。我們的意見已向雙方表達。[6]

解除戒嚴及開放黨禁後，政治發展即邁進另一個新階段。假如新的政團能堅持對中華民國憲法的認同及整體國家統一的原則，政治發

---

[6] 見 1986 年 10 月 29 日中國時報及聯合報等。

展前途必然會呈現無限的光明。在正常的政黨政治出現後，溝通雖然仍是必需，但可由認同與結構的層次，降低到決策（公共政策）功能的層次。那時對立就不會尖銳，溝通可直接以雙軌執行。本文所討論的溝通中介及有關的過程，就不再有需要了。

四、結　語

最後我們要檢視的是：政治溝通在政治發展的過程中，除了化解對立雙方的爭議與衝突外，所發揮的整體功能又是如何呢？我們可以舉出以下的數項，並作爲本文的結語：

1.促進各種政治團體的和平共存、公平競爭。

2.強化認同中華民國憲法的認識，使回歸憲法的觀念更爲普及。

3.增進民眾對政治的認知及關注。

4.增強民眾對溝通的認知、重視及運用。

（本文原為亞洲與世界社主辦：「中華民國當前民意與政治發展」研討會的論文，1986 年 11 月 15 日。）

參考文獻

胡佛，1977，〈論現代化與政治現代化〉。《中國論壇》，5 卷 4 期，頁 13-18。

胡佛、朱志宏、陳德禹，1978，〈權力的價值取向：概念架構的建立與評估〉。《社會學論叢》（臺大法學院印行），27 輯，頁 3-40。

胡佛，1985，《憲政結構的流變與重整》。中國論壇主辦：「國家未來十年之探討研究會」論文。

胡佛，1986a，〈選民的政見取向、結構、類型與運作的分析〉。《社會科學論叢》（臺大法學院印行），34 輯，頁 111-43。

胡佛，1986b，〈回歸憲政〉。載胡佛、梁雙蓮編：《信心危機》，敦理出版社，臺北，頁 5-9。

胡佛，1986c，〈解開臺灣結與中國結的結〉。《中國論壇》，第 23 卷 2 期，頁 10-40

胡佛、陳明通，1986，〈政治體系與選舉行為：理論架構的建構與探討〉。載：中國政治學會編：《投票行為與政治文化》，《中國政治學會專刊》，第 1 號，頁 1-36。

Almond, Gabriel A. and James S. Coleman (eds.) 1960. *The Politics of Developing Areas*. Princeton: Princeton University Press.

Almond, Gabriel A. and G. Bingham Powell, Jr. 1966. *Comparative Politics: A Development Approach*. Boston: Little, Brown.

Hoffer, Eric. 1963. *The Ordeal of Change*. New York: Harper & Row.

Huntington, Samuel P. 1968. *Political Order in Changing Societies*. New Haven: Yale University Press.

Huntington, Samuel P. and Jorge I. Dominguez. 1975. "Political
　　Development." In Fred I. Greenstein and Nelson W. Polsby (eds.)
　　Macropolitical Theory, Handbook of Political Science, Vol. 3.
　　Reading, Mass.: Addison-Wesley.

Lipset, Seymour Martin. 1960. *Political Man*. Garden City, New York:
　　Doubleday.

民主政治的迷思與實踐

目　次

一、前　言　　　　　　四、臺灣政治的定位
二、民主政治的迷思　　五、民主政治的落差及克服
三、民主政治的定性　　六、結　語

一、前言

　　我們討論中國民主的前途，實際已對民主政治的價值作了一「應然」的肯定。留下來值得我們探究的則在：近百年來，我們中國人力求民主政治的實踐，但路途多艱，頓挫連連，民主在中國究竟還有沒有前途呢？當然我們可以這樣說：今後有沒有前途，要看我們怎樣去推動，那麼，我們就必須進一步解答另一個問題：我們究應怎樣地去推動呢？對我們知識份子來說，這個問題常緊隨著歷史的發展，來到眼前，逼使我們不能不作一些解答，但我們的解答是否能掌握到問題的核心，找到推動民主政治的鎖鑰，那就非常難說了。主要的原因在：(1)民主政治的生態環境極為複雜，各種影響的因素，包括文化的、社會的、經濟的、政治的，以及歷史的等等，交互纏繞，不易理清，而我們所面對的問題，可能祇是歷史時空下的某些事件，因之我們的解答難免不流於片段與局部，不能及於全盤。(2)縱然我們根據客觀的事實，對問題加以剖析，但我們所作的解答，仍然可能是一個主觀的「應然」，不見得能收到「實然」的效果。譬如說：我們對臺灣過去的戒嚴，曾作過分析，認為嚴重地有害民主，並進而提出辦法，向執政當

局要求解除，但我們的要求及所提出的辦法，可能都停留在我們主觀的看法上，未必會發生影響，收到實效。還有，縱然執政當局將戒嚴解除，也未必能全盤解決臺灣海峽兩岸中國人的民主問題。

我們中國知識份子在解答上所面臨的難題，其實也就是整體學術界在探究民主政治的發展時所遭遇的困境。多年來，政治學者曾運用各種研究途徑，試加克服。如 1960 年代至 1970 年代對民主政治的形成、維繫、轉變與衰退的探討，[1] 1980 年代對威權政治轉向民主化的探討等皆是。[2] 這些探討皆嘗試網羅多種變項，作歷史及經濟性的觀察，以建立相關及因果的理論，[3] 進而對民主及威權政治的運作與變遷，得一理論性的深入瞭解。無可置疑的，政治學者多年來的探究，確實獲致相當的成就，但從理論建構的角度看，恐怕仍有缺失，仍待努力。Robert Dahl(1971)即曾指出，過去一代對民主政治的研究，理論化的發展有餘，但比較性的事證則相對地不足；反之，近一代的研究看起來事證已充斥成患，但理論則相對地不足。但亦有學者指出，今日學者對理論的探索與思辨，也並不少見，但問題出在：還不能加以整合，發展一涵蓋全盤，解釋全局的獨特理論(Diamond, Linz, and Lipset 1989:xiv)。對我們來說，政治學者的多方探究，已提供我們前所未有的豐富知識，可以用作觀察我們的民主問題，但同時也必須指

---

[1] 可參閱：Linz and Stepan(1978); Lijphard(1977); Lipset (1959, 1960); Deutsch (1961); Moore, Jr. (1966); Dahl (1971)。

[2] 可參閱：O'Donnell and Schmitter (1986); Herz (1982); Linz (1981); Mallay and Seligson (1987); Pridham (1984); Share and Mainwaring (1986); Diamond, Linz, and Lipset (1989)。

[3] 對民主政治維繫的研究，大多著重在有關功能要件的檢視，所追尋的偏向相關關係。近年來，學者重視民主政治的形成，亦即民主化的研究，所著重的則為歷史及結構性的因素，所尋覓的則偏向因果關係。參見：Share (1987:526)。

出，在理論上，我們還沒有找到一把獨特的鎖鑰，祇要一舉，就可開
啓民主問題的全局，而能正確無誤且具實效地解答我們的問題：究應
怎樣推動中國的民主政治。

　　不過，身爲中國的知識份子，且首當推進中國民主政治之衝，面
對緊逼跟前的難題，我們實無法坐候那一把開啓全局的鎖鑰。這一鎖
鑰很可能須要我們自己根據多年切身所累積的經驗，再配合學術研究
所提供的豐富知識，在試解難題的摸索過程中，自行打造。我們目前
也確有這樣的嘗試，[4] 但我們仍不能不警惕：不管我們如何殫精竭慮，
尋求最佳的答案，仍難完整無缺；但在另一面，我們也不能不強調：
任何出自我們的努力，皆會有助於全盤理論的建立及全局問題的解決。

二、民主政治的迷思

　　我們在前面曾指出，政治學者對民主政治的維繫與變動雖累積多
年的探究，但仍不能在全盤理論的建立上，有所突破，其間的癥結實
在是很值得深長思的。我們看著 1960 年代以來的發展，以美國學者爲
主所致力的現代化與政治發展理論，即被譏爲是用美國的觀念，強加
於人，不能正確地解釋開發中國家政治發展的真相(Almond 1987)。到
了 70 年代中南美學者倡設依賴理論，曾流行一時，但近年來也被評爲
是一隅、一時及一偏之見，特別在亞太地區開發中的國家，少有適用
的餘地(Clark 1987)。1980 年代的歐美學者則甚著重政治本身之變，力

---

[4]　參見：胡佛 (1988)；Hu and Chu (1989)。近年來，政治學者對台灣地區
的政治發展與民主化的研究，已日益重視，有關的研究可參見：Winckler
(1984); Chou and Nathan (1987); Wu (1987); Tien (1989)。1989 年 1 月 8
日至 10 日在台北舉行的 Conference on Democratization in Taiwan 中有關
的論文尚有：Cheng (1989); Meeney(1989); Winckler(1989)。

圖開擴視野，追尋民主化的理論，而且要將國家重新定位，發展所謂的新國家主義。[5] 我們無意在此詳論以上種種理論的內涵，以及有關的學術性爭議，但要指出的是：這些理論對民主政治的界定與對待，並不一致，且具有相當程度的出入。此不僅影響到全盤民主理論的建立，甚至會使人覺得民主政治猶如一團迷思。我們不妨一看下面的一些問題：民主政治是否即為經濟及社會現代化的必然發展呢？一個政治體系如能產生政治參與的功能是否即可目為民主的政治體系呢？[6] 假如不是，那麼，民主政治究是什麼呢？民主政治是否必然依附於基層的經濟結構，而定為資產階級的產物呢？在一個依賴且邊陲的經濟體系中，民主政治是否定難維繫，一變而成為官僚威權(bureaucratic-authoritarian)的獨裁政治呢？[7] 假如不是？那麼，民主政治究是什麼呢？民主政治是否在一個開發中的國家必然會破壞社會秩序，妨礙經濟建設，而必須代之以能發揮國力的新威權主義呢？[8] 一個政治體系縱然是一黨獨大與專政，如能容忍異己，自我制約，不在選舉中壟斷

---

[5] 可參閱：Evans, Rueschemeyer, and Skocpol (1985); Nordlinger (1981, 1987); Midgal (1987)。

[6] 西方學者以投入(input)的參與為民主參與的基本概念，並進而認為民主參與是民主國家的一項特徵。但在我們看來，某種投入性的參與也可見於其他非民主的國家(如競爭性的選舉活動等)，故不能以之為民主政治的唯一指標。有關的研究，可參閱：Milbrath and Goel (1976); Verba, Nie and Kim, (1971, 1978); 胡佛(1985)。

[7] 在 1960 至 70 年代，若干拉丁美洲國家確由民主體制轉變為官僚威權體制，但到了 1970 年代的中期，南歐的國家轉向民主化，隨後一些南美的國家也轉向民主化。有關官僚威權體制的研究，可參見：O'Donnell (1973); Collier (1979)。

[8] 學者間並不認為權威主義會開創經濟奇蹟，見：胡佛主持「威權主義開創經濟奇蹟？」座談會記錄（參加者尚有朱雲鵬，朱雲漢，馬凱及蕭新煌等教授），載：中國論壇，329 期，1989 年 6 月 10 日，頁 9-26。

名額，是否即可看成民主政治呢？[9] 假如不是，那麼，民主政治究是
什麼呢？

　　以上的問題牽涉到民主政治的形成、功能、結構及效用等等，但
這些問題如不能先解決其中的一個核心問題：民主政治究竟是什麼？
必然會導致各種不同的論點，引發各種不同的爭議，反使得民主政治
的面目愈來愈模糊不清。假如我們不能認清民主的真面目，又將如何
加以推動呢？現可試舉一、二個例子就前面的那些問題再作一些說明。
如我們著重政治參與的觀點，認為民眾能透過選舉、政黨以影響政府
的人與事，即為民主的參與，果如此，共產國家的自稱民主，豈非不
可接受？再如我們接受經濟及社會的基層結構決定民主政治的理論，
則將如何解釋西班牙在獨裁者佛朗哥生前為威權政權，死後卻轉變為
民主政體呢？[10]

　　對我們中國人來說，無論臺灣海峽的那一邊，都稱得上經常生活
在民主迷思的糾纏中，我們如不能善加反省，明悉這些迷思的底蘊，
若要脫困，則談何容易！我們先略說一些重大的迷思。然後才能謀闡
清與補救之道。

　　1. 革命民主：意指一面進行反共抗俄的革命，一面實行民主憲政。
這是政府遷臺後，執政的國民黨的基調。在這一基調上，政府長期戒

----

[9] 國民黨在大陸舉辦第一屆國民大會代表及立法委員選舉時，即禮讓名額
給民社黨與青年黨。目前在台灣仍禮讓監察委員及僑選立法委員名額給
此兩小黨，以示民主。但上述禮讓祇是少數名額，絕不影響國民黨的一
黨獨大。

[10] 據 Donald Share(1987)的研究，西班牙在佛朗哥逝世後的轉向民主政治，
經濟的成長與社會的支持固然重要，但最為關鍵的因素則在當政集團內
部的權力作用，包括國王 Juan Carlas 及總理 Adolfo Suarez 等人的策劃與
推動。Share 乃稱這一轉變的模式為「和解的轉變」(Transition through
Transaction)。

嚴，厲行黨禁、報禁，並訂定了一套動員勘亂時期的非常法制--由動員戡亂時期的臨時條款直到若干行政命令。根據非常法制，總統具有絕對的權力，無須向代表民意的機構的立法院負責。現戒嚴已經解除，但非常法制仍在。我們認為此種法制已嚴重破壞民主制衡的原則，故主張取消，以使回歸憲政（胡佛 1987，1988a）。但有人則責罵說：「你們這些蛋頭教授，只知反對政府，要求民主。政府已經實行革命民主，你們還要什麼？真要革去你們的命，才能民主。」[11] 民主乎？革命乎？革命民主乎？確實不易使人弄得清楚。

2. 中國式的民主：主要的內涵在反對英美式的民主，特別是兩黨抗爭的政黨政治。正面的主張不外在維護動員戡亂時期的非常法制，以及一黨獨大的政治體制等，認為這樣的政治符合國情，可稱為中國式的民主。這一說詞受到很多人的引用，以致愈用愈濫。有人進而看成與守法、守份及政治安定同義；也有人則上溯歷史，解釋成堯、舜的禪讓、聖君賢相的禮賢下士。最流行的用法可見於某次討論人權問題的座談會上，一位執政黨的高階層人士所說的話：「我們無政治犯，無人權問題，這些都是西方的觀念，不能適用在我國。政府實施戒嚴，也無損人權，與西方的意義不一樣。我們是民主國家，但實施的不是西方的民主而是中國的民主，三民主義的憲政。國父就曾說過，西方的自由民主不能適用在中國。」[12] 民主的真意真是不可解了。

3. 社會主義民主：此是另一種說法，也就是消滅資產階級後，不能再有反對社會主義的自由。這樣的說法使得民主與專政的意義，更

---

[11] 作者為倡行民主憲政，主張回歸憲法，多年來經常接獲辱罵的信函，此為其中的一小段。

[12] 此為作者親耳所聞，曾起而辯解，特別強調中山先生的民權理論，多來自西方。現對座談會的時、地已不復記憶。

加難以辨識了。

　　從上面的各項討論可知，學者的探究與理論，還不能使我們看清民主政治的真面目，也因而不能不產生迷思。再看國人的實際政治生活，更是長年陷入民主政治的迷思，不知民主的前途何在。我們如要從兩者脫困，一方面健全民主政治的理論，一方面用以促進國人真正的民主生活，這些都要解決我們在前面所一再強調的核心問題：民主政治究竟是什麼？

　　我們對民主政治的迷思經過前面的一些討論後，儘管還不能立即作解。但多少已可提供某些線索：

　　1.民主政治是一種生活，因之，一切的觀察皆必須根據實實在在的生活事證，不能偏離。我們重視且需要學者的探究與建議，但不能預存主觀，脫離生活的現實與事證，更不可人云亦云，如此反會加深民主政治的迷思。

　　2.民主生活是一種目的價值，[13] 而不是達成經濟及其他社會生活的工具。當人類社會發展到今日的階段，生活價值日趨多元化，那就更不能用單純的因果律來解釋經濟或社會生活與政治生活之間的影響關係。近年來，有關國家自主性(autonomous state)的研究，就很值得我們的重視。國家政治既具相對的自主性，民主政治亦何能例外。

　　3.民主政治是一種政治的生活，我們必須把觀察的重點放在政治的概念，與此無關的，我們就不必羼雜進來。因之，像心性的自由、個人的風度、社會民主與經濟民主等概念，皆不能放在我們民主政治的概念中探討。

---

[13] 心理學者 Milton Rokeach(1973, 1979)即指出自由、自尊、平等屬目的性的價值(terminal value)，而此三者正為民主生活的主要內容。

三、民主政治的定性

　　近年來，探討政治民主化的西方學者，對民主政治究竟是什麼，較能掌握政治本身的意義，加以界定。大致說來，有些學者如 Guillermo O'Donnell 及 Philippe C. Schmitter(1986:7-11)認為民主化與自由化雖關係密切，但並不同義，故須分別界定，而以公民的平等地位與參與集體抉擇的權與加以尊重的責，合為民主的基本內涵。有些學者則擴大民主的意涵，將自由包羅在內，而以 Dahl 的「多元政治」(polyorchy)作為相當的概念，主要包括：(1)公民及團體（特別是政黨）廣泛地競爭政府的權位；(2)高度而全面的政治參與，至少要經過公平的選舉，以決定國家的領導人士與政策；(3)公民及政治自由，諸如言論、出版，以及結社自由等(Share 1987:527; Diamond 1989:xvi-xvii)。至於那一些是實現民主政治所必需的制度與規劃，在學者之間，並無一特別的模式，所列詳略有差。主張開放社會的 Karl R. Popper (1989)，所提出的看法最為簡要：祇要能夠用表決方式，不流血地免除掉政府，即為民主，而兩個大黨的競爭則是實行這一民主政治的最佳模式。西方學者雖從不同的理念對民主政治加以界定，但我們仍覺得應依據政治的根本屬性，對呈現在生活層次的各類關係，作一整體的觀察，較能認清民主政治的真面目，且較為不易對所需制度的衡量失出或失入。

　　我們認為政治本質的屬性是權力(power)，而政治生活則是在一個體系內，組成分子相互之間權力交往的影響關係。這種權力關係的結構，不僅是制度的，也是理念的及文化的。多年來，我們按組成份子或成員在權力結構中的身份或角色行為，可區分出三類具演繹性的基本關係，並發展為五類權力關係的結構（胡佛，陳德禹，朱志宏，1978）：

　　1.成員與成員之間的權力關係：作為政治體系的組成分子，相互

之間，在每一個政治層級，應當相對地處於怎樣的權力地位：平等，還是不平等？這是平權與特權之間的選擇。

2.成員與權威機構之間的權力關係：從結構的觀點看，所謂權威機構是指擁有強制權力，爲體系進行決策，再加以執行的權力組織，而由一群具特殊權力的身份者所組成。這些權威機構的權力是否來自成員的授與？在決策及執行的權力行使上，對成員個人或所組織的團體，應否具有範圍？也就是成員的活動在某種範圍內，可否不受干擾？上面的問題可分成三類，而形成三類權力關係的結構：

(1)權威機構權力的來源：如組成權威機構的特殊權力身份者「爲民所舉」，而所行使的決策與執行權力復「爲民所有」，則這些機構所設定的特殊身份及所行使的特殊強制權力不過來自權力所有者，即組成份子的授與或委託。如此，這些權威機構即須一方面要向成員負責，一方面要爲成員服務，而不能不成爲「爲民所治」、「爲民所享」。這樣的權力關係重點在「主權在民」，表現在成員的行爲上則是政治權力或參政權的行使。反之，如果上述特殊權力身份者，非「爲民所舉」，所行使的特殊權力非「爲民所有」，這些權威機構乃成爲專權及專制。由此可知，由權力來源所形成的權力關係，乃是民權與專權之間的選擇。

(2)個人行使權力的範圍：相對於權威機構的權力作用來說，成員個人的各種活動應否具有自主的範圍，不受權威機構的干涉？換句話說：權威機構相對於成員的活動，而在權力的行使上應否也具有某種範圍，不能超越？再進一步看，權威機構縱對個人的各種活動可加限制，但應否經過一定的程序？這些問題所牽涉到的權力關係乃成爲個人自由權，或人權與極權之間的選擇。

(3)社團行使權力的範圍：此是以成員組織的社團（包括政黨）相對於權威機構，應否具自主活動的範圍，所產生的權力關係。由此

牽涉到的則是社會自由權或多元權與極權之間的選擇。

3. 權威機構相互之間的權力關係。在決策及執行的過程中，各權威機構在特殊權力的行使上，應否分立制衡？如司法應否獨立？軍隊及文官體系應否中立？這些問題都牽涉到制衡權或分權與集權之間的選擇。

以上是就政治體系內三種基本的權力關係，再加分類，而成的五種權力關係的選擇。如體系成員對此五種權力，即平等權、民權、個人自由權、社會自由權、分權，皆作積極的取向，具有積極的共識，我們可稱之為現代的民主政治，或自由民主政治的價值取向或文化。反之，如皆不作積極的取向，不具積極的共識，即成為傳統的極權政治的價值取向或文化。如徘徊在兩者之間，一方面對個人自由權及社會自由權不作積極的取向，不具積極的共識，另一方面對平等權，民權及分權三項，則作一項或數項的積極取向，具有積極的共識，此可視為現代威權政治的價值取向或文化。以上三類需再加說明的是現代威權政治。在這一政治體系，成員雖產生平等或自主的意識，但仍相當程度地依賴權威機構的權力，無論出於傳統遺留的心理因素，或由於現實的需要，如社會安全的保障或經濟建設等。實際上，在某些威權政治或共產國家，民眾可行使某種參政權，如選舉，而具有某些自主或平等的意識，但往往接受一黨的專權控制，而欠缺民間社會的自由取向。我們設定這一類型的政治取向，乃本此而來。現將以上三種分類，圖示如下：

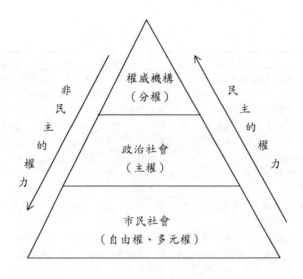

圖一　三層政治群體

　　貫串在上述三層政治群體之間的權力影響作用，當然要透過某些
信念、制度及規則才能完成，民主與非民主政治的最外在，也是最可
見的差異，就在此數者。這也就是我們對民主政治究竟是什麼，最需
加以解答處。我們現將非民主政治粗分為極權政治(totalitarian regime)
與威權政治(authoritarian regime)(Linz 1975)實際即是我們近代中國政
治的寫照。現連同民主政治作一比較觀察，[14] 並將三類政治內的各項
要點，表列如下：

---

[14] 有關民主政治的概念，理論及型態等，學者間亦有不同的看法，晚近的
探究可參閱：Sartori (1987)。

表一　三類政體的特質

	權威機構	政治社會	民間社會
極權政治	1.特定的意識型態。	1.無公平及自由競爭性的選舉。	1.無個人的平等及自由。
	2.領袖（一人或少數人）的專制：絕對的人治。	2.無壓力團體的政治活動。	2.無社會的平等及自由。
	3.一黨支配：絕對的黨化。	3.無公平及自由的個人及群體的政治活動。	3.一黨支配：絕對的黨化。
	4.權力完全集中。	4.一黨支配：絕對的黨化。	
威權政治	1.領袖（一人或少數人）的意旨。	1.非充分公平及自由競爭性的選舉。	1.有限度的個人的平等及自由。
	2.領袖（一人或少數人）的專制：相對的人治。	2.非充份公平及自由的壓力團體的活動。	2.有限度的社會的平等及自由。
	3.一黨支配：相對的黨化；或：軍隊及官僚的相對支配。	3.非充份公平及自由的個人及群體的政治活動。	3.一黨支配：相對的黨化；或：軍隊及官僚的相對支配。
	4.有限度的權力集中或分立。	4.一黨支配：相對的黨化；或：軍隊及官僚的相對支配。	
民主政治	1.程序的理念。	1.公平及自由競爭性的選舉。	1.個人的平等及自由。
	2.主政者的任期與替換：法治。	2.公平及自由的壓力團體的活動。	2.社會的平等及自由。
	3.兩黨或多黨競爭。	3.公平及自由的個人及群眾的政治活動。	3.政黨的平等及自由：無政黨支配。
	4.權力制衡。	4.兩黨或多黨競爭。	

現據表一，再作數點說明：

　　1.我們強調政治的核心概念為權力，因之，我們就三層政治群體對三種政治在信念、制度及規則等各方面的視察，皆本於權力的作用。非關政治的，如經濟平等及威權政治有助經濟發展等，都不包括在內。

　　2.極權與威權政治皆運用一黨的霸權，由上控制及壓制而下，其

結果確實會造成「黨國一體」的一元化社會。不過，威權政治不能像極權政治對所有社會及政治的制度及程序，以及社會與個人生活作絕對的控制。威權政治則相對地較能放寬，儘管對工商企業的公會仍要加以控制。在某些威權政治，反對政團雖受不公平的對待與壓制，特別在選舉活動方面，但仍可參選。[15]

3.極權政治遵行一套結構較為嚴謹的意識型態，領導階層雖可大作解釋，但仍受某種程度的客觀限制；而在威權體制，所遵循的則是領導者的主觀意旨，這在性質上祇是一種心態或政治態度(Linz 1975:266-69)。如領導者也強調某種意識型態，其目的不過在作為一種政權合法性的號召，一切仍是以自己的意旨為主。

4.表列三種類型政治的各項要點，都是每一類型的常態，如內外的生態環境有變，此三類常態的類型即會發生轉型，或由極權、威權轉向民主，或由民主轉向威權或極權，或由威權轉向極權等等。在轉型的過程中，所列類型的各項要點就會發生某些變化，而成為某種轉變的型態。這種轉型的過程當然得進一步觀察。

四、臺灣地區政治的定位

我們對民主政治，以及極權與威權政治作了比較性的觀察，並列出其中的各項要點後，就可進而對臺灣地區的政治，作一概觀了。我們仍據前面所分劃的權威機構、政治社會及市民社會的三類群體，並就表一所列的各項要點，加以觀察，並再列表說明：

---

[15] John H. Herz(1982:15)認為極權政治為納粹主義及史大林主義；這種政治對民眾的集體與私人生活，以及社會與政治制度與程序，無不觸及，但威權主義則保留某些領域，未加觸及，如佛朗哥及莫索里尼的政治多少即屬此類。此意與我們所說的「絕對」與「相對」相當。

表二　臺灣地區權威機構、政治社會及民間社會的特性與評估

1.權威機構	(1)要點：	①多年雖強調三民主義的意識型態，但實際皆以前後兩位蔣總統的個人意旨與性格作為整體權威機構遵從的最高原則，而且確實貫徹所有黨、政、軍、警及民意代表等機構。兩位蔣總統皆已過世，現由所培植的繼承人李登輝繼任總統。李總統雖誓言要奉行兩位蔣總統的意旨與精神，但在性質上，恐無法長久，因兩位蔣總統的意旨與精神並非結構嚴密，具獨特性及不變性的意識型態。將來時勢有變，李總統即難奉行，而須發展自己的意旨與性格。在兩位蔣總統多年所建立的威權傳統上，李總統年來已有所發展，初步看來，尚能貫澈，未來是否會增強，或減弱，或消失，皆尚待觀察。
		②過去的兩位蔣總統皆是強人，故多年實施強人的威權統治及人治，直至過世之日為止。李總統現已繼承了強人絕對的權力，也可以行政命令，實施威權統治及人治。但因缺乏過去強人的歷史背景，以及本身的主見，將來是否會加強強人政治或減弱，或解消，皆尚待觀察。
		③雖強調民主憲政與政黨政治，但實際仍是由國民黨一黨支配，軍隊黨化、文官制度黨化、司法也有某一程度的黨化（首長皆為政治任命），監察及檢察也皆黨化。
		④行政院可藉黨政運作，充份控制立法院議事的進行，而佔多數不改選的資深委員都支持行政院，反對黨委員祇佔少數不能對抗，但可運用議事及問政程序（如質詢）作某種程度的抵制，司法不能充份獨立（大法官尚要經國民黨中常會通過後提名）。
	(2)評估：	高等程度的權力控制
2.政治社會	(1)要點：	①近年開放黨禁，反對黨可參加競選，但選舉法規及實務不能充份保證選舉活動的自由與公平。[16]
		②社會的利益或壓力團體，長年以來接受國民黨控制，難得自由進行政治性的活動。但近年已出現少數獨立性的社會團體，如消費者基金會、臺灣人權會、農權會、以及環保團體等，以各種方法，包括自力救濟，推行政治性活動。
		③多年來民眾參加反對黨派或政團，進行政治活動，會受到不公平的待遇；群眾性的政治抗爭活動會受到嚴格的管制，甚至壓制，但在過去則嚴格禁止。

---

[16]　如活動期間中央民意代表不得超過十五日，自辦政見發表會在先，公辦在後，且有每日場次的限制，亦不得利用電視廣告等等。

表二　臺灣地區權威機構、政治社會及民間社會的特性與評估（續）

		④國民黨過去除以黨籍限制政黨的組織與活動外，也運用滲透、分化及補助金錢（反共宣傳）的方法控制他黨，如青年黨及民社黨的活動，以達到一黨支配的目的。[17]
	(2)評估：	中等程度的權力控制。
3.民間社會	(1)要點：	①過去多年來實施戒嚴及黨禁報禁，個人自由及社會自由皆受壓制及破壞。近年戒嚴已解除，黨禁及報禁已開放，但對政府持反對意見的人士，仍會受到某些不公平的待遇。
		②社會仍流行特權。具國民黨籍的或與國民黨政要關係密切的，無論在公私立學校及政府機構，皆會獲得較好的對待。權貴子弟與官學兩棲即屬此類。
		③除前述少數社團外，社會大多團體，包括各種職業團體、工商企業的公會、勞工的工會，以及體育、救災、慈善等團體，甚至公私立學校，國民黨皆要加以控制。
		④報紙、雜誌不禁出版，但國民黨仍加影響，電視台則仍不開放，由國民黨及政府控制。
	(2)評估：	中等程度的權力控制
4.整體評估：		現代威權政治

我們對表二也有幾點說明：

1.兩個地區的政治都在變遷之中，我們的觀察祇定位在目前的階段。過去及未來皆不在觀察的範圍之內。

2.對各項要點的觀察及對三層權力關係的評估，都是針對權力的作用。在性質上屬總體性(macro)，在程度上則分為五等：極高、高等、中等、低度、全無。

3.整體的評估則分為三類：民主政治、威權政治、極權政治。

根據表二的整體評估，臺灣地區的政體為一種威權政治。我們現在可以肯定地說，流行在臺灣地區的中國式民主及革命民主，皆是不可靠的迷思，都要就此破除。

---

[17] 此兩黨的領導人士皆曾作過公開的抱怨，為作者所親聽。

五、民主政治的落差及克服

　　臺灣地區的政治既非民主，那麼怎樣才能達到民主呢？對這個問題的解答，不妨先對照前述的民主政治的要點，找到差異的所在，然後才能考慮怎樣縮短與克服，達到民主政治的實現。當然其間牽涉到若干複雜的變數，無法輕易地全盤加以掌握，包括文化的、社會的、經濟的、政治的，以及個人的等等。我們雖重分析，也祇能提供某些應然性的看法。

　　從以上各項分析，我們已可清晰地看到臺灣地區的政治與民主政治之間，在三個權力關係的層面上，皆呈現落差，至於應有怎樣的作法，才能迎頭趕上，我們仍可根據三個層面的各項重點，再列一表，逐項說明：

表三　臺灣地區民主政治的實踐

1.權威機構	(1)當政人士應放棄強人的意旨與性格，更不可依賴兩個過世蔣總統的精神感召與遺規，而以民主的程序為理性依歸，如尊重輿論的批評與監督及議會的討論與決定等。
	(2)當政人士應放棄強人政治的專權與專制，嚴格地回歸憲法。授權總統絕對權力，但不須向立法院負責的動員戡亂時期臨時條款，應加廢止；任何塑造及維持強人形象的措施及設施，皆應揚棄。法治權威的建立，應立為首要。
	(3)放棄國民黨的一黨壟斷，軍隊、司法、文官制度、監察及檢察機構皆不可黨化。要放棄黨化的特權，以改良政治及社會特權與腐化的風氣，進而建立民主政治的公平與效能。
	(4)嚴格地回歸憲法所規定的內閣制，也就是行政院有最高的行政權，但向立法院負政治責任。總統祇是虛位的元首祇發揮象徵性的作用。中央民意代表必須全面改選，任期早過的資深國民大會代表、立法委員及監察委員皆須全部退職。司法應絕對獨立，大法官必須超出黨派及政治的影響之外行使職權，以捍衛民主憲政體制。地方自治必須依據憲法的規定，省長應由民選產生。

表三　臺灣地區民主政治的實踐（續）

2.政治社會	(1)改進選舉體制，放寬選舉活動的自由；各種賄選及舞弊的行為應嚴格禁止，各政黨參選必須立於公平的地位，國民黨不可享有任何特權。各政黨內部也必須採行民主體制。
	(2)個人、群眾及社會壓力團體的參加政治活動，不應加以控制或壓制。任何人不得因參加抗爭性的政治活動，而受到任何不公平的待遇。
	(3)國民黨不得用任何滲透、分化的方法，對待其他政團。
3.民間社會	(1)不得施加對政府及國民黨持異議的人士任何不公平的待遇。更不可對具國民黨籍者，或與國民黨政要具特別關係者，給予任何特權，使在政府機構及公私立學校獲得特殊的待遇。官學及黨學兩棲必須嚴格禁止，學術應嚴格獨立，不得作為國民黨人士的踏腳石。
	(2)國民黨應徹底放棄對任何社會團體、職業公會、勞動工會以及教育、學術機構的控制。軍事人員必須退出學校。任何政黨不得在學校活動，以妨害學術自由與校園安定。整個社會不能泛政治化或泛黨化，以免窒息社會的生機。
	(3)電視台必須開禁，政府及國民黨不可加以壟斷。軍方不可經營報紙，國民黨不得對報章雜誌加以控制或影響，俾使大眾傳播體獨立自立，形成一充份具有資訊的社會。

　　以上所列的各項作法，是否有實現的可能？應如何推動才能促其實現？換句話說，我們雖找到了目標，但能否及如何才可達成呢？面對這樣的問題，如不能加以解決，作法仍是作法，不管如何分析與評論，民主依然遙不可及。解決之道，不妨先從民主條件的檢視入手。我們的看法是有一些條件有利於民主，但也有一些則不利。有利的是：

　　1.前面曾強調，民主生活是人類的目的價值。人無不需要自尊、自由、自重、自主，有如無不需要物質生活水準的提高。所以從長程人類生活的發展看，如民族的生存與自尊不受威脅，物質生活能獲得某種程度的滿足，不虞凍餒，民主生活的追求必沛然莫之能禦。臺灣地區的當政人士都有目標的論調，即數千年來，中國人的物質生活水準難得如今日的改善，人民應當感覺滿足，縱然不對政府的努力，心

存感激，至少也不應反對政府，要求自由、民主。如此做，就會破壞
政治安定，妨害政府的努力，諸如戒嚴或其他壓制的措施就有必要，
即使被說成是自由民主的惡，那也是必要的惡等等。這些論調皆昧於
民主也是生活的目的價值。人不僅是經濟的動物，更是政治的動物。
當然如何在經濟、安定及民主的價值之間取得一個動態的平衡，使皆
能有所進展，爭取更多的滿足，這的確是今日國人的重要課題，但正
如西方學者所指出的，民主國家是世界上最安定的國家，也是經濟最
繁榮的國家(Huntington 1989)。至少，我們可以說，相互之間是互補的，
而非扞格的。近年以來，民主化運動在全世界各地此起彼繼，相互影
響（如南歐希臘、葡萄牙及西班牙等國的民主化，影響到南美諸國的
民主化），東歐共產國家也是如此，波蘭團結工聯的自主與參選，匈
牙利反對黨的出現。這些皆不能不說是受到民主目的價值的牽引。

　　2.在近代史上，中國飽受帝國主義的侵略，民族自尊受到嚴重的
挫傷，而且經濟落後，社會封建。各種政治運動皆離不開救亡圖存。
國民黨革命的強調三民主義，共產黨革命的強調馬列主義，實質都含
有救亡圖存的目的。但歷史的發展則明白宣示：帝國主義的侵略已告
失敗，過去以民族主義爲訴求的民眾支持，不一定再重現於今日。國
民黨在大陸時期所建立的一黨專權，實行強人軍國主義的極權政權，
在退守臺灣後，必須易以進行經濟及社會建設作爲號召，以贏取民眾
的支持與合法性。但經濟的發展推動社會的流動，形成新興的中產階
級。澎渤的社會力則進入地方及中央選舉後，國民黨無法再加操縱，
反對勢力乃逐漸凝固、成形。國民黨曾數次壓制但不見大效，最後乃
不得不解除戒嚴、開放黨禁與報禁。臺灣的政治社會乃轉向自由化，
而國民黨也由極權轉向威權，現再度面臨轉型的衝擊，但到今日爲止
仍搖擺在前述威權政治的階段中。我們大致可以說，臺灣地區經濟力
及社會力的發展，對未來的民主化定有助力。

　　3.從政治的因素看，無論極權或威權政治皆會因長期特權的行使，領導強人的專制與人治，以及欠缺反對勢力與社會輿論的監督，必然會濫用權力，縱容效忠者與追隨者而排斥人才，導致政治能力的低落與腐化。在另一面，對政權的鞏固與維持又必須依靠權力的強制，於是白色的恐怖與紅色的恐怖常隨伴著意識型態與強人的神話而來，如再與腐化的官僚體制結合，人民在不堪忍受的情形下，終會起而抗衡，引爆政權內部的問題，而有利於政治民主化的發展。波蘭及菲律賓政局的轉變皆是最好的例子。

　　4.極權與威權皆要靠強人的領導。而強人之所以能成為「超凡人物(charisma)」，壟斷權力，控制政權，常來自歷史的條件。但這種條件實是可遇而不可求的。如歷史的條件已失，強人的正當性就會發生危機。就算仍能維持，下一代強人的產生，就不是那麼輕易，且會爆發出權力繼承的衝突。這些皆會造成體制結構的鬆動，而有利於民主化的轉型。以臺灣地區的情形看，兩代蔣總統的強人已過，繼任者能否稱為強人，以及能否成為強人，皆是問題。縱然成為強人，能否持久，更是問題。

　　對民主不利的條件也不少：

　　1.從政治文化的嚴格觀點看，我國傳統根本缺乏民主的政治文化（胡佛 1988b）。在數千年君主專制體制的壓制與籠罩下，權威文化形成，並深入到社會心理及個人人格，影響迄今仍存。現君主專制已消失七十多年，但根據我們近年來對臺灣地區政治文化的研究，一般民眾對五個權力關係指標的價值取向，仍停留在現代民主與傳統極權之間的轉型階段，頗相當於目前的威權政治。特徵是：在平等權、自主權、多元權（社會自由）、自由權（個人自由）及制衡權的五類取向中，對多元權及自由權的取向，並沒有達到文化的共識標準，而反面的共識卻可達到（胡佛 1983）。換句話說，我們的政治文化並不在

意國家機構的權力對民眾的社會及個人自由的影響，也就是對民間社會的干預。大陸地區恐也不能過此。這樣的文化類型，當然會對民主文化的推動產生阻力。

2.民主化的轉型必然會對極權與威權政治的既得利益者，造成不利。這些利益廣泛地包括意識型態與強人意旨的尊重、統治威權的掌握、人治官僚與軍隊體系的維持、一黨的支配等等。這些特權的既得利益者在反對人士的壓力下，雖可作某種程度的妥協與讓步，但也是在「兩害相權取其輕」的基本原則下，所作的考慮。以國民黨的威權政治說，早期自大陸播遷來臺，領導階層多為外省籍，但在長期不能返歸大陸的情勢下，不能不採取本土化的政策，一以爭取佔多數的本省同胞及政治菁英的支持，落實及生根在本土的合法性上；一以化解省籍的衝突及臺灣獨立的訴求，進而護持以中華民國為象徵的民族認同。多年來臺灣地區進行選舉，政治社會轉向自由化，這是一非常特殊的現象，因不僅符合反對人士的利益，也原是國民黨的需要。後來民主的要求日盛，反對黨派的勢力日強，國民黨的領導階層祇得在壓力下進一步解除戒嚴，開放黨禁與報禁。但本土化的政策發展至此，如威脅到國民黨所護持的象徵，以及對國家機構的威權掌握，也就是過去的「小忍」，不能遂其「大謀」，進一步的民主化可能會遭到阻力。

3.民主化是一反極權與威權的運動，但在抗爭的過程中，極權與威權的公權力受到抵制，作用減弱，而在另一方面，民主的權威還不能建立，甚至權威的觀念也有人為了反對而反對，如此即易造成社會的失序及觀念的錯亂，使得注重安全感的民眾傾向於舊秩序的恢復及舊公權力的伸張，而會對民主化的發展產生阻力。

4.極權與威權政權，一面掌握黨化的軍隊與情治單位，一面掌握黨化的官僚系統，而可在必要時以整體的官僚力量，甚至軍警的暴力，

鎮壓民主運動，使歸於失敗。

在比較了有利與不利的民主條件後，我們就要提出一些最後的建議：

1.知識份子最需滿足自由民主的生活價值，最能提昇個人人格作自我的實現，也最會分析情勢，提出因應的方法，所以我們要把實現民主的重擔，放在知識份子的身上，包括社會各界的，特別是學術與教育界的、大眾傳播界的、各政黨與各政府部門的，尤其是統治階層的。我們盼望所有的知識份子能挺身而出，經由教育及各種媒體，破解民主政治的迷思，戳穿極權與威權政治的神話，宣揚民主政治的真義。我們大家都要揹負民主的十字架，甘心作民主的受難者，也樂意作民主的催生者。至少不能出賣靈魂，作為壓制民主運動的幫兇。推進民主政治的第一要義在建立民主政治的文化。

2.我們知識份子要不斷地提出具體的作法：針對權威機構，針對政治社會，以及針對民間社會；而重點則在權威機構，因唯有權威機構的民主化，才能解開政治社會及民間社會的束縛，而保證民主生活的實現。這些作法我們已在前面列表作逐點的說明，其中最緊要之處則在臺灣地區的回歸憲法，大陸地區的重訂憲法。我們必須同時強調：任何政府機構，任何政治人物，任何法令規章，皆必須置於憲法之下。憲法不是政治的工具，而是目的。

3.我們知識份子必須在觀念上分清民族的象徵與民主政治的不同內涵。我們如將政治現實的獨統之爭，提昇到民族認同的象徵之爭，無論在臺灣內部的省籍之間，以及與大陸同胞之間，皆極可能產生結果不可預測的衝突，也極可能為主張民族主義的強人製造專權與專政的張本，有損於兩個地區的民主化的推進。因之，我們認為在臺灣地區應維持民族象徵的中華民國與憲法，而力行民主憲政，以影響大陸地區的民主化。雙方未來的關係則取決於民主化的實現。

六、結　語

　　民主在中國實在是一條艱辛的道路，經過近百年的困頓與挫折，我們不禁要問：民主的前途究竟在那裡呢？要解答這個問題，必先釐清若干學術上及政治上的迷思，辨識民主政治的真面目，然後才能反觀自己的政治腳步，究已走向何方，走到何處。我們為自己的政治定了位後，就可進一步找出落差，提出作法，並檢視有利與無利的條件，決定如何去克服、推進與實踐。這一探究的過程也仍然是艱辛，所提的建議也仍可能是若干主觀的寄望，但既然以民主為中國必須奮進的前途，就讓我們的探究在上面留一個腳印罷！　　（本文為時報文教基金會在 1989 年 8 月 16 日至 18 日所主辦「中國民主前途研討會」的論文，現重加修訂，略作增刪。）

參考文獻

胡佛，1983，〈結構性的政治文化：概念、類型及面向的探討〉。《中央研究院第三次社會指標研討會叢刊》，頁 1-36。

胡佛，1985，〈臺灣地區民眾的參與行為——結構、類型與模式的比較分析〉，載：《第四次社會科學研討會論文集》，中央研究院三民主義研究所。

胡佛，1987，〈憲政結構的流變與重整〉，《法學論叢》（臺灣大學法律系印行），16 卷 2 期，頁 1-32；

胡佛，1988，〈選舉漩力與政治發展〉，哥倫比亞大學與北美廿世紀中華史學會合辦「近代中國民主發展」研討會專題演講詞，（中文摘要載：聯合報，9 月 23 日）

胡佛，1988a，〈重整憲制，開拓新政〉，中國時報主辦：「迎接挑戰，開創新政」研討會論文。

胡佛，1988b，《中國人的政治生活》。載：文崇一，蕭新煌編，中國人：觀念與行為。臺北：巨流圖書公司，頁 89-112。

胡佛主持，1989，〈威權主義開創經濟奇蹟？〉，座談會記錄，載：《中國論壇》，329 期，1989 年 6 月 10 日，頁 9-26。

胡佛、陳德禹、朱志宏，1978，〈權力的價值取向：概念架構的建構與評估〉，《社會科學論叢》（臺大法學院印行），27：3-38.

頗珀(Popper, Karl R.)，1989，〈真假民主——兩大政黨是民主政治最佳模式〉，原載：《西德明鏡周刊(Der Spiegel)》，由梁景峰摘譯，載：自立早報（臺北版），7 月 26 日。

Almond, Gabriel A. 1987. "The Development of Political Development." In

Myron Weiner and Samuel P. Huntington (eds.) *Understanding Political Development*. Boston: Little, Brown.

Cheng, Tun-jen. 1989. "Democratizing the KMT Regime in Taiwan." Paper presented on the *Conference on Democratization in Taiwan*, jointly sponsored by Center for International Affairs, Harvard University, and Institute of International Relations, National Cheng Chi University, Taipei.

Chou, Yangsan and Andrew Nathan. 1987. "Democratizing Transition in Taiwan." *Asian Survey* 27(3):277-99.

Clark, Cal. 1987. "The Taiwan Exception: Implications for Contending Political Economy Paradigms." *International Studies Quarterly* 31:327-56.

Collier, David. 1979. *The Authoritarianism in Latin America*. (ed.) Princeton: Princeton University Press.

Dahl, Robert A. 1971. *Polyarchy: Participation and Opposition*. New Haven: Yale University Press.

Deutsch, Karl W. 1961. "Social Mobilization and Democracy." *American Political Science Review* 55:493-514.

Diamond, Larry, Juan J. Linz, and Seymour Martin Lipset. (eds.) 1989. *Democracy in Developing Countries*. Boulder, Co.: Lynne Rienner.

Evans, Peter, Dietrich Rueschemeyer, and Theda Skocpol (eds.) 1985. *Bringing the State Back In*. Cambridge: Cambridge University Press.

Herz, John H. (ed.) 1982. *From Dictatorship to Democracy: Coping with the Legacies of Authoritarianism and Totalitarianism*. Westport, Conn.: Greenwood Press.

Hu, Fu and Yun-Han Chu. 1989. "Electoral Competition and Political Democratization in Taiwan." Paper presented on the *Conference on Democratization in Taiwan,* jointly sponsored by Center for International Affairs, Harvard University, and Institute of International Relations, National Cheng Chi University, Taipei.

Huntington, Samuel. 1989. "The Context of Democratization in Taiwan." Keynote address delivered at the *Conference on Democratization in Taiwan,* jointly sponsored by Center for International Affairs, Harvard University, and Institute of International Relations, National Cheng Chi University, Taipei.

Lijphard, Arend. 1977. *Democracy in Plural Societies: A Comparative Exploration.* New Haven: Yale University Press.

Linz, Juan J. 1981. "Some Comparative Thoughts on the Transition to Democracy in Portugal and Spain." In J. Braga de Macedo and S. Serfaty (eds.) *Portugal Since the Revolution: Economic and Political Perspectives.* Boulder, Co.: Westview.

Linz, Juan J. and Alfred Stepan (eds.) 1978. *The Breakdown of Democratic Regimes.* Baltimore: Johns Hopkins University Press.

Linz, Juan J. 1975. "Totalitarian and Authoritarian Regimes." In Fred I. Greenstein and Nelson W. Polsby (eds.) *Macropolitical Theory, Handbook of Political Science,* Vol. 3. Reading, Mass.: Addison-Wesley, pp. 175-411.

Lipset, Seymour Martin. 1959. "Some Social Requisites of Democracy." *American Political Science Review* 53:69-105.

Lipset, Seymour Martin. 1960. *Political Man.* New York: Double day d.

Mallay, James and Mitchell Seligson (eds.) 1987. *Authoritarians and Democrats: Regime Transition in Latin America.* University of Pittsburgh Press.

Meeney, Comstance Squires. 1989. "Liberalization, Democratization, and the Role of the KMT." Paper presented on the *Conference on Democratization in Taiwan*, jointly sponsored by Center for International Affairs, Harvard University, and Institute of International Relations, National Cheng Chi University, Taipei.

Midgal, Joel S. 1987. "Strong States, Weak States: Power and Accommodation." In Myron Weiner and Samuel P. Huntington (eds.) *Understanding Political Development*. Boston: Little, Brown.

Milbrath, Lester W. and M. L. Goel. 1976. *Political Participation*. Chicago: Rand McNally.

Moore, Barrington Jr. 1966. *Social Origin of Dictatorship and Democracy*. Cambridge: Harvard University Press.

Nordlinger, Eric A. 1981. *On the Autonomy of the Democratic State*. Cambridge, Mass.: Harvard University Press.

Nordlinger, Eric A. 1987. "Taking the State Seriously." In Myron Weiner and Samuel P. Huntington, (eds.) *Understanding Political Development*. Boston: Little, Brown.

O'Donnell, Guillermo and Philippe C. Schmitter (eds.) 1986. *Transitions from Authoritarian Rule: Tentative Conclusions about Uncertain Democracies*. Baltimore: Johns Hopkins University Press.

O'Donnell, Guillermo. 1973. *Modernization and Bureaucratic-Authoritarianism Studies in South American Politics*. Berkeley: Institute of National Studies, University of California.

Pridham, Geoffrey. 1984. "The New Mediterranean Democracies: Regime Transitions in Spain, Greece and Portugal." Special Issue of *Western European Politics*, 2.

Rokeach, Milton. 1973. *The Nature of Human Values*. New York: Free Press.

Rokeach, Milton. 1979. *Understanding Human Values: Individual and Societa1*. New York: Free Press.

Sartori, Giovanni. 1987. *The Theory of Democracy Revisited*. Chatham, New Jersey: Chatham House.

Share, Donald and Scott Mainwaring. 1986. "Transitions Through Transaction: Democratization in Brazil and Spain." In Wayne A. Selcher (ed.) *Political Liberalization in Brazil: Dynamics, Dilemmas, and Future Prospects*. Boulder, Co.: Westview.

Share, Donald. 1987. "Transitions to Democracy and Transition Through Transaction." *Comparative Political Studies* 19(4):525-48.

Tien, Hung-Mao. 1989. *The Great Transition: Political and Local Change in the Republic of China*. Stanford, Cal.: Hoover Institution Press, Stanford University.

Verba, Sidney, Norman H. Nie, and Joe-On Kim. 1971. *Modes of Democratic Participation: A Cross-National Comparison*. Beverly Hills: Sage.

Verba, Sidney; Norman H. Nie and Joe-On Kim. 1978. *Participation and Political Equality: A Seven Nation Comparison*. Cambridge: Cambridge University Press.

Winckler, Edwin A. 1984. "Institutionalization and Participation on Taiwan: From Hard to Soft Authoritarianism?" *The China Quarterly* 99:481-99.

Winckler, Edwin A. 1989. "Taiwan Politics in the 1990s: From Hard to Soft Authoritarianism. Paper presented on the *Conference on Democratization in Taiwan*, jointly sponsored by Center for

International Affairs, Harvard University, and Institute of
International Relations, National Cheng Chi University, Taipei.

Wu, Nai-teh. 1987. *The Politics of a Regime Patronage System:
Mobilization and Control within an Authoritarian Regime*. Ph.D.
Dissertation, The University of Chicago.

民主文化與民主建設

目　　次	
一、政治文化的本質與層面	四、參與功能的文化取向
二、國家認同的文化取向	五、民主政治的發展
三、政治結構的文化取向	

一、政治文化的本質與層面

　　近來社會普遍關心政治文化，尤其是民主文化的問題，但是從有關的討論中，我們卻發現至少有三個方面的混淆，亟待澄清。

　　首先，有一些流行的觀念作這樣的推論：由於中國傳統並沒有民主文化，因此我們就不應也不能實行民主制度。但是抱持這種看法的人士，對於我們應走那一條道路，卻又含混其詞，並沒有提出很明晰的意見。

　　其次，也有人將民主文化視爲空洞的理想，是高層次學說理論，抽象的意識型態。那祇是少數理想主義者的口號、幻想，不是一般人能夠學，能夠行的，於是倡導民主文化不過是少數人空泛而不實的理想罷了。

　　第三，又有人主張：在目前的國際情勢下，無論是就中共的威脅或國內情況來說，台灣都沒有發展民主制度的條件。也由於這種觀念，他們認爲民主文化是不能生根，不應發展的東西。這樣一來就把民主文化看成毫無應變能力，毫無積極精神的文化了。

　　面對上述的混淆，我們已不能不加澄清，因爲這些糾結如不能解

開，便會淆惑我們發展的方向，阻梗國家前進的原動力。試想一個國家如沒有建國的理想與方向，沒有道德的精神力量，怎能夠振作奮發呢？如果人人都找藉口，安於現實，我們那有今日的一部文明史呢？個人以爲，我們對於政治文化與民主的意義，應有下面的一些認知：

第一、政治的本質乃是政治體系內所產生的權力關係，其中權力一詞，是指涉一種「能力」，內含對某種對象所能產生的影響作用。這些作用是朝向體系的目的價值，我們要完成怎樣的目的，這種權力關係，就組成某種性質的結構，進行特定的功能。譬如說，在政治上，我們的目的是眾人人格的實現，自我的昇華與完成，那麼，這個體系的結構，就必須是民主的了。也就是說，爲了人人的自由，創造與幸福，我們必須要發展民主的能力，也就是必須要開民主的礦。

第二、政治文化是政治體內的組成份子心理上的「信念」。也就是相信國家的目的，權力的結構等等是「正當的」(legitimate)、「可接受的」(acceptable)及可行、可法的一種感覺。因之，某一些政治理想或個人的人格特性都可以影響政治文化，但它們並不是政治文化的本身。這樣看來，我們一方面不能將政治文化放在少數人的理想層次來加以瞭解與批評。另一方面，更不寄託在某些人的獨特地位與作風來加以觀察與期望。相反的，政治文化是多數人在心理上對權力關係的正當取向，必須透過對多數人的經驗調查，才能加以掌握。

第三、政治文化具有層次性，我們不能加以縮減，不能打了折扣，再作推論。簡單的說來，我認爲政治文化至少可以分爲三個層面：

1.統攝性的文化：我們要把文化看成是發生控制作用(control mechanism)的動力，統攝性文化的作用就在「認同」。有了認同感，政治體系才能真正生根，雖有動搖，也不易倒覆。

2.結構性的文化：它主要的作用是作爲行爲的規範，一個政治系統如缺乏規範，系統的行爲就沒有準則，也沒有秩序。老實說，我們

今天就正處在規範轉型的關鍵時代,也就是已離開專制傳統,邁向民主法治的時代。

3.功能性的文化:亦可稱為政治過程的文化,它所產生的主要作用則是在發揮民意參與、監督及推動決策的能力。如果我們這方面的能力強,就不怕制訂不出符合民眾利益的政策。但這些皆牽涉到文化的問題,不是一、二個人或短時所能立即濟事的。

這三種文化也都是立體而非平面的,以統攝性文化為例,對國家的認同是最基礎的一層,在國家認同基礎之上,可對省、縣、鄉、鎮認同,層級認同之間不應有衝突,而應是相涵相屬的。如果有所衝突,就表示發生認同的危機。這種情況在結構性與功能性的文化,也是如此。一旦三種文化之間,或是所屬的層級之間,皆不能相涵相屬,在價值的正當感上發生種種衝突的火花,那就是內在的危機重重,體系本身就有潰解之虞,所以要判斷政治體系的穩定程度,可以經由三種文化的變動情形來加以觀察探究。

根據上述的觀念,我們曾對台灣的政治文化作了一些嚴謹的經驗性研究,我們願意提出幾點簡單的研究發現,並以此為基礎,對於我國未來的政治發展與建設提供一些建議。

二、國家認同的文化取向

首先在統攝性的文化上,我們曾製作問卷,探求大學生對國家發生感情的原因,結果最多的回答項目為「自己是中華民族的一分子」,占 53%,這表示在認同問題上,他們具有直覺的認同感。換句話說,對自己是中國人的觀念已深入到文化意識層面的底層了。認為「悠久的歷史文化」是他們對自己國家發生情感的原因者,則有 25%。再者,他們對「未來理想社會為何」的看法是:贊成「天下一家、世界大同」

的，占 17%，贊成「維持民族文化特色」的，占 38%，最多的則是主
張「建立自由民主均富的社會」，共占 41%，而主張「建立小國寡民
的型態」的，則屬少數，只占 1%。另外，我們也探詢個人與國家之
間的關係，約有 57%回答：「應問國家爲我做什麼，也問我爲國家做
什麼」，回答「祇問我爲國家做什麼，不問國家爲我做什麼」的，祇
占 35%。由以上可以發現，一般大學生對國家具有相當程度的認同，
但也是相當理性的，還要看國家的積極作爲，這個作爲，多數認爲應
是民主、自由、均富的社會。

三、政治結構的文化取向

　　再就結構性文化而言，我們用五種權力關係，也就是五種指標來
衡量，即：自主權、自由權、多元權與制衡權等取向。我們觀察的對
象包括一般民眾、公職人員、法學院學生及一般大專學生四類。在觀
察之先，並對文化發展的類型作了三項分類，即：(1)「現代的政治文
化」：是系統成員的眾數，對前面的五種基本價值皆具有積極肯定的
態度；(2)「傳統的政治文化」，是對這五種基本價值都抱著較消極的
態度；(3)「現代威權的政治文化」則徘徊在兩者之間－－一方面較不重
視個人及社會自由的基本價值（即自由權與多元權），他方對平等、
自主、制衡權則賦予或多或少的肯定。根據以上的分類，我們的假設
是：我國目前的政治文化，應屬現代威權文化的轉型發展期。而事實
的發現，除了法學院學生自由權取向較高，已接近現代的政治文化外，
其他皆是如此。

　　但經由統計的因素分析，我們並獲得一個很有意義而且很重要的
發現，那就是五種基本權力取向，祇共同受一個因素的影響，亦即五
個基本取向，在性質上具相當一致的共變關係。這項事實告訴我們：

平等、自主、個人自由、社會自由及制衡的五種價值取向，在發展上是一致的，也就是具有正面的共同關係，要高一齊高上去，無法祇要平等，不要自主，祇要自主，不要自由等等。從人性基本需求理論的角度來看，這個共同發展的情況，也告訴我們：一個國家一旦邁上民主化的道路，便不能再作倒轉民主之舉。從我們的類型資料可知，自主、平等等基本取向，已具有共識，這一共識一定會提升自由權的要求，看來這是停不住的趨勢。社會大眾只要親身體會過民主的好處，便不願放棄民主。享受投票權的人，怎樣也不想再放棄投票，我們祇能作積極的改良，決不能倒退。因此，政治權威當局如果只願給予民眾部分的民主，而保留其餘，將是心勞而力絀的想法與作法。

其次，我們的研究顯示：現在法學院學生、大專學生，甚至一般民眾的民主性都較公職人員爲高，這個現象也很值得我們注意。因爲一個國家如果公職人員觀念進步，民主性強，就會成爲國家現代化的推動者，這樣，政治系統既穩定而進步。然而，如果公職人員在推動民眾前進了幾步之後，自己又退上幾步，踟躕不前，不光是自相矛盾、迷惘，也會使國家的現代化面臨障礙。

另外，我們的研究也發現：民主與人格也是息息相關。現代性愈高的人，愈支持民主；具有權威人格的，則愈反民主。因此，要建設民主文化，必須先在人格上加強現代性的培育，否則即難奠定民主政治的基礎。這些就要看我們如何注重及發展民主的教育了。

四、參與功能的文化取向

功能性文化方面，在我們對法學院學生的研究中發現：雖然大多數的人感覺民主是正當的，是自己的理想，但在參與的實行上卻有些憂慮。以政治心理學的觀點來說，這就表示態度中的信念與行動傾向

發生了一些差距。這個差距就容易使能力感、參與感受到壓抑，由此可能產生焦躁與不信任的情緒，倘若我們不能在制度上作對應的改進，便容易發生調適的問題。再者，我們的調查也顯示：法學院學生對過去與現在民主法治的實施並不十分滿意，但他們對未來的發展，呈現審慎的樂觀態度。我想這對政府繼續推展民主，將是重要的心理基礎和支持的來源。

五、民主政治的發展

綜結而言，個人有幾點看法：

1.朝野都應認真研討台灣所面臨的認同問題，積極培養中國人的意識，消弭分離主義傾向。如果儘是為了苟安於現實，求取另一種型態的認同，政治系統勢將發生紛亂，使民主成為陪葬之物。我們必須瞭解當前政治問題的癥結並不在於民主政治本身，而在於認同的文化與規範性的文化無法作適當的調和。但我認為兩者有互補的作用。如前所述，增加認同，要能在自由民主及均富上有所建設。在另一面，有了認同，更會為國家的建設、民主的推動而獻身。因之，培養民族感情及自由民主的建設，要齊頭並進。

2.文化乃源於人類的本性，也就是基本需要(basic needs)的體現，因此，我們不能將文化作人為機械式的劃分。人類有生理、心理、親和、自尊、自我實現等等的基本需要，而民主政治正是最能滿足人類基本需要的一種政治型態。因此，我們不能以東、西文化的機械劃分作為托詞，停滯民主政治的實踐。環顧他國的歷史經驗，日本戰後實行民主憲法不過數年光景，民主政治便步上了軌道，西德雖然有權威文化的傳統，民主政治也能迅速建立規模，這就是因為民主乃是人性的需求和人的基本需要，相為呼應的緣故，所以我們應開放心胸，放

眼人性，讓人類的需要獲得共同的實現。

　　3.我們不能以現實環境作塘塞，否決發展民主的可能。我們可看看我們自己的史實，當年中國國民黨北伐，就是要以最快的辦法掃除軍閥，實行民主的民權主義。國父孫中山先生之所以提倡「知難行易」的學說，正是要告誡在行動上畏難的黨員，只要肯去做，便沒有不可成的事情。人的壽命有涯，歷史的川流卻是無止盡的，我們不能以各種理由，去阻擋沛然莫之能禦的民主潮流，我們不創造歷史，歷史將會淘汰我們。

　　4.民主國家的政治制度固然有所差異，但無論是一院制、兩院制、內閣制、總統制，都只是制度上的相異，或是「政治風格」(political style)上的變化，而不是民主政治的本質不同。因此，所謂「中國式民主」必須要具有民主的基本精神，也就是我在前面所列舉的五種基本價值取向，否則就不是民主。至於制度方式及風格上的安排，並不是不能調和的。西方是三權，我們是五權，但皆是民主啊！

　　5.制度與文化之間存有交互影響的關係，而非絕對的因果關聯。一個發展中國家必須先訂出制度的規範(norm)作為標準，甚至是先有制度再來規範文化，否則社會上便將缺乏理想及標準，極易走上徬徨的道路。個人認為；我們目前的規範就是憲法，我們不能提出與憲法相悖的所謂理論來作為阻擋民主憲政的藉口。讓我們忠忠實實的執行憲法，這是我們唯一能導引各種亂流進入主流河道的力量，又是唯一能帶來長治久安的法寶。　　（本文原載：《聯合報》，1983 年 2 月 21 日。）

科技精神與民主政治

```
目　　次
一、科技化、工業化與民主化    三、社會動員與政治參與
二、科技精神與文化          四、民主化的原因
```

一、科技化、工業化與民主化

　　要想把政治與科技在一個較高的分析層次連到一起來討論，對於我們研究經驗政治的人來講，並不是一件很輕易的事，不過，能夠試著去做仍是件很有意義的事。

　　科技的發展對民主政治究竟產生了怎樣的影響呢？西方學者討論及批評科技及工業化對社會所產生的衝擊及影響等有關的書籍，已相當多而深入，但我想談一點我個人的感受。記得在 1969 年的夏天我到美國，那時「嬉皮」鬧得很厲害，每天下午，在加州柏克萊加大法學院大廈的階梯上，嬉皮成群地聚在那兒，有一位牧師會按時前來講話，訓誡他們。那時候大家對嬉皮很新奇，我正好帶了太太和孩子經過柏克萊的加大，我就問加大的朋友：假如我們也坐到嬉皮那兒去，會不會有危險？朋友回說：美國的嬉皮不打人，你不要拿台灣的小流氓來看；不過你穿的白襯衫與西服得換一下，嬉皮看到你如此整齊會好笑。因此，我便換了件花襯衣，帶了太太和孩子就跟嬉皮坐在一起。一會兒牧師來了，開始講道，並訓斥他們，說是違背上帝的意旨，要他們向上等等。他講完一個段落，居然有嬉皮舉手提問題反駁，又討論了

起來。一個問完，一個又來，有問有答，看來很有條理。我回到住處後，朋友問我有何感受，我說：這些嬉皮很民主嘛！也很有秩序，還舉手要求發言，討論也很有理性；假如台灣出現嬉皮，情形可能不一樣，不是嬉皮恃眾欺寡，把牧師打跑了，便是來了一批警察，把嬉皮全抓起來完事。這話固然說來好玩，實際也可能錯不到那裏去。我在1970 年秋天回國，已有不少年輕人留長髮，在火車站我親眼便看到警察抓住長頭髮的，一個一個拉進派出所旁的小房屋去剪！那裏給你講什麼道理。上面談到在柏克萊加大看嬉皮的情形，後來，我去耶魯作研究，很想觀察嬉皮這樣一個運動，對於美國社會究竟發生怎麼性質的影響。看了一年多之後，我覺得他們還是在美國多元社會的原有基礎上往前走。譬如說，更平等化一點，更多元化一些，也更打破一些形式上的束縛。在學校內，我看到學生有更多的發言權，教授也較過去不看重形式。政治系中有位年輕同事，度了一個寒假回來，我竟然不認識他了，因他留了一臉的大鬍子，穿了一條舊的牛仔褲，顯得滿不在乎。我看到的變，不過如此而已。也許我的觀察相當浮淺，但是，我看不出嬉皮運動，對於美國社會的基本結構，如個人主義，多元化與民主化等等，有什麼不利的影響。如有變化，可能是進一步的推動，破除一些形式，追求更多的實質。換句話說，在科技發展及工業化的衝擊下，美國社會並不是沒有變化，不過，所有的變化，還都是在美國原有的基礎上進行。從政治的觀點看，並不是政治上變得更不民主，更趨向極權或獨裁；也不是由一個多元社會的政治結構，變為一元社會的政治結構，我覺得他們仍是在原來的民主政治的基礎上，更往前發展。我在上面所談的是想從嬉皮運動來看科技發展對美國所造成的影響，也就是要看美國目前是否真正已擺脫了過去的一切傳統，找到一條新的解決途徑。我的結論是：美國的社會縱有變化，也仍是在基本的軌道上往前走，並沒有突然造成一個方向不同的大轉變。

　　如果一定要說科技發展及工業化對社會造成基本上的大變動，那不是在目前的美國，而是在我們中國。再舉個親身經歷的例子來說，我小的時候跟一個老師學畫，那位老師的確很有名氣，但是生活卻艱苦到一籌莫展的程度；一定要跟有權有勢的人物或大商人來往，不然就沒有人會去買他的畫。由於物質生活的貧瘠，一個畫家的自尊心，有時也是很難維持的。我生長在揚州，我知道清代的揚州八怪等大藝術家，也多少是依附著當地的大鹽商的。然而，目前的情形有了顯著的改變，科技發展及工業化後，社會普遍富庶，台灣畫家的環境就好多了，既可以開畫展，又可以賣畫，更可以教畫，生活過得當然也就很好。社會的工業化，多元化，也可促使畫家的專業化，我覺得這是一大進步。最近，我常想到這一些問題，就深切感到傳統社會中，知識份子祇知追求政治上的權勢，或是依附政治上的權勢，社會在政治壟斷下，既缺乏多元價值，也不能步向平等與民主，那是一個專制而封建的社會。科技化、工業化會影響到經濟及社會結構，對民主政治多少會具有促進的功效罷！

二、科技精神與文化

　　談到科技的問題，我想最重要的還是在科技的精神。這種精神，粗略說來，大致是就事論事，注重分析，以及注重過程與理性等等。從這一點來看，一個能夠重視這種科技精神與價值的文化，對於政治的民主一定會有相當大的幫助的。民主政治的根本也是出於一種理性的精神，也是相當注重過程的。因之，民主與科技的根是相連的。五四運動時代的人，將民主與科學放在一起強調，的確是看到了我們傳統社會的根本毛病，也的確為現代中國指出了應走的大方向。

　　剛才是談科學精神的本身，但有些人談科技的發展，並不涉及精

神，而是對於科技的掌握。如當前的蘇聯共黨政府握有相當高的科學技術，他們雖然把科學技術掌握在手中，但不一定能將科學精神普化到文化的層面，他們只是把製造原子能的原理與技術抓在手裏罷了。當然，我們也要注意到，假使一個政權掌握了科技在軍事上的運用，即掌握了戰爭的契機。對內來說，反而容易統治老百姓，這樣一來，科技便易淪為極權者的幫兇了。

因此，我可以肯定地說，假如科技能夠在精神方面普化到文化的層面，就會與民主結合在一起。那麼，這個國家，一方面是民主化；一方面可用民主的方式來發展科技，使得科技的發展有一個民主的基礎與軌道。假如科技是掌握在一個極權政府的手中時，這就很危險了。我想，在這種情形，最好讓政治本身發展出民主來，使得技術精神能成為一種文化，而不淪為一種工具。

我對中國的傳統政治也有一些看法。大家談到儒家，法家種種，我讀古書的時候就發現，不管是儒家也好，法家也好，最後都是把整體政治歸結於人民的利益，也可以說，他們最終目的與最高的理想，都是愛「人」。當然，儒家較為重視價值的內化，而法家則較重視外力的強制。但是，基本上還都是注重全民的利益。我們中國傳統的政治家，或者經過科舉到朝廷做大臣的人，往往以解救民眾的疾苦為一種道德，並以之勸諫帝王，這就成為一種制衡(balance)皇權的力量。所謂「聖君賢相」，聖君固然要為老百姓，賢相也是要為老百姓，假使皇帝不為老百姓的時候，知識份子出身的大臣，他一定是要規勸皇帝，使皇帝導向於以老百姓的利益為利益。這一套政治文化，有人稱之為「民本」文化。我們認為民本文化與民主文化還有一段距離，不過，如能以民為本，也就容易往前發展為以民為主了。所以，我常感覺在中國傳統文化的基礎上，是可以進一步發展民主與科學的。

三、社會動員與政治參與

接下去我想談談我們台灣的情況。在過去我們曾經做了一些經驗的研究，現從我們的發現來看看科技對民主政治本身究竟有些什麼樣的影響。

由政治發展的理論說，有 Danial Lerner(1958)，Karl W. Deutsch(1961)等的政治發展模式。Lerner 認為經濟發展是很重要的，經濟發展可以影響到教育的普及，影響到人的知識，影響到大眾傳播，然後再影響到政治參與。政治參與普及化後，民主政治便出現了。Deutsch 強調社會動員(social mobilization)的理論，主要的指標為都市化、工業化、經濟的發展、傳播媒介的普及，以及教育的普及等等。如這些都有了相當程度的發展，便會進一步影響到政治參與的提高。

從事經驗研究的政治學者，很重視「政治參與」，我們曾經做了一個實徵性的研究，截取一段時間過程來看社會動員對於政治參與的影響如何，我們所用的政治參與的指標有兩種：第一個是投票率，第二個是競選的激烈程度，觀察的時間是從 1956 年至 1977 年，前後約 21 年。對投票率與競選激烈程度的計算與分析，所用的資料是縣市長選舉，省議員的選舉。我們用社會動員的各種指標來看以上兩種的政治參與，結果是都市化(urbanization)跟政治的投票率，政治的競爭，沒有明顯的相關。我們也看不出國民所得的增高與政治參與有明顯的相關；再看大眾傳播(mass media)，我們以多少人有多少部電視機，或多少人通多少信等來看，也看不出與政治參與有什麼相關。在另一面，我們所觀察分析的六種社會動員指標，相互皆具高度的相關，可見社會動員的整體情況，但每一個單項指標，拿去與政治參與或政治競爭相比，就看不出有一個很明顯的相關了。所以，由台灣的例子來看，

科技的發展影響到經濟的發展，由社會發展，影響到其他社會動員指標；不過，如將社會動員指標拿來看政治的發展，就看不出有很高的「相關」。

四、民主化的原因

基於我個人的長期觀察，台灣往民主的方向走，很可能除掉科技影響之外，另有兩個誘因。民主政治的本身便是一個誘因，我們很早就受到西方文化的影響，感覺到民主政治本身就是好的，民主政治是值得提倡的，這在台灣的政治發展上，是相當獨立的推動因素。也就是說，民主的倡導並非由於經濟發展有成後才有，民主的價值觀直接來自政治本身。不過，廿多年以來，選舉投票與政治競爭這一類活動，既看不出與經濟發展有多大相關，因此，我們認為政治本身便是一個誘因，不必透過經濟發展出來。

另外一個誘因是，台灣的政治發展跟本地同胞要求更多的政治參與有關。換句話說，是與省籍的觀念有關，也就是本省同胞在政治上希望得到更多權力，這在動員指標上也是看不出的。

我在前面所談投票與競爭兩個指標，都是屬於行動的層次，不算是教育價值的層次，這是我們早期的研究。後來，我們就想到政治參與指標本身可能不太好，且西方學者所用研究模式，不一定適合台灣地區政治發展狀況，因之，我們在繼續做研究的時候，把參與的概念架構改變了一下。改變之後的研究情況稍微有些不同，假如說科技的精神是重分析的，重過程的，重時間的，重體諒旁人的，這一類觀念實際就與現代性(modernity)的概念相通。在我們後來的研究中，現代性很影響及民主的價值觀。我們先後共做了三個研究，研究的對象包括大學生及一般老百姓。研究所用的現代性及權威人格量表是由楊國

樞教授所提供的，我們則製作了一個較完整的民主價值取向量表。我們的研究終於得到了很好的發現，即現代性高的人，民主的價值取向也都高；權威人格的人，民主價值的取向便低下去，一個是很高的「正」相關，一個是很低的「負」相關。根據我剛才的推論，現代性與民主的價值取向的確是有某種程度的相關性。

由我們以往的研究還可以發現：教育程度高的，他們的民主價值傾向也高，而以大專程度以上最強；反之，不識字的，則民主價值愈低。由個人經濟社會地位來看，居中上地位的，民主價值觀念最高；處於最上或中上以下的地位的，反弱。以收入的情況來看，也以中上收入的人，民主價值比較高。由職業性質來看，以學術界的人、工程師、自由商人的民主價值高，一般工農則較低。我們剛才所談到一些價值觀念，在用到參與行動的觀察時，情況又比較不一樣。我們將參與概念架構也作了一些改變，重列了一些參與的指標，我們的發現是，有「主權在民」思想的人，參與的程度便比較高，其他的民主價值，如自由權等則影響不大。至於收入、社會等等因素，經實證的研究，與政治參與的關係也不太明顯，所以我們單看參與行動，除掉經濟與工業化的原因之外，還有其他的原因存在其間。民主政治本身是一個原因，地域觀念也可能是一個原因。

最後，我再重覆地說：希望科技受到民主制度的控制，能為民主制度所用。我們也希望科技的精神充分與民主的精神結合，如此，民主的社會則更能具有深厚的基礎，這便是我們對未來所抱持的最大希望。　（本文原載：《中國論壇》，第 13 卷，第 2 期，1981 年，頁 44-47。）

參考文獻

Deutsch, Karl W. 1961. "Social Mobilization and Political Development." *American Political Science Review* 55:493-514.

Lerner, Danial. 1958. *The Passing of Traditional Society*. New York: Free Press.

臺灣與南韓民主化過程中的國際面向分析

```
                         目　　次
一、理論上的考量要點              向觀察
二、比較觀點下的南韓與臺灣    四、臺灣民主發展的國際面向觀察
三、南韓民主化過程的國際面    五、結　語
```

　　今日所有從事民主化研究的理論學者已經逐漸認識到，國際作用的分析是理論研究中一個不可或缺的部分(Hungtington 1991, Linz and Stepan 1993, Schmitter 1991, Pridham 1994, Diamond, Linz and Lipset 1995)，任何輕率地嘗試將國際因素劃歸為次要或是附屬的影響變數，所進行的類型化研究，均是太過簡約化的作法(Share 1987, Karl and Schmitter 1991, Highley and Gunther 1992)。然而正如 Geoffrey Pridham 所指稱，大部分的類型化理論乃是以民主轉型的模式與成果為判準，企圖彰顯出國內勢力所具有的決定性解釋力量與其預測的效果(Pridham, Herring and Sanford 1994)。雖然近來學術界已經明顯地嘗試填補此一研究上的空隙(Schmitter 1991, Linz and Stepan 1993)，然而，他們的研究標的卻仍侷限在南美、南歐，與東歐等地區，而明顯地忽略了東亞。[1] 因此在本論文中，我們將針對兩個東亞的新民主化國家--

---

[1] 但也有一些顯著的特例。如：Huntington(1991), Diamond、Linz 與 Lipset(1995)。

南韓與臺灣，從事實證分析，以填補前述遺憾。

一、理論上的考量要點

　　近年來全球政治、經濟，與意識形態的情境變遷，對南歐、拉丁美洲、東歐，與前蘇聯等地的民主轉型過程，均提供了高度的支援助力，而這些助力卻是在第一波甚至第二波民主化浪潮中所罕見的。這些外在或是跨國性的勢力之所以能在第三波民主化風潮中，持續扮演如此廣泛的角色，其理由可有數個。[2] 首先，自由民主已然成爲全球意識形態體系中最具優勢性的正統典範。Juan Linz 及 Alfred Stepan(1993:77-81)就指出，民主理想乃是當代精神之所繫(zeitgeist)。截至 1970 年代末期，雖然回教世界部分地區已有有基本教義派的復甦，但環顧全球，民主仍然是政治體系中最重要的意識形態典範。在全球一片大力鼓吹民主化的風潮之下，此一空前未有的歷史情境產生了擴散效應，對現存的獨裁政權施壓，並且能放手一搏，而成功地轉型至民主政體。

　　另一個相關的發展是，自 1960 年代中期開始，一連串由國際體系中最具影響力與權勢的行爲者所主導的政策改革，也積累出多重的壓力與誘因，從而不斷地啓迪民主。以往，天主教廷經常包容各獨裁政權，甚至賦與其政權上的正當性。但在若望保祿二世繼位後，教廷則

---

[2] 本文的意思並非指稱國際性因素在第一波與第二波民主化浪潮中缺乏重要性。事實上，在早期的民主化浪潮中，外國勢力的介入常常是政體轉型結果的決定性因素。只是第三波民主化浪潮的特徵即在於外來勢力影響所及的廣泛性與持續性。Huntington(1991:35)即曾經指出，在前兩期的民主化浪潮之中，不論是國內因素或是國際因素，均曾各自在推翻威權統治的過程中扮演著關鍵性角色，但兩者卻不曾同時運作互動過。

改採反對獨裁政權的立場(Huntington 1991:77-78)。以往先進民主國家
對於是否要將民主體制推廣至各國,也一直抱持著模稜兩可的態度,
更視之爲策略性利益的考量,而支持獨裁政權,甚至助其推翻民選政
府(Diamond, Linz and Lipset 1995)。此一情勢自 1970 年代晚期,開始
有所轉變。從美國卡特總統以人權作爲美國外交政策的主要基調開始,
美國即持續地對外國增強民主化的壓力與協助。歐洲共同體於 1970 年
代晚期也開始改變其會員政策,並於 1980 與 1990 年代間,持續有力
地贊助東南歐地區的民主發展(Pridham 1994:23-25)。最後,由於戈巴
契夫在蘇聯全境推行改革政策,並放棄布里茲涅夫的教條主義,因而
開啓了境內各共和國的民主化大門。

　　第三、近年來傳訊科技上的突飛猛進,對於第三波民主化的發展
亦具有極大的意義;特別是它縮小了時空的距離,更打破了國內外地
域的區隔。由短波收音機、衛星電視、傳真機與電腦網路等傳訊工具
所合力建構出的世界,已大幅地削弱威權統治者掌控境內外資訊流通
的能力。更重要的是,傳訊科技的發展擴大了示範效果,並加速了「滾
雪球的效應」(snowing balling process):任何一個成功的民主轉型範例,
均可立即爲他國,特別是另一個文化近似且鄰近區域的國家所仿效
(Huntington 1991:102)。因而在全球政治家、知識份子與眾多民眾的心
中,深植出一場世界性的民主革命意象。透過現場轉播,各類引人注
目的民主抗爭與獨裁迫害事件,迫使工業先進國家不得不將偏遠地區
的人權議題,納入其外交政策議程,並且獲致世界各國的重視。這些
發展在以往都是不可想像的。

　　儘管要在國際環境中找出這些有力的影響情境,並不困難,但是
想析論出這些環境因素對民主轉型過程所產生的實質作用與影響,卻
必需同時從理論與實證兩方面全力以赴,方可爲之。因此,到目前爲
止,只有少數論著可以完整而有系統地詮釋各類不同形式的國際行爲

者與勢力，爲何且如何地對於不同國家，在不同的時空遞移的轉型歷程中，發揮出各種不同程度的效應。這都是因爲國際環境在本質上具有相當的複雜性，特別是由此產生的因果效應，乃是由各國以一種無從預測的方式運作(Schmitter 1991)，所以這些國際環境因素，均難以從表象上明顯辨認，遑論其易爲國內的結構因素所掩蓋掉。因此，國際環境的因素雖然重要，卻不足以主導民主轉型的歷程。許多潛藏於結構中的影響因素，只有在特定情境中方能突顯出來。也唯有透過全人類的努力，以及各類政治勢力的策略性互動與政治上的領導及判斷，民主轉型方能確實地獲致進展。因此，爲了釐清這些結構、制度與相關選項之間的關聯性，我們必需找出所有變遷過程中的行爲主體與關鍵要素。

　　爲了排除前述各項理論與實證上的困難，我們首先必需由三方面著手。第一，正如 Pridham(1994:11)所言，我們必得解析出涵蓋於國際環境中的各項變數，其中包含許多不同的國際行爲者、國際體制與情境變數等。這樣有助於釐清：(1)背景或環境變數，(2)不同的國際行爲者，以及(3)外來勢力的運作形式與發展方向。其中所謂的背景變數，至少包含：地緣政治的策略發展態勢、國際經濟的動態變遷、急速變動中的強權結盟形態，以及某一國家在更動外交政策後所引發的各類壓力等。國際行爲者則指涉國際組織、外國政府、非官方的國際行爲者與無特定國家認同的族群團體。至於外來勢力的運作形式則涵蓋了許多的可能態樣，諸如從各類詳細的企畫乃至於無從測知的作用力（如市場力），從強制性（如侵略或占領）到勸誘性的策略運作，以及從地下運作乃至於訴諸檯面上的顛覆活動等可能。然而，並非所有的外來勢力對於國內的民主變遷，都可以產生正面作用，有一些對民主化也可能產生負面或是阻礙的效果。

　　第二，我們必需解讀國際因素與國內變遷過程之間互動的動態連

結過程。這些連結模式或許是以常設性的國際條約與協定、國際組織、安全協定等方式呈現，也或許是國際借貸與捐助、經貿關係、海外移民，以及教育、宗教與文化的聯繫，又可能是國外傳播媒體的資訊消息、各行為者針對區域性議題的歧見，以及國際間的種族問題等等。這些連結模式界定了國內結構中的行為者對外來勢力的認知與感受，甚至因而必然地呈現出國內結構的弱點。最重要的是，它們制約了國內行為者對國際行為者與外來勢力的認知與期待方面的預設立場，從而決定了國內行為者將國際面向考量納入政策考量的程度。

　　第三，我們應針對各國實例建構出一個過程導向的實證性分析；在這個研究架構中，透過區域內外國家的比較研究，確實地認知國際因素對國內政權轉型所發揮的實質影響。

　　從而，我們方可以下列兩個步驟從事個案研究。首先，我們可基於區域性的比較研究方式，提出一些細微的前提假設，據以從事南韓與臺灣這兩個亞洲新興工業國家在民主轉型過程中的國際面向分析。其次，則詳加檢視兩國政體轉型的動態歷程。就區域性的比較研究而言，我們將特別強調此二國發展的近似特徵，並以此與世界其他地區的民主轉型個案作一比較。至於在個案研究上，我們則將致力於舉出區域內部的差異性與各國的特殊歷史情境。

二、比較觀點下的南韓與臺灣

　　國際因素的影響作用，可歸納為以下五種主要類別：(1)示範效果，(2)透過主要貿易夥伴的政策與市場力作用所產生的外在經濟誘因、限制與國際情境的效果，(3)經由理念傳播、多國籍組織的贊助，以及美國貿易政策等的多方滲透下所產生的全球性經濟自由化趨勢的影響，(4)跨國行為者的角色，以及(5)源自分裂國家的歷史遺緒(legacy)所產生的

多面向意涵。

　　我們首先可以發現，所謂的「民主化傳染風潮」(democracy by contagion)在東亞國家並未激起太大的回應(Schmitter 1991:18-19)。與東歐國家的轉型個案相較，無論就其地理位置與威權體制的崩潰時機而言，南韓與臺灣在政體轉型的最初階段，並未受到雪球效應的影響(Pridham 1991)。由於地緣距離太過遙遠，無論是南歐或是拉丁美洲的轉型事例，均無法對臺灣的國民黨政權或是南韓的全斗煥政權發揮任何實質的示範效果。甚至，當蔣經國於 1986 年底決定包容民主進步黨的成立，並隨即宣稱中止戒嚴和解除多項經年的政治限制，以表示將結束長期的威權統治時(Chu 1992:38-44)，除了日本是東亞地區唯一穩定的民主政體外，即使是菲律賓馬可仕政權的崩潰，亦無法證明東亞地區將邁向全面的民主化。1986 年 2 月馬可仕政權的崩潰，確實激起了韓國漢城人民對「民權」的渴求，從而促使反對黨擬定步驟，組織群眾運動，以迫使軍政府從事徹底的改革(Bedeski 1993:62-65)。但是韓國的民權運動也不足以產生足夠的擴散效果，1987 年中的漢城政治危機，對於臺灣或東亞其他國家的政體轉型過程，並無顯著的影響。儘管在 1987 年的下半年間，由民進黨所組織的街頭運動如風起雲湧般的興起，但是從 1987 年底到 1988 年初，由國民黨主導的政治改革步調，卻主要是源自內部的繼承危機，始推動而成(Chu 1992:102-109)。因而，我們可以得知，前社會主義集團在 1989 年至 1990 年間的民主化浪潮，以及南歐與部分南美國家的民主化進展，的確構成了一個全球性的風潮，強化了南韓與臺灣兩國民主勢力的信念，從而有力地協助兩國完成其民主轉型。但由於東亞大部分地區仍未受此民主風潮所及，故整個政治情勢仍然是有利於兩國的威權統治的(Diamond, Linz and Lipset 1995)。

　　其二，在不同的新興工業化國家的民主轉型歷程中，各類的外在

經濟誘因與限制所能發揮的效應，也有著極大的差異。例如歐洲共同
體對於東歐或是南歐國家，以加入會籍所可以期待的利益誘因吸引之，
有效地以民主體制主導其政局發展。然而在東亞地區卻缺乏任何多邊
性組織、或單一行爲者，可以扮演近似歐洲共同體的角色。1980 年代
間，美國與日本一直是南韓與臺灣兩國最重要的貿易伙伴，但由於這
兩國首重其地緣戰略與商業上的利益，故極力地避免運用其潛在的強
勢經濟力量，促進南韓與臺灣兩國的民主改革。因而，即使是臺灣在
1979 年間曾經發生高雄事件，南韓亦於 1980 年時爆發光州事件，兩
國的最惠國待遇亦未因此而受剝奪。除了某些與勞工實務以及與工會
法相關的項目之外，美國也未曾將人權議題排定於與南韓及臺灣兩國
的雙邊貿易協商的議程之上。但是從 1990 年代初期開始，由於南韓與
臺灣對東南亞區域內的非民主國家、或半威權統治國家的雙邊貿易量
激增，相對地降低了對美貿易的依賴程度。[3] 因而，在南韓與臺灣兩
國最具關鍵性的政體轉型期間，美、日兩國發現，區域或國際性經貿
關係的重大進展，並不必然需以政治上的民主化爲前提。[4]

---

[3] 1980 年代初期，南韓與臺灣兩國各有將近 40%的總出口量，必須仰賴美
　國市場的消納，但隨著兩國在東亞區域內部的貿易量躍升至兩國總出口
　量的一半以上，從 1993 年起，兩國對美國的出口量降至 25%左右。參見
　Chu(1995)。

[4] 至於美國國會則在推動南韓與臺灣的民主改革上，扮演了相當重要的角
　色。在眾議院外交事務委員會亞太小組委員會主席索拉茲(Stephen Solarz)
　議員的關切下，臺灣的人權紀錄一再地被提出深究。1987 年 6 月，眾議
　院通過一項不具約束力的決議案，要求國民黨加速政治改革的步調，並
　且舉辦全國性的民意代表改選。另一方面，當 1987 年中漢城危機發生之
　時，也有數位美國參議員提案(S.R. 1392)要求對南韓施以經濟制裁，直
　到其開啟民主大門爲止；提案中所建議的制裁措施，包括中止南韓工業
　製品所享有的普遍化優惠關稅制度的優惠，以及美國政府不再對投資於
　南韓的美國公司提供政府保證。參見：Kim(1987)。

　　更重要的是，南韓與臺灣不同於大部分的拉丁美洲與東歐諸國，它們之所以進行政治開放並不是起源於任何重大的社會經濟危機，或是遭逢國際市場震盪的風險。此外，在兩國的民主開放時期，民間也未提出廣泛的社經革新需求(Chu 1992:30-32)。與同等工業化時期的拉美國家相比，南韓與臺灣由於以體制主導經濟發展計畫，故獲得了極廣泛的社群支持。換言之，由兩國的舊威權政體所採行的出口導向工業化策略，不但極其有效，更已高度地建制化(Haggard and Kaufman 1995)。無疑地，南韓與臺灣藉由快速的工業化與強勢的經濟成長，累積了廣泛的社會與政治的動員能量，從而促進了兩國在 1980 年代末期與 1990 年代初期時所進行的民主轉型(Tien 1989, Hu and Chu 1992)。然而，這項經濟策略上的遺緒，卻也在許多方面成為限制兩國民主轉型歷程的阻力。[5] 單就國際面向的觀點而論，兩國在民主轉型的初期，排除了各類經濟因素的影響，諸如受限於海外經濟援助的條件制約，或是經濟轉型上的協助等。然而，國際間市場的作用力，依舊對於南韓與臺灣兩國的反對勢力的策略運作，產生了一些難以捉摸的負面的影響。在出口導向工業化政策的運作下，新興工業化國家的總體經濟需求，必然受制於國外經濟實體的需求而定，但是國外的需求卻又高度繫於國外經濟實體是否可以預測國內短期間的政治態勢而定。任何一國只要出現些許社會或政治上的騷動，數以億計的外國訂單極可能就因此喪失，而為其他的新興工業化國家生產者所得。因此，除了先進工業部門的投資者只重視能否預知長期政治情勢的發展外，大部分的出口導向部門中從業人士的經濟利益，均繫於長期，甚至是短期間

---

[5] 這是基於一項針對在民主改革過程中，出口導向工業化政策對於執政者與反對勢力的選擇策略所產生的限制效果研究而作出的全面性分析。參見：Chu(1992:30-32)。

的政權穩定與政策發展的可預期性。因而，東亞國家之間激烈的經貿競爭，以及前述的殘酷現實，對於反對團體的政治策略產生了相當大的侷限性。除非人民確信激烈的政治抗爭可以迅速得到具體的成果，否則引發群眾動員，並造成長期政治騷動的民主抗爭，是很難獲取廣泛的民眾支持。

　　其三，與第三波民主化風潮同生的全球性經濟自由化趨勢，不但直接導致全世界社會主義政權的崩潰，對於南韓與臺灣兩國的民主轉型，也發揮了出乎想像的正面效果。整體而言，這股新自由主義浪潮在結合了許多相關機制後，已經逐漸解構原有的「發展國家」(developmental state)(Johnson 1985)，重創支持固有政權的「發展主義者」(developmentalist)聯盟，並促成一個更具有自主性的民間部門的出現(Moon 1994, Chu 1994)。以南韓為例，全斗煥政權在最初五年間所實施的第五個經濟與社會發展五年計畫，本質上即是新自由主義的表徵。透過接受美國教育的本土經濟學者與世界銀行及國際貨幣基金諮商人員的大力協助，此一計畫展現出貨幣主義學者的經濟管制理念(Haggard and Kaufman 1995)。但是這些強調要恢復經濟穩定、增強國際競爭力，並且企圖贏取沈默大眾的政治支持的經濟改革措施，卻引發了農民、工人與民間企業部門的反對與不滿。原本共生共存的「國家--企業」關係，如今已不再順暢，彼此間更是爭議不斷(Moon 1994:145-52)。由於此項經政措施不獲民心，終於導致執政的民主正義黨於 1985 年國會選舉中挫敗，預示了第五共和的結束(Bedeski 1993:62-63)。

　　在此同時，由於在 1980 年代後期美國國內要求調整貿易政策的政治聲浪已日漸升高，美國貿易代表署因此挾著「1986 年貿易法案」(1986 Trade Act)的利器，對南韓與臺灣施予強大的壓力，迫使兩國進行全面的貿易自由化，並解除金融規範的限制(Chu 1995)。對南韓與臺灣而

言，這類由外國勢力所推動的經濟改革，不但剝奪了國家官僚掌控民間企業發展的能力，更侵蝕了國家官僚體系裁定分配「經濟租」(economic rent)的權力。結果這些國際性的政策變遷，一方面削弱了舊政權的政治基礎，另一方面也解放了企業部門，使其不再必須宣示其政治上的忠誠度，而得以脫離執政菁英的掌控。

　　在促進南韓與臺灣的民主開放歷程中，數類跨國行為者均扮演著不可忽視的角色。例如，除了學生之外，南韓的民主勢力便與許多國際間的非官方組織形塑出不同的跨國聯繫網絡，其中尤以教會團體最為積極。而在臺灣，長老教會也持續地對政治異議份子，提供精神與物質上的雙重支持。在兩國實行威權統治的期間，若干激進的國際人權組織，如亞洲觀察(Asia Watch)與「國際人權特赦組織」(Amnesty International)等相關團體，均嚴密地監控兩國所發生的政治迫害與蔑視人權等情事，從而喚起全球對於兩國民主運動的關注。其他的非官方組織，特別是「亞洲基金會」(Asia Foundation)，則在兩國的自發性民間社會的發展初期，提供了大量的協助。此外，無論是南韓或是臺灣內部的民主勢力，均受到海外，特別是美國僑民團體的大力支持。這些僑民團體一方面努力地與國內反對勢力的政治領袖與反對團體，建立緊密的聯繫，並對國內提供精神與物質的雙重支持，他方面則積極遊說美國國會與行政部門，深盼美國能對此二國採取更果斷的人權政策。

　　最後，這兩個民主化案例的最主要特徵，既不是因為它們都是東亞國家，也不是因為它們均屬於新興工業化國家的一員，而是在於它們都繼承了分裂國家的遺緒。在釐清分裂國家所蘊涵的特質與意義，以及這項特質對民主轉型所產生的制約性影響之前，我們應先審視另一項制約條件，也就是「國家的統一與國際社會所公認的領土疆界，

乃是邁向民主化的先決要件」(Rustow 1970)。[6] 但是對於分裂國家而言，這個民主發展的制約性背景因素，在定義上卻存有著極大的爭議。

　　分裂國家的現狀產生了許多的連結機制，而這些機制也使得政權的穩定性高度受制於外來勢力的運作。首先在冷戰情勢下，朝鮮半島的割裂與臺灣海峽兩岸的分隔，都是東北亞地區勢力配置的一環(Cumings 1984)。冷戰時期，南韓與臺灣各自面對著來自共產敵對政權立即的軍事威脅，因而高度仰仗美國強權的防衛協定，以維繫其政權的存續。美國在南韓的「前進基地」(forward base)與「中美協防條約」(Sino-American Mutual Defense Treaty)，以及後續較不具保障效用的「臺灣關係法」(the Taiwan Relations Act)，都在兩韓與海峽兩岸間發揮了穩定的功效。因此，由於兩國政權當局者必需具備能力，以防範敵對的平壤政權或是北京政權的統一野心，方得有效執政，故而兩國政權的穩定性，均受制於此一區域內各主要強權的結盟策略與國際體系中任何的結構性變遷等因素。因此，無論南韓與臺灣兩國的現行政權是威權，或是民主政體，美國均可以優勢的彈性外交策略，操控其運作。

　　其次，在分裂國家的狀態之下，任何的民主轉型都必需擔負敵對政權進行干預的風險。而政體轉型的意涵與結果的不確定性，尤其是國家統一遠景所引發的民間反應，以及對國際政治秩序所蘊涵的動盪效應，也都可能激起敵對政權的過當行動。

　　第三，對於南韓與臺灣而言，分裂國家的現狀更突顯出國際成員對政權正當性的重要影響。由於兩國在領土疆域上只具有暫時的宣示效力，因而其主權地位無法獲致國際社會法制上的完全承認。二次大戰後，南韓與臺灣投注了大量時間與其敵對政權競逐各國的外交承認，

---

[6] Robert Dahl(1989:207)也假定，國家是否能就其合法治理的疆域結構獲致國際間的認同，乃是民主體制得以建立、存續的先決要件。

以及在主要國際組織中的唯一外交代表地位。因此，外交政策的成效
便直接有力地影響到政權的存續。外交上的孤立，極有可能削弱現存
政權的正當性，但若贏得國際社會的承認，則可以強化政權鞏固的力
量。這也就意味著在政體轉型的過程中，國內的各個行為者在進行政
治策略的採擇時，必得納入國際面向的考量。

　　在南韓與臺灣內部鞏固民主的過程中，分裂國家的現況也造成了
許多潛在的嚴苛挑戰。首先在國家結構上便造成了一種模糊性。任何
一個政治實體中，只要在內部出現國家認同與國土結構的激烈衝突與
爭議，其民主體制便無法鞏固(Linz and Stepan 1993:10-11)。前南斯拉
夫出現的混亂局勢與屠殺便是一個明證。「國家定位」的議題，也使
得兩國內部無法就憲政體制的發展達成共識。一個避開此種爭議的可
行辦法，是藉由國際間的多邊承認，以及與敵對政權之間的相互協定，
將兩國當前的國家分裂情勢，予以法制化；而此一辦法是否能夠達成，
將對國內的民主發展前景產生深遠的影響。

　　此外，由於國防安全上的顧慮，長期以來，南韓與臺灣均以軍事
與安全體制主導行政體制的運作。來自敵對政權的長期軍事威脅，以
及國內由共產黨支持的暴動，為兩國提供了一個合理化的基礎，使得
以維持一個龐大的軍事安全體制，並可藉此干預行政事務。兩國社會
由於深具此項軍事化特質，因而為威權政體創造了有利的政治環境，
且為了維護國家內外的安全，「新專業化主義」(new professionalism)
的需求，更賦予軍隊一個樞紐性的角色(Stepan 1971)。正如同拉丁美
洲國家的先例一樣，如何去除掉南韓與臺灣內軍事安全體制的政治性
色彩，將是成功鞏固兩國民主體制的最主要挑戰。如若無法除去軍安
體制在憲政制度上的特權地位，並根本重整軍事與行政部門間的編制
關係，所謂的新民主是無法鞏固的。

　　為了實際釐清分裂國家的眾多遺緒，以及相關的地緣政治形勢對

兩國政體轉型的影響，我們將採行一種過程導向的實證分析。在以下兩節，本文將分別詳細檢視南韓與臺灣在政體轉型歷程中，國內外行為者複雜的互動模式。本文並將指出，雖然臺灣與南韓在國際體系中，有著相同的處境，但是由於兩個分裂國家的形成原因根本地不同，故而與南韓的轉型經歷相較之下，分裂國家的現況，對於臺灣的民主轉型努力，產生了更強的抑制效果。同樣地，冷戰結束後所引發的政策性混亂，也對兩國的政體轉型，發揮了絕然不同的影響。

三、南韓民主化過的國際面向觀察

　　南韓的國內政治動態始終與國際環境的變動，息息相關。自從 1945 年獨立之後，南韓經歷了諸多不利於民主發展的歷史變遷創痛。日本殖民時期的遺緒、國家的分裂與蹂躪國土甚深的韓戰等，無一不削弱戰後南韓的政治發展基礎。更甚者，例如與北韓的軍事對峙所導致的不安全感，以及國內普遍的貧窮與低度發展，亦成為威權政體統治的成長溫床。但在此同時，來自國際社會的認同與國際資訊的傳遞，以及國際社會團體勢力的進入，依然對南韓政治發展的本質與方向發揮一定的作用。故而 1987 年的民主轉型絕非是一突發事件。

（一）民主轉型的過程

　　有些人將南韓進行民主轉型的原因，歸結為南韓社會的結構性重組。這一發展的過程，一方面強化了民間社會的政治力量，也擴大了人民從事政治運作的空間。甚至，全斗煥的新保守主義式的改革，更塑造出一種政治情境，使其不須藉由任何團體的支持，即可成為政治領袖(Seong 1993, Moon 1989)。其他人則從文化的領域中，發掘出決定

民主開放的因素。施行了三十年的現代化與社會革新，已經改變了南韓的政治文化，人們也已逐漸認同民主的價值，從而反抗威權統治。在上的領導班子只得作出折衷的選擇(Choi 1993, Im 1990, Moon and Kim 1995)。1987 年的民主開放，即是全斗煥政權受到反對團體及文化變革的箝制，所做出的折衷選擇。但是在此同時，我們也不應該忽略了外在因素對南韓民主開放的重要影響。

來自北方的軍事威脅與國家安全的實質考量，一直是南韓軍隊用以介入文人政治與實行威權統治的主要藉口。然而，國家安全已不再可以成為軍人干政的藉口。1986 年後，國際間與區域性的安全體系均被根本地重組，戈巴契夫的改革開放政策，為美蘇兩大霸權國家之間的敵對態勢，畫下了句點。中國大陸也因為正加速推動經濟上的門戶開放政策與經濟結構的改革，無暇對朝鮮半島施以嚴重的軍事威脅。更重要的是，來自於北韓的軍事威脅也減輕了。南韓對北韓所採行的地位對等政策，長期以來美國對南韓在安全上的保證，以及北韓在經濟發展上的停滯與在外交上的被孤立，都形成南韓民主轉型過程中最有利的安全情境。因此當權者與軍方都無法再以國家安全的理由，否定民眾對於民主革新的需求(Moon and Lee 1995)。

與此同時，來自於美國的壓力也非常重要。對於南韓的民主政治，美國的立場一直是搖擺不定的。儘管美國一再宣稱維護民主的決心，但仍常放棄前述堅持，轉而支持南韓的威權政體。南韓於 1961 年所發生的軍事政變，以及 1980 年全斗煥的接掌政權，都是最好的例證。由於美國一方面受到外交上的限制，不得介入南韓國內政治，在實質利益上又希望南韓政局穩定，因此限制了美國的權力運作，而難以防堵威權統治的可能性，並主導民主改革。然而，在 1987 年間的民主轉型中，美國採取了截然不同的立場。早在 1987 年 2 月 6 日，美國亞太事務助理國務卿席格爾(Gaston Sigur)對南韓發出了一項嚴正的警告，強

烈敦促全斗煥政府必需塑造出一個「更加開放、且更具正當性基礎的政治體制」，以強化美韓雙邊關係。他更強調政府文人化(civilizing)的重要，並促請南韓軍隊回歸維護國防安全的「原始使命」(primary mission)(Sigur 1987)。5月，國務卿舒茲(George Schultz)訪問漢城，傳達華府對於南韓民主革新的支持之意，並表示全斗煥總統應致力於和平解決修憲爭議的僵局。雖然如此，南韓的政治情勢依舊每況愈下。正當 1987 年 6 月 18 日暴動已達頂點時，美國雷根總統致函全斗煥，敦促其避免使用軍事鎮壓示威群眾，並且與反對黨恢復對話，以期逐步地建立完全的民主政治(Niksch 1987)。6 月 23 日雷根再派遣席格爾至漢城觀察政治情勢，以求找出危機解決之道(Kim 1987, Han 1988)。而美國國會更對南韓執政當局施予強大的壓力；參、眾兩院均通過決議案(H. Cong Res. 141/S. Res.241)，呼籲南韓朝野恢復協商對話，討論修憲議題，以促進南韓政治體制的民主化。

　　雖然南韓的民主成就，在本質上並非是由雷根政府與美國國會的雙重壓力所指揮得出，但此種壓力卻有力地迫使全斗煥作出妥協。美國此次所以堅定支持南韓的民主政革，主要是基於兩個理由：第一，支持南韓的民主改革可以消弭廣大南韓人民心中，因為光洲事件、美國對全斗煥政權的扶持，以及美韓雙邊貿易摩擦所產生的反美情緒。第二，美國的外交政策也正進行一場深遠的變革，菲律賓馬可仕政權的敗亡，給予美國一個深切的警惕。美國終於認知到，以維持現狀之名而盲目支持一個貪污的威權政體，對於美國的實質國家利益，未必有益。雖然南韓的政治情勢不同於菲律賓，但道理仍是相通的。

　　如果說美方的壓力有效地抵制了全斗煥對民主開放的抗衡，則1988 年漢城國際奧運會所引發的政治效應，則對執政當局中的強硬派，構成另一個重要限制因素。全斗煥政權一直認為，主辦 1988 年漢城奧運會，乃是其最偉大的外交成果之一。但是 1987 年後，各地發生

的民眾示威衝突，卻反使全斗煥政權陷入困境。倘若全斗煥政府以強制性的措施，平息民主運動，將嚴重地損及全斗煥政權在國內外的形象，從而引發國際間抵制參與奧運的可能性，這是全斗煥政權最不願見到的情況。因此對於全斗煥而言，妥協安撫國內的政局，乃是其最明智的選擇。如果全斗煥僅為了尋求眼前的勝利，而採行軍事措施鎮壓民主運動，無疑將危及其政權的永久存續。

　　正當軍事安全情勢、美國壓力、以及漢城奧運所帶來的強大政治效應，有力地防止南韓執政當局強勢鎮壓民主運動之時，來自國外的資訊與理念則從社會底層結構根本地改變政治社會化的模式，並且形塑出另一股政治壓力。事實上，南韓也趕上了第三波民主化浪潮，其中最明顯的特徵就是南韓人民已經逐漸認知到南韓政經領域的失調。南韓的經濟雖有成就，但政治體制上卻是處處缺失。從 1980 年代中期開始，南韓無疑地已經是中等收入國家中的佼佼者，但是民主發展的步調卻未能迎合經濟上的成長，南韓成為一個「經濟先進，政治落後」的國家。腐化已極的國家形象，終於點燃了人民企圖改革的怒火。這主要是因為南韓人民雖然在經濟領域已然超越北韓，但他們更期盼在政治體制上也能較北韓先進，從而彰顯出南北韓在國家形象上的優劣歧異。透過南韓民眾的政治自覺，特別是中產階級，化被動為主動地支持南韓的民主化，南韓人民終於證明了南韓政府的確較北韓更具有正當性基礎。

　　除了前述原因外，其他國家所發生的政治革新也加強了南韓人民的不滿。阿根廷、巴西、智利等地的政治都促使南韓人民，特別是知識份子，將國內情勢與各國對照比較，並因此重新認知民主政體所能帶來的實益。而菲律賓馬可仕的下臺，則對南韓造成最直接的示範效果。透過電視的轉播，菲國人民的動員力量與馬可仕的下臺，在南韓人民心中雖然造成一時的衝擊，卻留下深遠的影響。這個影響使民眾

確切地了解到，南韓人民並非一定只能在麵包與選票之間二擇一。經濟上的成果與政治上的革新，並非是不能同時獲致的，而民主改革也不再是一個遙遠的理想。南韓群眾的力量因此被激盪而出。

　　前述種種的認知與印象固然可以動搖南韓人民的意念，卻仍不足以點燃民主運動的火花。為了動員民眾投注民主大業，適當的理念引導與組織的力量是不可或缺的。1980 年代中期，在南韓的民主運動圈子中，充滿著各種源自正統馬克思主義、新馬克思主義，或是依賴理論的新興意識形態與知識論辯。借助於這些外來的理念，民運人士結合了工人、農民、學生、異議份子與宗教團體，組成各式鬆散、卻具普遍性的水平式反對聯盟，以強化其組織基礎。這些反對聯盟不同於往日只會浪漫地宣揚自由民主優點的民運人士，他們的意識形態極為明確，並擬定詳盡的策略目標，其行動計畫也經過周密地思考。多年來這些外來的理念終於為人民民主改革注入了新動力。此外，國際間的非官方組織與海外韓僑對於南韓的民主開放，也發揮了不可忽視的作用(National Christian Council of Korea 1987)。

　　綜觀此項民主改革歷程，南韓的民主轉型並非是一項只涉及國內政治變動的單一事件，它同時也是受到外在勢力變遷影響下的產物。當有利的國家安全情勢、美國的壓力及南韓奧運的舉行等三項國際性因素，同時壓制了威權政體策略運作的空間時，由南韓社會與人民對政經情勢認知上的不滿、理念的傳播，以及國際間民主聯盟的形成所構成的國際化趨勢，對於南韓的民主轉型發揮了關鍵性的催化效應。

（二）國際體系對民主的鞏固與未來遠景的影響

　　1987 年的民主開放對於南韓的政治體制、國家與社會的關係，以及反對聯盟的組織結構，都產生了根本性的變革，並自此開始，進行

廣泛的制度重建工作。1987 年 10 月所通過的修憲案，將總統選舉制度由舊有的間接選舉改爲直接民選，並於當年 12 月舉行大選。在四路人馬的角逐之下，盧泰愚以 36%的選票贏得了此次選舉。但在 1988年 4 月的國會大選中，執政的民主正義黨卻未獲得國會席次的穩定多數。可見自由而公平競爭的選舉制度，已經在中央與地方的各級選舉中獲得落實。而盧泰愚於「六二九民主化宣言」中所承諾的政策改革，也一一地實踐：實施地方自治，設立各地方（鄉、市）議會與省議會，並舉行全國性的大選；廢止原先用以控制大眾傳播媒體的法制性工具--「言論基本法」，使得集會、結社與言論表達的自由，獲得制度性的保障；釋放所有政治犯，並且重修或廢除所有有害的法條(Cotton 1993)。

民間社會也就隨著前述各項改革而大幅成長(Institute for Far Eastern Studies 1993)。各類利益團體紛紛成立，而地方性的工會團體數目也顯著地成長。爲了反制與執政當局結盟的舊有社團，這些公共部門積極地鞏固早期的地下組織。教師、農民、知識份子、工人、與記者們，都組成新的利益團體，以抗衡由政府所控制的舊利益團體。最後連都市裡的小販與藝術工作者，也組成了新利益團體。而數個涉及經濟主義與環保議題等特殊議題的公共利益團體，也逐漸地展露其發言地位(Moon and Kim 1995)。因此，在這個民主轉型的過程中，民間社會不但得以擴張，更逐漸地分化爲保守與激進兩個對立陣營。更甚者，經歷了民主開放的南韓民間社會，愈形敏感而激進，民眾抗議與工人罷工的次數急遽升高。在 1960 與 1980 年代兩次的政治開放歷程中，南韓社會都出現了過度擴張與失控的緊張情勢(Seong 1993)。

民間社會的擴張與社會中日漸彌漫的政治激進主義，以及民主制度的有限性，都使得國家對社會的支配能力受到限制(Moon and Kim 1995)。民間社會不再馴服於國家以嚴密的統合主義所操控的形式選舉

與脅迫之下，新的政治多元主義破除了發展中國家的迷思。國家機關的自主性、行政權的優勢、官僚體系的獨立性與決策機制的中立性等政治體制上的議題，都一一地被民間社會提出、質疑。集體利益的邏輯，成為民間社會對執政當局在政治對話與政治行動中的首要規範。以勞工部門為開端，農民、中醫師、藥劑師與學生等整個民間社會，都為了爭取團體的個別利益，而集體投入了社會運動之中。而地方自治所造成的政治權力下放，則開始危及中央與地方之間應有的協調機能(Lim 1993)。

　　如同國外的先例，南韓的民主轉型過程也呈現出一種不確定與危險的特質。短期而言，民主轉型引發了社會的混亂失控，並為日後出現的社會重大危機提出警訊。對此，盧泰愚政權提出「保守大聯合」的策略以因應之，並拔擢以往的政敵金泳三與金鍾泌進入領導班底，將三大黨合併，另創一個「民主自由黨」。盧泰愚此舉乃是為了確保執政黨掌握國會的穩定多數，並將原有的四黨競合體系轉變為兩黨政治，以孤立金大中的和平民主黨，使成為唯一的反對黨(Kim 1994)。然而在 1992 年的總統大選，這個兩黨對峙的競爭情勢再度被打破，由現代集團總裁鄭周敏所成立的統一國家黨將政黨競爭轉變為三黨競爭的情勢。此次選舉的結果，由金泳三當選總統，而執政黨也在國會大選中繼續維持穩定多數。雖然執政黨連續贏得了這兩次選戰，但是南韓的民主轉型仍然無法擺脫政黨競合分立，以及不穩定的政治聯盟結構所帶來的危險。

　　儘管有些人對於南韓民主轉型的前景表示悲觀(Cumings 1984)，但是金泳三的就任與其積極從事的政治革新，已一一地否定了上述的臆測，有效鞏固了民主體制。金泳三所致力的全面反賄選活動，以及執行延宕許久的財產登記制度，都為新政府累積了良好的信譽，從而獲取公眾的信心。此外，他更完成舊政府所未竟的制度改革，如修改選

舉法與公職選舉獻金法，舉辦地方政府首長選舉，並肅清了軍方的當權派，大幅地降低軍人干政的機會(Moon and Kang 1995)。

然而金泳三的改革似乎尚不足以確保民主體制的鞏固，若干來自國內的障礙，再度浮現。保守派的反擊，減緩了政治改革的步調。黨派的歧異與變動，以及舊日個人主義政治與地方政治勢力的反撲，對金泳三政權投下了另一個重大的挑戰。由於政黨內部的權力鬥爭，金鍾泌脫離執政的民主自由黨，並籌組新黨，從而創造出一個完整的政黨競爭體制。在最近的地方性選舉中，政治權力的重組也使得往日的地域意識再度復甦。以三金（金泳三、金大中，及金鍾泌三人）為主，立基於個人主義式的地域政治，則為日後民主是否得以鞏固蒙上一層疑慮。無論如何，民主體制的鞏固歷程已然無法回頭，因此，任何短期間的挫敗，未必能導致南韓民主最終的敗亡。

對南韓的民主轉型歷程而言，外在的變數才是最具關鍵性的挑戰。其中首要的威脅就是兩韓關係的發展，以及國家統一的模式問題(Steinberg 1995, Moon and Kim 1995)。雖然朝鮮半島問題「越南化」的可能性微乎其微，但「越南化」的解決模式如果出現，則南韓的民主轉型也只能隨之中斷。即使是南韓企圖仿效兩德模式，於北韓政權瓦解之時，吸納北韓，但仍舊可能引發許多政治、經濟、社會問題的相互動盪，危及民主體制的穩定。當然，維持現狀也非良策。儘管近年來政府致力於文人政治的革新，但是長年以來，南、北韓在軍事上高度的緊張對峙，仍舊逼使南韓軍隊成為民主鞏固過程中一個潛在的不安定因素。因此，如何操控兩韓關係的發展，將直接關係到南韓民主化的遠景。

南韓為了消弭這個不安定的變數，在盧泰愚政權的主導下，已經成功地與往日的共產主義宿敵--中國大陸，建立正式的官方關係，並且在與前社會主義盟邦積極建立商貿聯繫的同時，與俄羅斯發展出更

緊密的關係。漢城更對平壤方面提出和解說帖，南北韓因而於 1992 年
2 月間簽訂協議，約定和解，不互相攻擊，以及合作共榮。盧泰愚的
「北進政策」(Nordpolitik policies)為其本身政權帶來了諸多的利益，
例如：壓制激進派學生運用國家統一的訴求以結合中產階級勢力的企
圖，減輕來自北方的安全威脅，成功地加入聯合國，以及最重要的--
強化盧泰愚政權在國際地位上的正當性基礎。

四、臺灣民主發展的國際面向觀察

在臺灣，政體轉型的問題不僅限於政權的正當性危機而已。由於
臺灣宣稱擁有代表全中國的主權地位、領土高權、以及人民治權等，
因而引發出國內外對其國家主權是否具備正當性的質疑。無論是在國
際體系或是在國內社會中，戰後臺灣憲法在文義與內容上所特有的模
糊不清的本質，一直是最為人所關注的焦點。自從中華民國自大陸撤
退來臺之後，政府的主權地位一再地面臨中華人民共和國在主權上的
對立宣示、軍事侵犯，以及無止盡的武力威脅等挑戰。無論是北京或
臺北兩地，都以唯一的中國主權代表自稱，極力地爭取國際社會的認
同。直到韓戰爆發，臺灣原本岌岌可危的主權地位，獲得美國強權，
以及其戰後安全協定的支持，方能穩定支撐一段相當長的時間。

在國內方面，這個由國民黨政權及長期掌控政治權勢的大陸菁英
所建構出的統治結構，其正當性基礎是建立在一連串的基本原則上：
中國只有一個，臺灣是中國的一部分，而中華民國是代表全中國的唯
一合法政府。這項「一個中國」原則，一直是國家統治結構的正當性
來源，同時也是另一套由國家積極運作的精密意識形態基礎。在「一
個中國」原則之下，臺灣人民的歷史與國家認同、執政者對國家的定
位，以及臺灣人民（包括閩南人與客家人）與大陸外省人之間的省籍

劃分，均從此被定為一尊(Gold 1991)。

　　但是臺灣這個在國家統治結構上的特徵，最終卻轉變成政權危機的主要來源。其原因有三：首先，由國家所主導的大中國意識，一直受到臺灣本土社會中部分人士的頑強抵抗，特別是二二八事件的受難家屬，以及受過西方教育的海外臺胞與長老教會教眾等本土籍菁英。[7]其次，不論是國家結構的正當性，或是國民黨政權的政治地位，兩者都受制於美國的中國政策更動的影響。第三，在臺灣的政體轉型過程中，民主改革所引發的競爭態勢，以及臺灣人與外省菁英之間，對於政治權力重新分配的爭逐，在國內不可避免地開啟了一場針對臺灣的國際地位及未來兩岸政治關係的論辯。

（一）民主轉型的歷程

　　1977 年發生的中壢事件，可以說是臺灣舊政權開始步入衰敗過程的開端。[8]受到中壢事件的鼓舞，反對陣營的候選人開始認知到執政

---

[7] 臺灣人對大中國意識的排斥乃是源自於兩項相關的歷史經驗，並從而衍生出特有的臺灣意識與繼起的獨立建國訴求。首先，就是漫長的日本殖民統治的經歷。日據期間，殖民政府先後主導了「去中國化」運動，以及太平洋戰爭時的「皇民化」運動，而臺灣本土菁英只有被迫臣服。在此同時，由於日本帝國透過殖民統治，對臺灣實施一連串由國家主導的現代化計畫，因此相較於中國而言，臺灣早已取得了半邊陲地位。其次，由於中國於二次戰後接管臺灣全島，在政權重建與「去殖民化」的過程中，所流露的「省籍歧視」，引發了臺灣人民的非議。二二八事件的發生，更突顯出「省籍歧視」的嚴重性；再加上臺灣人民在政治地位上屢受壓制，從而在流亡海外的臺籍本土菁英中，醞釀出臺灣獨立運動。參見：Kerr (1974)，Chen (1972)。又儘管許多人已然融合了臺灣本土與大陸兩地的文化，但是政府企圖運用中國化或大陸化計畫，以建立大中國意識，並壓制本土意識的努力，仍然受到省籍歧視的影響，故而成效不彰。參見：Winckler (1992), Gold(1991)。

[8] 1977 年地方公職選舉期間，中壢事件的發生被視為是反對國民黨的獨立

當局的政權脆弱性，並因此組織一個全省性的反對聯盟。或許有人認
為從 1970 年代晚期到 1980 年代初期為止，這些風起雲湧的反對運動，
乃是源自於各種長短期勢力的互動激盪(Tien 1989, Cheng 1989, Chu
1992)。但實際上，這些反對運動的最主要的動力乃是來自國外。臺灣
由於外交上遭逢挫敗，從而喪失了國際地位，面臨國家主權危機的危
機，連帶使得原本穩固的一黨威權政體的執政權力，也日漸削弱(Cheng
1989)。從 1970 年代初期開始，美國與中國大陸再度進行官方式接觸，
從而為臺灣帶來一連串的外交挫敗。儘管國民黨依舊宣稱只有中華民
國才是代表全中國的唯一合法政府，但是由於中共重返國際社會，導
致臺灣接連失去聯合國席位，以及在所有重要國際組織中的會籍，並
與重要友邦斷絕外交關係，而嚴重地損及國民黨對主權宣示的基礎。
由於國際社會仍然堅持一個中國的原則，[9] 因此這些外交上的衝擊，
令各界開始質疑：國民黨政府是否還有能力保障臺灣現狀，並且維繫
國家建制的正當性。

　　1970 年代後期以來，由中國大陸所提出的一連串和平建議，也隨
著斷交危機而來。國民黨政權因此受到雙重壓力的擠壓：一方面，由
中國大陸所提倡的「低盪」(detente)氣氛，彌漫於臺灣海峽兩岸，化解
了群眾心中的危機意識，並削弱了維繫戒嚴法體制的合理性基礎；另
一方面，外在環境的急遽轉變，也喚醒了部分新興中產階級的政治意

競選人士，在選舉活動上的一項主要突破。選舉當天夜晚，一項選票疑
案引發出一場街頭運動，數以千計的民眾占領了中壢警察局。詳見：
Gold(1986:114-17)。

[9] 在此外交衝擊期間，由於中共與美國接連簽署了《上海公報》(the Shanghai
Communique, 1972)與《八一七公報》(the August 17th Communique, 1982)，
因此國際社會正式地接納了中共所宣稱的一個中國原則。參見：林正義
(1989)。這兩項公報的簽署，迫使臺灣無法單方面地決定未來的兩岸關
係發展，更無從選擇獨立之路。

識，從而鼓舞了政治反對運動的成長。

儘管反對運動在 1979 年高雄美麗島事件中遭逢打擊，但是 1980 年代初期時，「黨外」[10] 的領袖們依然堅定而審慎地逐步籌組準政黨性聯盟。為了防範反對運動所可能帶來的政權危機，前任總統蔣經國則以一連串的政治改革，因應「黨外」的發展。在蔣經國的最後生涯中，他一手平息了黨內保守派的反對聲浪，將某些強硬派人士調離重要職位，加速進行政治自由化，以及任命一個改革派的臺灣人--李登輝，作為其繼承人。除了政治自由化的措施之外，國民黨並亦開始檢討其大陸政策，[11] 由此運作出一套新的政策機制，為未來的政體轉型加諸了更多的外在限制。

蔣經國於 1988 年 1 月過世，他的死亡加速了國民黨威權體制的崩解。而繼任的李登輝總統，則決定繼續進行政治改革，他更試圖跳脫出蔣氏的觀點，嘗試在新的政治基礎上重新鞏固國民黨的政權。在這個政體轉型的過程之中，許多黨外或民主進步黨的領袖們，將人民的族群認同議題及臺灣自決的原則，直接納入民主化的改革目標(Hu and Chu 1992)。1980 年代後期，隨著政治環境的愈見開放，民進黨內部的激進派人士即不斷地鼓吹民進黨應堅守臺灣獨立的立場；而新世界秩序的建立，也促使臺灣獨立的訴求獲得了更多群眾的支持。這些發展顯示出，臺灣受到蘇聯政權的瓦解衝擊，以及感受到天安門流血事件爆發之後，低劣的美中（中共）關係所帶來的有利情勢影響，原本僵化的「一個中國」原則，已經開始逐漸地鬆動。此外，東歐集團的崩潰，不但掀起各個族群與國家之間的爭端，更嚴重的改變了許多國家

---

[10] 所謂「黨外」一詞原意為「政黨之外」，在此則指涉 1986 年民主進步黨成立之前，所有的反國民黨政權人士的總稱。

[11] 1978 年 11 月政府開放大陸探親，從此開啟了大陸政策的新階段。

的政治情勢，並破壞了原有疆域的完整性。其中許多例子證明，國際
社會是極可能接受某些族群全體，對於自決、自治，或脫離原有國家
的權利主張。國際間的政治發展，為支持臺灣獨立的人士帶來了希望。
[12] 而在 1991 年國民大會選舉前夕，民進黨內的新潮流派系，在黨大
會中，大力推動一個黨綱修正案，企圖將臺灣獨立的目標，明確地納
入民進黨的黨章之中。1992 年時，由於民進黨認為以往所提出的憲改
訴求，對於臺灣的主權問題並未明確表態，因此揚棄了前項設計，並
且更進一步地制訂了「臺灣共和國」的憲法草案。

　　然而，民主改革與國家認同之間的衝突，不僅在國民黨與反對陣
營之間劃下一道鴻溝，同時也造成國民黨內部菁英的分裂。李登輝所
採行的新外交政策方針，震驚了許多國民黨中央常委會的資深代表。
首先，李登輝派遣一個高層次的代表團至北京參加 1989 年的亞洲開發
銀行年會；其次在李登輝的主導下，外交部開始在國際間尋求友邦的
雙重承認。在許多國民黨大老的眼中，前項外交舉動無疑是事實承認
中共政權，而後者則明白地悖離了長久以來的一個中國政策。因此，1990
年總統選舉之後，以李登輝總統為核心的人士，即被稱為「主流派」，
而以行政院長郝柏村為核心，反對李登輝的集團，則被稱為是「非主
流派」。[13] 非主流派的人士不斷地質疑李登輝棄守中華民族主義，並

---

[12] 一項針對國家認同問題的民意調查顯示，1980 年代晚期，大部分的民
　　眾傾向希望兩岸統一，但是到了 1990 年代中期時，民眾的認同傾向則出
　　現多極化的趨勢。從數個 1995 年所作的民意調查可以發現，民眾在面臨
　　統一、獨立，或是維持現狀等三種選擇時，大約有 17%到 25%的成年民
　　眾支持獨立。而從另一項由民進黨所作的民意調查中則可以發現，在回
　　收的有效問卷中，有 26%的民眾傾向獨立，29.1%的民眾期盼將來兩岸
　　統一，而有 18.4%的民眾希望維持現狀。參見：《中國時報》，1995 年
　　8 月 4 日，版 4。

[13] 由於李登輝不顧黨內大老的可能反對，提名李元簇為其總統大選中的競
　　選夥伴，因此主流派與非主流派之間的權力競爭也就更形白熱化。非主

且阻撓李登輝與民進黨從事任何意識形態上的和解。反之，主流派人士則將非主流派界定為戀棧過往權位，並且寧願認同於中國大陸，也不願融入於島上兩千一百萬人民共同體的保守派(Tien and Chu 1994)。

　　國民黨內外的這些衝突，演變到最後，終於在針對臺灣的國家地位與國家認同問題上，形塑出兩個對立的意識形態主張。各個競爭勢力乃以國家作為一個競爭場域，在其中角逐國家機關的執政權力，企圖以此權力樹立出一個新的文化霸權，並以臺灣化或中國化為目標從事建國工作。但由於這些衝突只是理論上對國家主權與疆域結構的修正建議，並非是事實上的實踐，因此臺灣內部關於意識形態的對峙危險，也就不及於造成前蘇聯與南斯拉夫聯邦分裂的種族內部爭議與分離主義的鬥爭。但在另一方面，任何企圖修改國家統御結構的嘗試，極可能導致外來勢力的介入危險，以及政治取向兩極化的政權危機。

　　由於各界對於國家認同的議題，以及外來勢力介入的威脅問題上，各執己見，因此使得執政當局與反對陣營之間，或是國民黨內部領導階層間，更難以透過政治協商達成根本共識。這些協商中的困難如下：首先，政治協商必需以憲政改革的架構為之。由於非主流派認為現行憲法乃是國民政府有效統治中國大陸時所制訂的，而且憲法乃是一個中國政策的精義象徵，故而堅持只能對憲法做小幅度的修改。主流派人士則為了避免因廢棄現行憲法，而引發各種國內外的政治危機，因此傾向對於既存的憲政結構作一實質的修改。至於民進黨則誓言要廢除現行憲法，並強調應制訂出一套可以表達全體臺灣人民意志的新憲法。最後，由於國民黨掌控了新國民大會(1992 至 1996 年)中四分之三的多數席次，因而造成強勢的一黨修憲。

流派人士宣稱將推出另一組正、副總統候選人與李登輝抗衡。參見：Tien and Chu (1994)。

其次，各界對於國家認同議題上的兩極化反應，也導致各界對憲政制度的設計爭辯多時。以民進黨為例，經過多年的內部爭論之後，對憲政制度設計的立場，已經由責任內閣制逐步轉變為半總統制，最後採取總統制；而最具有理想主義色彩的新潮流派系，也在其他派系的勸說之下，放棄長期以來對責任內閣制的堅持，並深信強勢的總統制設計，乃是追求臺灣獨立過程中所不可或缺的要素。許多民進黨領導者相信，總統直接民選將有助於在國際社會中表彰臺灣的主權地位，且可以培育出一種以臺灣為中心的新國家認同意識（林濁水 1993）。民進黨強調，唯有免於議會監督的強勢總統，方足以抵抗中共人士的滲透。國民黨的主流派，如李登輝等，亦支持總統直接民選，並且希望將政治體制由責任內閣制轉型為半總統制。反之，非主流派則堅持選舉人團制度，傾向維持間接選舉，而反對直接民選。非主流派人士認為，直接民選乃是總統擴權的託詞，更可能被運用成為臺灣自決的利器。由於國民黨內部對於總統選舉方式的意見嚴重分歧，兩派在 1992 年全體黨代表大會中，近乎公開決裂。這項國民黨內部的政治障礙，一直到 1993 年 1 月郝柏村自行政院長卸任，非主流派遠離黨內決策核心之後，才得以排除。

（二）民主鞏固過程中的挑戰

臺灣在轉型至民主的過程中，克服了許多重要的障礙，而這個民主化過程完成了四項重要成果。第一是憲法的修訂與地方基層選舉的舉辦。臺灣自從在 1991 年 5 月廢止臨時條款，並進行由國民黨所主導的三階段憲政改革之後，以往許多阻撓民主代議政治基本功能的法制障礙，已經被一一地破除了。從 1992 年 12 月立法委員選舉之後，各個基層選舉逐一地舉行。臺灣的政治體制展現出一種既開放、又具包

容性的新興氣象。即使是流浪海外多年，從事於臺灣獨立運動的各政治領袖，也得以合法地回到島內，並參加選舉。第二個民主成果是培育出一個政黨競爭體制。民進黨與新黨[14]這兩個真誠的反對黨，在各項選舉中對執政的國民黨政權，提出了有力的選舉挑戰。由於反對黨的地位已經正式地爲執政菁英所承認，並且受到國家法令的保護，故而這個政黨競爭體制可說是已經法制化了。第三是菁英的更替。儘管民主化並不等於臺籍菁英可以進入政治權力結構的核心，但是不容諱言的，卻因此更加深民眾對於民主改革的期待。1992 年 12 月立委選戰之後，連戰被任命爲第一位臺籍行政院長，這個行政權力的移轉過程，便已大致完成。最後，自 1980 年代以來，以各種不同社會運動形式而出現的群眾動員，則將原本被威權政體所嚴密掌控的民間社會，從基層根本地解放而出。知識份子、宗教團體，以中產階級爲主的公益團體、各職業公會，以及大學生們，都在社會運動中獲得更廣闊的政治運作空間。特別值得一提的是，這些民主化的傑出成就，並不是以國家主權的崩潰，或是政治秩序的失控爲代價始換得的。

　　儘管臺灣的民主化過程已經達成前述各項深遠的改革，但是臺灣的民主體制仍未鞏固。以往的民主轉型過程雖然平順，但仍無法擺脫許多負面的影響。首先，憲政制度的改革並不是透過各黨派菁英之間的最後協商而達成。因此，朝野三黨對於現行憲政秩序的本質與運作邏輯，依然缺乏共識。倘若執政黨下臺，則現行憲政秩序是否得以存續，亦未可知。其次，在這次由國民黨所主導的憲改條文中，仍然可見部分威權體制的遺緒。雖然象徵舊時威權統治的臨時條款早已廢止，但是其中部分關鍵性的內容，如總統的緊急命令權與總統府轄下的國安會組織的建制，都被移植到增修憲法之中。在此同時，國民黨的領

---

[14] 新黨乃是於 1993 年 8 月自國民黨分裂出的一個政黨。

導高層也放慢了腳步，不再急於將高度集權的國民黨權力結構予以權力下放，並更動黨國體制關係，但是這兩項改革卻是立法院是否得以發揮正常立法功能的前提要件。此外，文人治軍的問題也仍然存在。在總統統率三軍的名義之下，軍事與安全體制仍然可以擺脫立法委員的監督。透過黨務系統的運作，國民黨依舊緊密地掌控軍事安全體制與三家電視臺，更別提要國民黨放棄獲利甚豐的黨營事業與專賣的所有權。最後，臺灣的民主前景不但面臨這些議題的威脅，其正當性基礎更受到「金權政治」與「黑道政治」的侵蝕(Chu 1996)。

　　然而在臺灣的民主轉型中，最棘手的障礙仍莫過於國家認同的問題。正如族群衝突一般，由於各界對此項問題均各有排他性的正當性理念，而這一問題在價值意義上又具有特殊的象徵地位，因此「各界均暫時迴避，放棄爭議，因為這是一個難以被輕易地分解議價的整體利益」(Diamond, Linz and Lipset 1995)。更甚者，正如同臺灣內部的衝突一般，中共嘗試將其國家建制的觀點—— 一國兩制，用於臺灣；海峽兩岸各持不同的國家建制主張，而形成拉鋸戰。因此，臺灣為求民主化的過程所冒的風險極可能是難以負荷的。首先，一旦民主過程終將國家認同的問題列為必需要解決的零和衝突的話，民主就將崩潰。其次，未來臺灣的民主發展似乎仍不足以因應中共或中共代言人的政治勢力滲透，以及此項政治勢力與臺灣內部的政治多元主義、少數族群的人權、正當程序等所出現的衝突。

　　為了回應前述各項的挑戰，李登輝總統一直嘗試建立起一個新的國家正當性基礎，以鞏固目前臺灣尚顯脆弱的新興民主。他採取三頭並進的策略。在國際面向上，李登輝採取一連串的新外交政策，諸如：尋求雙重承認，申請加入「關稅暨貿易總協定」暨「世界貿易組織」，出國進行非官方訪問，以及申請加入聯合國等，試圖挽救臺灣岌岌可危的國家主權地位。在兩岸關係上，李登輝則試圖呼籲中共，接受德

國在 1990 年之前的分裂國家模式，以尋求雙方的共存(Chu 1995)。至
於在國內方面，李登輝一方面運用口號，強調「兩千一百萬人的生命
共同體」，他方面則透過兩黨各自的管道，以施行大陸政策與外交政
策，企圖藉此管束民進黨的臺獨狂熱。同時由於民進黨的領導階層深
恐臺灣對大陸過度的資金投注，以及日漸深化的貿易依賴，將會使臺
灣更加受制於大陸的經濟策略，並且限縮了臺灣獨立的可能性，故而
他們也默默地支持國統綱領[15] 中所提出的禁止兩岸通商、通航的政
策。李登輝在 1993 年初決意推動臺灣加入聯合國，則是在外交政策目
標上首度獲致民進黨的認同，從而在兩黨領導階層之間發展出一套新
的政治合作模式。民進黨之所以積極地推動臺灣加入聯合國的原因，
不只是因為就長遠的眼光來看，聯合國的會籍可以多邊承認的方式，
永久地確保臺灣的政治自主性與領土上的安全，更因為申請案的本身
即足以作為一個獨立建國的起點，從而彙集國人的忠誠與信心，並向
國際社會傳達臺灣獨立的強烈意願。

　　然而中國大陸內部的政治現況卻是變化多端。長期以來晦暗不明
的繼承危機，以及對於西方國家陰謀分化中國的疑懼，都促使北京的
領導階層對臺灣問題必需採取強硬的立場。故而，當國民黨的領導高
層正在沾沾自喜於成功地縮小與民進黨在意識形態上的差距時，北京
方面卻更加地懷疑，認定臺北高層乃是意圖以隱祕而迂迴的方式，達
成獨立的目標。因此，臺灣申請加入聯合國的舉動，更是深深地使北
京方面為之警戒。中共認為臺灣明目張膽地企圖加入聯合國乃是一項
尋求正式獨立的準備步驟。因此中共也採行了一個三方面並進的策略

---

[15] 國統綱領於 1991 年 2 月間公布實施。由於國統綱領中要求中國大陸應
　　先滿足三項要件，方得開放三通，因此使得兩岸協商陷入僵局。這三項
　　要件是：正式宣稱不以武力對抗臺灣，承認臺灣為一對等的政治實體，
　　以及給予臺灣加入國際社會的合理活動空間。

以爲回應：外交上封鎖臺灣，在軍事上制服臺灣，並且在經濟方面牽制臺灣。[16] 首先在外交方面，臺灣在非洲小國與中美洲國家的外交成果，都立即遭逢中共的激烈抗衡。同時，北京也致力於強化兩岸商貿關係，積極地在臺商菁英之中培養出一批反臺獨的擁護者。此外，中共則不斷增加其國防預算，以強化軍事上的攻擊能力、兩棲登陸部隊武力，以及海軍戰備。由於中共未能成功地阻撓李登輝在 1995 年 6 月間以非官方名義進行訪美，隨即在臺灣北海岸進行一星期的飛彈演習，以恫嚇臺北當局。1995 年 8 月下旬，國民黨召開提名總統候選人黨員大會的前夕，中共解放軍更在臺灣離島附近發動第二次飛彈演習。這兩次的飛彈演習與後續的震盪效應，使得臺灣股市點數迅速滑落 30%，新臺幣貶值達 9%，並且於 7 月至 9 月間加速資本出走的態勢。至於對反李陣營而言，中共飛彈演習則無疑地是攻擊李登輝的領導、外交與大陸政策的最新利器。

北京的強硬派希望透過一連串的威脅舉動，可以阻撓李登輝的再度當選，並且使臺灣因此而臣服於中共的武力威脅之下。在這個思考模式下，北京決定將飛彈威脅延長至總統大選當天。不料這一回合的武力演習竟然難以壓制李登輝選舉陣營的聲勢，故令北京強硬派人士感到相當失望。甚至由於許多傳統的民進黨支持者擔心，一旦大多數人民的意見不一時，海峽危機將導致臺灣淪陷於中共之手，故轉而支持李登輝，且促成李氏的再度當選。[17] 此外，由於美國決定派遣兩艘

---

[16] 這是中共副總理錢其琛在對臺事務工作小組 1994 年年會中所發表的演講聲明。參見：《明報》（香港），1994 年 5 月 14 日。

[17] 大部分的民意調查都顯示，在李登輝所獲得的 54%有效選票中，至少有四分之一至五分之一乃是來自於傳統的民進黨支持者。如果從大選結果的總和統計來觀察，則更明顯，因為民進黨的國大代表得票數與總統候選人的得票數間差距更達 9%。

戰艦至臺灣海峽中的國際水域巡航，也相當程度地緩和了中共軍事威脅對李登輝的再當選所可能造成的傷害。然而，北京當局的軍事介入，依舊在總統選戰過程中引爆出一場有關於大陸與外交政策的內部論爭，並且在選舉過後，營造出一股國內改革的壓力。

　　近年的發展顯示出，只要中共不斷地企圖影響臺灣內部的政治過程，[18] 甚至威脅必要時將使用武力推翻任何一個主張要推動臺灣獨立的民選政府，則臺灣的民主轉型過程將倍加艱辛。許多國外的非臺灣社會的勢力，極可能無視於民主的程序，或與臺灣社會內部的勢力達成一定的默契，來爭取自己的利益或目標的支持。中共如要達成臺灣的「香港化」，則必需視臺灣內部各個行為者的策略選擇，中共政局在繼承問題上的動態變遷，以及國際社會是否願意為推行民主，而保障少數族群的自決權等等的情形而定。就目前的國際情勢以觀，後冷戰時期中，國際社會（特別是西方社會）中對於如何介入族群與領土衝突，始終無法發展出一套運作模式，從而能為臺灣人民所提供的保障，實微乎其微。

五、結　語

　　整個國際體系與外來的行為者對於南韓與臺灣的民主轉型與鞏固，一直發揮著深遠，卻斷斷續續的影響。由於地理位置上的遙遠與威權體制崩潰的時間差異，南韓與臺灣的民主成效並不如東歐國家般地為人注目。至於兩國在國際經濟體系中的地位，以及其對外經濟關係，則同時產生了正、負兩面的影響；儘管兩國強烈地依賴美國的市

18　北京當局一直明白地表示其政治目標。在一份官方文件中，北京更呼籲全國「要以經濟影響（臺灣內部）政治，以人民影響（臺灣的）政府」。

場以及軍事協防，但由於美國的內在政經利益乃是建立在兩國的內部
社會安定之上，故美國的外交政策便受到前述利益的牽制，而擺盪於
是否應引導兩國進行民主改革，或是防範威權政體統治之間。

　　儘管分裂國家的遺緒，並不必然成為南韓與臺灣在鞏固民主過程
中的障礙，但也增添了不少複雜性。同時，分裂國家的現況也暗示著，
兩國各自的敵對共產政權扮演著一個特殊的角色，其統一的野心乃是
兩國在民主轉型歷程中最具威脅性的不安因素。這個結構上的限制，
使得現行政權時時處於國際孤立的陰影之下，使兩國不得不正視國際
變數對政權正當化的重要性。而兩國獨特的歷史背景，則在政權轉型
的過程中，對於兩國的國家統御結構，引爆了正當性的危機。如果南
韓與臺灣無法與敵對政權獲致有效的多邊或雙邊協議，則兩國將無法
定位其國家結構，從而影響到民主轉型的遠景。尤其在臺灣，深切的
國家認同危機，嚴重地阻撓了各界就憲政秩序達成最終共識的努力，
從而更影響到臺灣民主的鞏固。

　　與南韓相較，由於臺灣的民主化過程中曾就外交政策進行更動，
因此分裂國家的現狀，對於兩國也就發揮極端不同的影響。南韓的新
領導階層積極地尋求將南北韓分裂的國家現狀予以法制化，而臺灣內
部新興的政治勢力卻努力地想跳出分裂國家的影響，尋求獨立自主。
這種截然不同的政治傾向，不但導因於兩國在面對其敵對共產政權時
不同的強弱權力對峙態勢，也是源自兩國不同的戰前殖民經驗與戰後
鞏固國家體制的影響。以朝鮮半島的情勢而言，南韓在經濟與意識形
態上的優勢，使得北韓在國家統一的議題上只能退居守勢。但是在海
峽兩岸，由於臺灣與中共在幅員上的極端差距，卻迫使臺灣退居弱勢。
因此，在臺灣政權轉型的三階段--威權體制崩潰、民主轉型，以及民
主鞏固的時期，中共都或有意或無心地施展其強大的影響效應。中共
曾著手改變國際的體系，使得國民黨的威權體制難以維繫，終因解構

而轉型。但進入民主化轉型時，臺灣日增的獨立訴求，則進而刺激中共，而對民主化的進展，產生不良的後果。

　　對於南韓與臺灣這兩個東亞新興工業國家而言，先進工業民主國家是否願意全力地維繫朝鮮半島以及臺灣海峽的穩定情勢，乃是保障兩國民主的關鍵性因素。在安全利益、經濟利益、與意識形態傾向等因素的互動作用下，兩韓關係始終不是美國、日本，與歐聯等國心目中的燙手山芋。但是在海峽兩岸關係上，由於各國的安全利益、經濟利益以及意識形態互有杆格，因此對各主要工業民主國家而言，如何妥善解決兩岸問題，乃是一項更嚴苛的道德挑戰。　（原文為英文，由作者與朱雲漢教授及文正仁教授所合作完成，並承李文志先生譯為中文，併此致謝。英文本原載：*Consolidating the Third Wave Democracies*. Larry Diamond, Marc F. Plattner, Yun-han Chu, and Hung-mao Tien (eds.) 1997. Baltimore: Johns Hopkins University Press。中文譯本原載：《新興民主的機遇與挑戰》，1997年，業強出版社。）

參考文獻

林正義，1989，《臺灣安全的三角均勢關係》，臺北：桂冠。

林濁水，1993，〈總統直接民選與憲政制度的重建〉，中國比較法學會研討會論文。

Bedeski, Robert E. 1993. "State Reform and Democracy in South Korea." In James Cotton (eds.) *Korea Under Roh Tae-Woo: Democratization, Northern Policy and Inter-Korean Relations.* Canberra, Australia: Allen & Unwin.

Chen, Edward. 1972. "Formosan Political Movement under Japanese Colonial Rule, 1914-1937." *Journal of Asian Studies*(May) 31(3):477-97.

Cheng, Tun-jen. 1989. "Democratizing the Quasi-Leninist Regime in Taiwan." *World Politics* 42(July): 471-99.

Choi, J. J. 1993. *Structure and Changes of Contemporary Korean Politics.* Seoul: Kkachi.

Chu, Yun-han. 1992. *Crafting Democracy in Taiwan.* Taipei: Institute for National Policy Research.

Chu, Yun-han. 1994. "The Realignment of Business-Government Relations and Regime Transition in Taiwan." In Andrew MacIntyre (ed.) *Business and Government in Industrializing Asia.* Ithaca: Cornell University Press.

Chu, Yun-han. 1995. "The Political Economy of Taiwan Mainland Policy." Paper presented at an international conference on Cross-Straits Relations and Implications for the Asia-Pacific Region, sponsored by the Mainland Affairs Council and the Institute for National Policy

Research, March 27-29, Taipei.

Chu, Yun-han. 1996. "Taiwan Unique Challenges." *Journal of Democracy* 7(July):3.

Cotton, James (ed.) 1993. *Korea under Roh Tai-woo: Democratization, Northern Policy and Inter-Korean Relations.* Sydney: Allen & Unwin.

Cumings, Bruce. 1984. "The Origins and Development of the Northeast Asian Political Economy: Industrial Sectors, Product Cycles, and Political Consequences." *International Organization* 38:1-40.

Dahl, Robert. 1989. *Democracy and Its Critics.* New Haven: Yale University Press.

Diamond, Larry, Juan Linz and Martin Lipset. 1995. "Introduction: What Makes for Democracy?" In Larry Diamond, Juan Linz and Martin Lipset (eds.) *Politics in Developing Countries: Comparing Experiences with Democracy.* Boulder: Lynne Rienner.

Gold, Thomas B. 1986. *State and Society in the Taiwan Micracle.* New York: M. E. Sharpe.

Gold, Thomas B. 1991. "Civil Society and Taiwan Quest for Identity." Department of Sociology, University of California, Berkeley.

Haggard, Stephan and Robert Kaufman. 1995. *The Political Economy of Democratic Transitions.* Princeton: Princeton University Press.

Han, Sung-joo. 1988. "South Korea in 1987: The Politics of Democratization." *Asian Survey* 28(1)(Jan.):52-70.

Highley John and Richard Gunther. 1992. *Elites and Democratic Consolidation in Latin America and Southern Europe.* Cambridge: Cambridge University Press.

Hu, Fu and Yun-han Chu. 1992. "Electoral Competition and Political Democratization." In Tun-jen Cheng and Stephan Haggard (eds.) *Political Change in Taiwan*. Boulder: Lynne Rienner.

Huntington, Samuel P. 1991. *The Third Wave: Democratization in the Twentieth Century*. Oklahoma University Press.

Im, Hyug Baeg. 1990. "An Analysis of Democratization Process in South Korea: With Reference to Theory of Strategic Choice." A paper presented at a summer convention of the Korean Political Science Association.

Institute for Far Eastern Studies. 1993. *New Trends in Korean Politics and Society*. Seoul: Kyungnam University Press.

Johnson, Chalmers. 1985. "Political Institutions and Economic Performance: The Government-Business Relationship in Japan, South Korea, and Taiwan." In Robert Scalapine et. al. (eds.) *Asian Economic Development: Present and Future*. Berkeley, CA: Institute of Asian Studies, University of California.

Karl, Terry Lynn and Philippe Schmitter. 1991. "Modes of Transition in Latin America, Southern and Eastern Europe." *International Social Science Journal* vol.43 (May): 269-84.

Kerr, George. 1974. *Formosa: Licensed Revolution and the Home Rule*. Honolulu: University of Hawaii Press.

Kim, H. N. 1987. "Political Changes in South Korea and Their Implications for U.S.-Korean Security Relations." *Korea and World Affairs* 4(11)(winter): 649-65.

Kim, Y. C. 1994. *The State and Labor in South Korea: A Coalition Analysis*. Unpublished Ph.D. Dissertation, Ohio State University.

Lim, Hysop. 1993. "Group Interests Get in the Way?" *Korea Focus* 1(4):10-

16.

Linz, Juan and Alfred Stepan. 1993. *Problems of Democratic Transition and Consolidation: Southern Europe, South America and Eastern Europe.* Yale University.

Moon, C. I. 1989. "The Demise of a Developmentalist State? The Politics of Stabilization and Structural Adjustment." *Journal of Developing Societies* (1989):64-84.

Moon, C. I. 1994. "Changing Patterns of Business-Government Relations in South Korea." In Andrew MacIntyre (ed.) *Business and Government in Industrializing Asia.* Ithaca: Cornell University Press.

Moon, C. I. and M. G. Kang. 1995. "Democratization and Military Intervention in South Korea: A Comparative Assessment." In James Cotton (ed.) *From Roh Tae-Woo to Kim Young Sam: Politics and Policy in the New Korean State.* Sydney and New York: Longman and St. Martin.

Moon, C. I. and Y. C. Kim. 1995. "Circle of Paradox: Development, Democracy, and Politics in South Korea." In Adrin Leftwich (ed.) *Development and Democracy.* Cambridge: Polity Press.

Moon, C. I. and S. S. Lee. 1995. "The Post-Cold War Security Agenda of South Korea." *Pacific Review* (March):8-20.

National Christian Council of Korea (NCCK) 1987. *Democratic Movements in the 1970s.* Seoul: Human Rights Commission NCCK.

Niksch, Larry A. 1987. "Korean Political Crisis: Policy Alert" (CRS Report 8-523F), Washington, D. C.: Congresstional Research Service.

Pridham, Geoffrey. 1994. "The International Dimensions of Democratization:

Theory, Practice and Interregional Comparisons." In Geoffrey Pridham, Eric Herring and George Sanford (eds.) *Building Democracies? The International Dimension of Democratization in Eastern Europe.* London: Leicenster University Press.

Pridham, Geoffrey (ed.) 1991. *Encouraging Democracy: The International Context of Regime Transition in Southern Europe.* London: Leicenster University Press.

Pridham, Geoffrey, Eric Herring and George Sanford (eds.) 1994. *Building Democracies? The International Dimension of Democratization in Eastern Europe.* London: Leicenster University Press.

Rustow, Dankwart. 1970. "Transition to Democracy: Toward a Dynamic Model." *Comparative Politics* 2-3(Apr.):337-63.

Schmitter, Philippe. 1991. *The International Context for Contemporary Democratization: Constraints and Opportunities Upon Choice of National Institutions and Policies.* Stanford University.

Seong, Kyungryng (ed.) 1993. "Social Origins of Political Democratization in South Korea: A Social Movement Approach." *Institute for Far Eastern Studies*: 85-132.

Share, Donald. 1987. "Transitions to Democracy and Transition Through Transaction." *Comparative Political Studies* 19(4):525-48.

Sigur Jr., Gaston J. 1987. "Korean Politics in Transition." Bulletin Washington, D.C.: U.S. Department of State(Apr.):23-25.

Steinberg, D. I. 1995. "The Republic of Korea: Pluralizing Politics." In Larry Diamond (ed.) *Democracy in Asia.* Boulder: Westview.

Stepan, Alfred. 1971. *The Military in Politics: Changing Patterns in Brazil.* Princeton: Princeton University Press.

Tien, Hung-Mao. 1989. *The Great Transition: Political and Social*

Change in the Republic of China. Stanford: Hoover Institution.

Tien, Hung-mao and Yun-han Chu. 1994. "Taiwan Domestic Political Reforms, Institutional Change and Power Realignment." In Gary Klintworth (ed.) *Taiwan in the Asia-Pacific in the 1990s.* Sidney: Allen &Unwin.

Winckler, Edwin. 1992. "Taiwan Transition?" In Tun-jen Cheng and Stepan Haggard (eds.) *Democratization in Taiwan.* Boulder, CO: Lynne Reinner.

啟蒙運動與中國近代政治發展

目　　次	
一、西洋的衝擊	三、民族主義的政治革命
二、器物層次的自強活動	四、波瀾壯闊的五四運動

一、西洋的衝擊

　　我想就政治發展的觀點來談一談「啓蒙運動」與政治的關係。從中國早期的「啓蒙運動」到五四前後的「啓蒙運動」，我們大致可以看出有一種在近代史上發生照射作用的理想之光，慢慢由微而顯。這種由微而顯的過程是有其原因的，我們中國三千多年以來，由於受到政治、社會、經濟等方面整個環境與結構的影響，無法在理性上更進一步地發揮。而我認爲「啓蒙運動」的來臨，主要是受到政治的衝擊，因爲我們自從和西洋接觸之後，不但在軍事上，而且在經濟上、文化上都受到挫敗，這些使得我們的民族自尊心受到很大的打擊。近幾年來，由於從事行爲科學的研究，發現人之所以爲人，在基本人格構成上，有幾種必需滿足的需求，照人本心理學的觀點看，人的基本需求不僅是生理的，也是心理的，包括認同感、自尊心及自我成就或自我實踐。自尊受到挫傷就會尋求補償，如果得不到補償，生活就會變得非常不愉快。進一步來講，知識份子尤其重視自我成就，西洋人帶來的挫敗，等於否定了我們過去歷史上的許多成就。知識份子無法滿足這種成就感時，就會想盡辦法犧牲奉獻，提升自己的能力和成就，作

為心理上受挫傷的補償。由於當時這種挫傷非常普遍，要求補償的心態亦非常普遍，乃形成了很強烈的民族主義、國家主義。

在我看來，「國家認同」是層次化的。人在認同感方面，最高的層次是對「全人類的認同」。像有些人就試圖跨越國界去追求全人類的幸福、解救全人類的痛苦；第二個層次是對「種族的認同」，例如我們對中華民族的認同。這種認同，並不限定於某一個地區之內，無論國內的華人、以至於全世界的華人都是認同的對象；第三個層次是對「國家的認同」，也就是在國家範圍內的認同；第四個則是對國家以內某些「地區的認同」。我覺得我們從西洋人感受到的衝擊，已威脅到我們對民族的認同，傷害了民族自尊。當這兩種認同的危機合在一起，就產生了非常強大的力量，想恢復民族自尊、拯救國家危亡。從這個觀點來看，要求吸收西方新思潮，讓中國走向現代化的早期「啓蒙運動」，不一定是起源於西方的工業化，而是起源於想恢復民族自尊，拯救國家危亡的強烈感情。

二、器物層次的自強活動

當時從事這種恢復工作的人，我認為多半是知識份子，尤其是所謂的權力菁英(power elite)，並不是一般的群眾。最早在清朝末年有一些當政者，包括光緒皇帝的皇室人物在內，未嘗不想擺脫帝國主義的侵略，使國家強盛起來，因此乃有「自強運動」。「自強運動」多多少少都是受西方思想的影響，只是比較偏重物質層面的建設。推動這些建設的清廷重臣像曾國藩、左宗棠、李鴻章等人，也不是完全不了解，除了物質建設之外，西方國家還有制度思想上的根。容閎帶領幼童去美國留學，就是想從根本上去了解西方的社會與成就。當時曾、左、李等人有其自身的局限與現實環境的限制，無法作進一步建設。

所以一直要到康、梁的發動「維新運動」，才逐漸發展到制度和文化的層面。

　　曾、左、李等都是權勢中人，康、梁等也是接近權力中心的人物，他們確實想有些作爲，但在「啓蒙運動」的發展過程中，也們能做的並不多。因爲他們首先要考慮權力結構的安定，假如做得太多，他們自己就無法立足了，譬如自由民主的思想如果完全實行起來，就會危害他們本身的存在。再因爲受既得利益的影響，這些權勢人物只能做到在某一程度上對新文化的吸收。另外我們也可以想像得出來，當時的權勢人物都是經由科舉制度一步一步爬上來的，他們雖想仿效西方，甚至提倡西學，但傳統思想仍然很濃，總不能完全擺脫所謂「中學爲體、西學爲用」的觀念。所以改革本身有其限制。也就是說從發展的觀點來講，在民族自尊心的衝擊下，早期置身在權力中心的人物已開始作了一些反省與改革的活動，雖然幅度及深度都有局限，但對整個發展過程而言，仍是一種推動。

　　上面談到康、梁，他們可說是舊社會裡知識份子的代表。康、梁發動「公車上書」，主張變法維新，希望在政治上，以及在社會及教育上有所變革。無疑地，他們是在西洋文化與成就的衝擊下，所作的反省。這些反省就是要仿行西方的一些社會及政治制度，也就是要變法。他們的主要目的仍是國家的富強，恢復民族的自尊心。從他們的政治地位和社會地位來看，他們都是功名中人，容易接近權力中心，所以他們想透過各種關係來影響權力中心裡最有權力的人，那就是皇帝。他們企圖用較溫和的方法，促請上位者的自覺，來推動革新。他們認爲這種由上而下的革新，一方面比較有力，一方面也比較安全，即是想走上日本「明治維新」的道路。

　　康、梁等人不是不曉得有一種革命的方法，只是他們很怕革命之後，不僅有損他們自身的權益，更可能把整個政治社會結構打爛了，

不容易完成再進一步的改革。但爲什麼「明治維新」在日本做得成，在中國做不成呢？我看其中具有歷史的因素：主要問題是出在當時的皇帝是滿州人。民族主義一覺醒，馬上就會覺醒到當政者是民族主義中非排斥不可的人。因此康、梁如果說「保中國、不保大淸」就不受皇室的信任，而如果說「保大淸、也保中國」又是違反民族主義，不受一般人信任。康、梁是註定了要在民族主義的矛盾中栽筋斗。

三、民族主義的政治革命

第三批人以國父孫中山先生爲代表。我曾硏究過這一批人物中幾個主要人物的背景，發現他們多半是廣東人，在地緣上，較有機會接觸西方的文化思想。他們多來自當時社會的中下階層，不是傳統社會的權力菁英份子，但幾乎都受過一些西式的教育。後來中山先生在香港接觸到一批買辦階層的人物，這些人物與中山先生等聯合起來，想透過李鴻章在兩廣總督任內的關係，進行改革工作。於是推派中山先生與陸皓東到天津去上書給李鴻章。這樣的想法，仍是想借著接近權力中心來做改革，但由於他們的社會地位實在太低，無法達成所願，使他們對權力中心大失所望，才走上另一條比較激進的政治改革的道路。這一派人物一方面因爲不是科擧中人，和滿淸毫無感情上的聯絡，所以排滿很激烈；另一方面因爲沒有包袱、不受牽制，接受西方思想比較容易；而且他們由於無法接近現實的權力結構，在行動上就比較激烈，比較澈底。何況這些人的社會地位和經濟地位都屬於中下層，也很容易接受平等的精神(equalitarianism)。從平等又希望得到自由，擺脫一些不合理的束縛。

中山先生這一派，早年在沿海的革命都是與「三合會」、「三點會」等幫會合作。幫會份子比較複雜，中心思想不出「反淸復明」的

餘緒，缺乏「啟蒙運動」的新思想。後來中山先生籌組「同盟會」，才與海外的知識份子與留學生，尤其是在日本的留學生相結合，像「華興會」的黃克強、宋教仁，「光復會」的章太炎、蔡元培，以及廣東的留學生汪精衛及胡漢民等人。這些知識份子很多還具有功名，在傳統社會中也具有地位，但在另一面，因留學海外，而受到西方思想的洗禮。不過照我的看法，他們主要的主張仍然是排滿，這是同盟會之所以能成立的主要原因。在排滿的情緒下，他們也提出民主、共和及社會改革等主張，但從思想的層次看，並不太深入，相互的看法也大有出入。如中山先生所主張的平均地權，實際並未受到多數人的支持。等到辛亥革命成功後，排滿的情緒獲得滿足，其他不同的主張紛紛出現，並引起了衝突。不少具有傳統社會地位的同盟會份子，在思想上傾向保守，主張維持社會結構的安定，已與舊的官僚、舊士紳妥協。這在政治上，維持了北洋的官僚體系，在思想的啟蒙上，則不夠深入普遍。但革命的震撼，已使得舊思想受到動搖，共和政治無論如何使得數千年絕對專制的傳統觀念，難以復生。

四、波瀾壯闊的五四運動

總之，我認為此一時期的「啟蒙運動」仍限於少數知識份子，相互之間還有不同的看法，並沒有擴大到學生和一般社會階層。不過，早期「啟蒙運動」所播散的種子，尤其是在民主共和方面的思想，經過八個年頭北洋軍閥官僚的統治，再加上第一次大戰後國聯對山東問題的處理不公，終於引爆了五四運動。五四運動仍是受了國家主義的衝擊，但在發展上，卻由愛國運動進而展延到整體社會、政治及文化的改革，波濤十分壯闊。如前所述，早期的啟蒙運動只限於少數知識份子，五四所掀起的啟蒙運動則擴大到當時眾多的學生、教授，以及

工、商界人士。我認爲從這個運動中很可以看出一個新興知識階級的興起，而且在國家主義的衝擊之下，新興知識階級很容易團結起來。所以當時不管是南方比較重視社會主義的中山先生，或是北方比較重視自由主義的教授，都有一種相互聯絡的心態，因爲他們都想「內除國賊、外抗強權」。他們都想從事現代化的建設。這種新興知識階層的興起，對「啓蒙運動」具有很大的助力。

　　不過後來的發展又有一些變化，假如我們把政治的層次劃分清楚，可能較易解釋這種差異。認同是政治中最重要的一環，如果沒有國家認同，則整個政治根本即無法建立或整合，所以愛國是任何國家所必須的。但愛國不能光靠嘴談，還要有一套具體的制度。也就是說，國家主義必須落實在政治結構上，才能發揮建設國家的功能。我們傳統的政治結構是「君君、臣臣、父父、子子」，但在五四運動前後，平等、自由、民主的觀念在知識份子間已相當流行。具有高度學養的知識份子，如胡適之，已經相當了解自由在政治上的意義，那就是政府的權限應具有範圍，且必須接受民意的監督，不能爲所欲爲。國家的生機應建立在人人潛能可以自由發揮的基礎上。

　　但這類自由主義的觀念，在當時還不能與社會主義調和。由於社會和經濟問題的嚴重，自中山先生主張社會主義以來，即不斷有人主張用政治推動社會及經濟的改革。中山先生雖強調民權應與民生並重，但有些人則偏重社會及經濟的平等，而不知個人潛能的發揮與成就，以及政府權力的限制與監督，才是社會建設的根本。

　　無論社會建設及經濟建設皆應是一種政策，政策仍可在民主自由的政治結構上製作。換句話說，社會主義的政策或文化不一定與自由民主的政治結構與文化相衝突。然而在五四「啓蒙運動」的時候，不少人並沒有把這兩方面分得很清楚。因爲他們總覺得對經濟的改革，對社會的改革，都必須借重強有力的政府。政府權力愈強，實施的範

圍愈廣，改革運動愈容易推行。這裡面事實上已包括了馬克斯的社會主義的意識型態在內。為了推動改革，於是主張把權力集中起來行使，認為權力無所不在，才能將舊社會徹底改造，這樣的政治思想實際上就是「極權主義」(totalitarianism)，到這個時候，自由民主只能變成一種口號了。

再說社會主義的對象是包括全體老百姓，共產國際更要跨越國界，這些皆使社會主義者的心理認同升高，認為自己的犧牲是為了全體老百姓，相當具有羅曼蒂克的情懷。我認為五四運動在這樣的潮流下發展，一方面要求提高中國的國際地位，一方面要求民主、科學，一方面又推向社會主義的實際運動。

主張自由主義的知識份子，在這個時候發展過程中當然覺得非常痛苦。他們若不談社會改革和經濟改革會覺得心理不安，因為社會主義聲稱對全國人、甚至對全人類都有好處，如加以反對，是說不過去。但另一方面，又擔憂社會主義的強調，會製造極權政治，妨害自由民主。我個人認為當時的自由主義份子，一方面希望從文化上、教育上加強理性及科學的思維，如蔡元培、胡適之皆是。胡適之強調：「多談問題，少談主義」，就是這一主張的說明。另一方面他們想把政治問題和社會問題、經濟問題分開來談，免得妨害自由民主政治的建設。當時的自由主義份子，既然主張理性，往往遷就現實，而且在畏懼社會主義的極權統治下，對社會及經濟問題傾向於溫和的改革，於是在政治上不望有太大的劇變。他們一方面反對共產極權，一方面又無可奈何地遷就政治現實。我認為這些自由主義份子中，有一些根本即想逃避政治，口中說是想從教育及文化上著手，實際上不過是不想牽涉到實際的政治問題。功利一點的人，甚至和當政者結合，使自由主義本身的目的更難達成。

五四的啟蒙運動，雖在政治上強調民主，但從自由主義的發展看，

並不算十分成功。這可能出於對自由民主的了解及信念，尚不夠深切，因而影響到立場的堅持與熱誠。另一方面，也可能出於環境的壓力，這點須另作深入的分析。但我們也必須指出，經過五四運動的啓蒙，自由主義已有日漸發展的趨勢，尤其是近年來在臺灣的進展。我們可以看到民主運動的澎湃與參與的擴大，也可以看到自由主義者在社會及經濟政策上的調和，我們相信這些進展會帶來光明的遠景。　（原載：《中國論壇》，第 16 卷 3 期，1983 年，頁 20-23。）

政治團體與政治變革

～清末民初政局的探究

目　次

一、清末政治體系的危機與　　　四、革命政團的統合與變遷
　　改革派的形成　　　　　　　五、內在政黨的嘗試與革命的
二、政治團體的興起與分合　　　　　興起
三、革命團體的興起與分合

一、清末政治體系的危機與改革派的形成

　　晚清以前，我國政治體系在專制文化的基礎上，可稱尚能圓滿自足。但自與西方勢力與文化接觸，所承受的壓力，已使角色規範與能力皆不能擔當，而趨於解體。[1] 在國際上，自居天朝，毫無現代的對等觀念；在知識上，也不知社會發展的實情，所以不能產生因應的能力，幾已淪落「次殖民地」[2] 的地位。近代史的學者，對有關的史實已有甚多分析與敘述，這裡所要強調的是晚清的政治體系所承受西方的衝擊是雙重的。除去能力上的，尚有規範上的。國人在安全上受威脅，經濟上受剝削，且自尊心亦受嚴重的挫傷，如要加以排除、恢復與補償，必須在行為規範及能力兩方面著手，首當其衝的，當然是體

---

[1] 系統如遭遇壓力而不能自我調適，即會產生危機，嚴重時，會消失。常見的情形是暫時的消失，再經革命等等重新建立或恢復，歷史上亦有永不恢復的例證。

[2] 此為孫文（中山先生）語。

系中心的權力組織，亦即清室的政權。

（一）維新派與革命派人士的體認

　　對體系內因雙重衝擊所帶來雙重危機的體認，無論是維新派或革命派人士，都是相同的。維新派人士可以梁啓超（任公）作代表，梁曾沉痛地說到：

> 今有巨廈，更歷千歲，橑棟崩析，非不枵然大也，風雨
> 猝集，則傾圮必矣。而室中之人，猶然酣嬉鼾臥，漠然無所
> 聞見；或則覩其危險，惟知痛哭，束手待斃，不思拯救；又
> 其上者，補苴罅漏，彌縫蟻穴，苟安時日，以覬其功。此三
> 人者，用心不同，漂搖一至，同歸死亡。[3]

　　他對西太后主政下的清廷表示完全絕望，認爲是「枯木不能生華，雄雞不能育卵，無其望也」。[4] 清廷的腐敗無知，是不難發現的，任公所抨擊的甚多，但他也直指國人行爲規範的不能適應，原因在專制政體對人民的愚弄及壓迫。他指出我國王朝的設制藝，使得「上自庶官、下自億姓，游於文網之中，習焉安焉，馴焉擾焉，靜而不能動，愚而不能智」。[5] 結果是

> 我國蚩蚩四億之眾，數千年受治於民賊政體之下，如盲
> 魚生長黑壑，出諸海而猶不能視；婦人纏足十載，解其縛而

---

[3]　梁啟超，〈論不變法之害〉，《時務報》，第二冊。

[4]　梁啟超，〈論支那獨立之實力與日本東方政策〉，《清議報》，第二十
　　六冊。

[5]　梁啟超，〈論中國積弱由於防弊〉，《時務報》，第九冊。

猶不能行。故步自封，少見多怪，曾不知天地間有所謂民權
二字。[6]

要作徹底的改革，必須從行為規範的根本入手，任公乃不能不說：

> 夫我既受數千年之積痼，一切事物，無大無小，無上無
> 下，而無不與時勢相反。於此而欲易其不適者，以底於適，
> 非從根處掀而翻之，廓清而辭闢之，焉乎可哉！……不求此
> 道而欲以圖存，是磨磚作鏡，炊沙為飯之類也。[7]

從根本處改變行為規範，並非易事，所以任公曾發為感嘆說：「積
千年舊腦之習慣兮，豈旦暮而可易？先知有責，覺後是任，後者終必
覺，但其覺非今」。[8]

激進派的領袖是孫文（逸仙、中山先生），他早在手訂的興中會
宣言中就指出：

> 中國積弱，非一日矣。上則因循苟且，粉飾虛張；下則
> 蒙昧無知，鮮能遠慮。近之辱國喪師，強藩壓境，堂堂華夏，
> 不齒於鄰邦；文物冠裳，被輕於異族。……方今強鄰環列，
> 虎視鷹瞵，……蠶食鯨吞，已效尤於接踵；瓜分荳剖，實堪
> 慮於當前。[9]

---

[6] 梁啟超，〈論政府與人民之權限〉，《新民叢報》，第 3 號。

[7] 梁啟超，〈釋革〉，《新民叢報》，第 22 號。

[8] 梁啟超，《飲冰室文集》，78 卷，頁 9。

[9] 孫文，〈檀香山興中會成立宣言〉，《國父全集》（中華民國各界紀念
國父百年誕辰籌備委員會出版，民 54 年），第二冊，頁肆－1。

　　任公將專制之毒害歸於西太后，中山先生則要進行種族革命，不僅要推翻專制，也要顛覆滿清。他認為：

　　　　清虜執政，茲三百年矣，以愚弄漢人為治世之第一要義。吸漢人之膏血，錮漢人之手足，以為滿人陞遷調補之計。認賊作父之既久，舉世皆忘其本來，又經滿政府多方面之摧殘聯絡，致民間無一毫之反動力，釀成今日之衰敗。[10]

他且進一步指出：

　　　　夫滿政府既藉科斂苴且賣官鬻爵以自存，則正如糞田之壤，其存愈久，而其穢愈甚。……至其堵塞人民之耳目，錮禁人民之聰明，尤可駭者。凡政治書多不得流覽，報紙亦懸為厲禁。……國家之法律，非人民所能與聞。……所以中國人民無一非被困於黑暗之中。[11]

　經過千百年專制政體的禁錮，國人的識見十分低落腐舊，因之，

　　　　中國欲建鞏固之國家，非大眾一心群策群力，不足以杜外人之覬覦。然此種境遇，非從心理入手不可。必人人將舊有思想全行消除，換入一副嶄新思想，方能成功。[12]

　　從心理入手，就是要有新知，否則人云亦云，人趨亦趨，行為的規範即無從改起。但中國就是「患於不知之人多」，而「有此膏肓之

[10] 孫文，〈中國必革命而後能達共和主義〉，前引，第三冊，頁拾壹－1。
[11] 孫文，〈倫敦被難記〉（譯文），前引，第二冊，頁柒－2。
[12] 孫文，〈建設時代要比破壞時代加倍犧牲〉，前引，第二冊，頁捌－43。

病而不能除，則雖堯舜復生，禹皋佐治，無能爲也」。[13]

中山先生不僅認識知是行的根本，而且也發覺行之既久的體制，會反過來束縛人的識見，連自主的天性也無從發揮。他儘管強調中國的傳統文化，非必無共和自治的遺風，[14] 但也同樣感嘆：

> 吾人蜷伏於專制政體之下，迄茲已二百六十餘年，而教育之頹敗，人民之蒙蔽，恐一旦聞此自由平等之說，得無驚愕咋舌耶？[15]

以上所引任公及中山先生的言論都是民元或以前的。當時的清廷已風雨飄搖，體系正趨向崩潰，他們身歷其境，所以能指出體系的根本已出現危機，也主張應從根本上加以改革。

（二）早期改革派的形成與發展

任公與中山先生在不少意見上是互相衝突與責難的，如任公擁護光緒，中山先生則力主排滿；中山先生主張平均地權，任公則反對土地國有；任公贊成維新與緩進，中山先生則鼓吹革命與激進。但從另一面看，雙方對體系危機的根本性有相同的認識，且皆強調民權應爲行爲規範的改革中心。這一些同異，不止限於中山先生與任公，也代表著民國以來各政團的內部或之間的分合關係。

民權是自由生活價值的實現，是政治現代化的主要內容，如以民權爲共同追求的對象，儘管對權力關係及組織型態的設計，有所爭論，

---

[13] 孫文，〈上李鴻章陳救國大計書〉，前引，第二冊，頁玖－6-7。

[14] 孫文，〈中國必革命而後能達共和主義〉，前引，第三冊，頁拾壹－1。

[15] 孫文，〈邀容閎歸國函〉，前引，第二冊，頁玖－183。

總是共趨於現代政治體系的建立，在發展的方向上仍是相通的。民國建立後，維新與革命派的人士時有分合，且互有衝突，但在基本上皆要維持民國的法統，亦即皆願共存於一個政治體系之內，上述的共同發展方向，實為主因。

中國知識份子自與西方的文化接觸後，即開始接受民權的思想，覺悟到自由生活價值的重要。亦即西方的自由文化啓發了中國知識份子潛在的需要，於是一發而不可遏止。從政治社會學(political sociology)的觀點分析，早期接受及提倡西方民權及自主思想的，皆是權力結構中心以外的知識份子，而且愈是能與西方文化直接接觸的，愈能產生深入的體認。當政的或在社會上具有權勢的知識份子，一方面身處專制文化的中心，易受籠罩，而不易自拔，一方面也受到既得利益的影響，不願接受新的權力關係，放棄原有的權勢地位。所以，在民權思想的發展過程上，大致是由在野的知識份子，逐漸傳播到在朝的知識份子；另在吸收及推行的程度上，愈是遠離權力中心的，愈能徹底而強烈。

任公與中山先生皆是在野的知識份子，自接觸西方文化後，即易於吸收自由民權的價值。民權的保障與發揮，重在立憲與倣行西法，中山先生在早期亦曾嘗試過溫和的改革，而於一八九四年上書李鴻章，請採用新政，惜未被接受。故在此以前，中山先生尚非激進的革命派。再據馮自由說，一八九三年，康有爲主講萬木草堂，中山先生欲與合作，因康需門生拜帖而未果。[16] 由此可見，那時的中山先生是希望與有爲一派人合作的。一八九五年，有爲、任公等入京會試，受到甲午戰敗的刺激，於是聯合公車千餘人上書，請求變法維新。從這一年起，直至戊戌（一八九八年，即光緒二十四年)政變時止，一共有三年的時

---

[16]　馮自由，《革命逸史》（台北：商務，民42年），初集，頁47。

間，在這一段時間，有為等一方面提了不少改革的方案，一方面受知於光緒帝，接近權力的中心。很明顯地，有為等希望掌握權力的中心再推動維新，認為唯有如此，才能事半而功倍。當時上書的舉子，都是具有功名的，屬於社會的上層階級。在思想上大都傾向有為所主張的託古改制，並不能完全擺脫「君君、臣臣」那一套的傳統規範。而且一旦維新成功，他們皆可做光緒帝的維新重臣或新貴，所以有為等維新派，自從接近權力的中心後，始終想加以掌握與鞏固，作溫和的改革。戊戌政變，康、梁失敗逃亡海外，仍戀戀不忘擁立光緒帝，皆與這些背景有關。

　　與康、梁的維新派相比，中山先生自上書李鴻章失敗後，維新與排滿革命的思想，在心理上發生雙趨的衝突(approach-approach conflict)。中山先生的解決，十分堅決而輕易，即積極進行排滿革命，再不作維持清室權力中心之想。康、梁具有科舉中的功名，是傳統社會中的上層士子階級，易接近權力中心。中山先生既無功名，且出身農耕家庭，根本不作此想，他的心情反而平衡充實，塞滿自由、自尊的實現價值。

　　康、梁自公車上書後，續組強學會，接近權力的中心。但也因此不能實現種族的自由，在生活上，總是遺憾。任公逃亡海外後，每在種族自由上反覆，且一度建議「舉皇上為總統」。[17] 精神上十分矛盾而痛苦。決不如革命黨人的心口如一，意志集中。他在雙趨衝突下所產生的雙重價值的困窘(value dilemma)，使得他自稱：「心緒竟日突跳，竟不能自制」。[18] 任公的動向於日後的政黨政治息息相關，我們

---

[17] 丁文江編，《梁任公先生年譜長編初稿》（台北：世界，民 51 年），頁 141。

[18] 同上，頁 192，

對他的心理反應，不能不加注意。

　　維新與革命派皆能認識政治結構已發生危機，必須變革，變革的
重點則在民權，但以雙方政治及社會地位的不同，一趨向於溫和的保
皇維新，一趨向於激烈的排滿革命。再雙方在早期皆有過雙趨的衝突，
解消的努力往往發生增強的作用(reinforcement)，維新派則日益強調立
憲政體，而革命派則日益強調民族主義。這一發展，又造成民國建立
後的若干分合。有爲與中山先生皆主張變革與民權，在這一共同的基
礎上，中山先生曾有意與有爲合作。有爲逃亡日本後，日本友人亦從
中拉攏協調，但有爲始終不能放棄勤王保皇的觀念，其中的原因就在
前述的政治與社會地位有異。柏原文太郎有同樣的發現：

> 　　雖然犬養一再促請孫、康合作，終不獲協調，蓋二人出
> 身背景不同，互相輕視之故。……康嘗言：「中山有不俗之
> 性格，惜欠陶冶，與之交談，常不明所指」。中山方面，則
> 指「康輩爲腐儒」。孰是孰非，殊難言也。[19]

　　有爲重視士大夫的觀念與中山先生輕視士大夫的觀念，已從這段
話中，躍然紙上，這當然與兩人不同的政治及社會背景相關。

　　中山先生與康、梁的政治及社會背景不同，雙方所領導的團體及
發展的方向也各不相同。團體逐漸擴充及鞏固後，中心的價值觀念與
行爲規範也逐漸成熟與定型。針對團體的中心價值，功能乃告產生。
從此中山先生的革命團體與康、梁的維新團體在排滿與保皇上分道揚
鑣，且各自發展價值的體系，一方面增強自我價值的凝固力，一方面
加強相互敵對的抗衡力。現從雙方的主要著作與言論中，作內容的分

---

[19] 鷲尾義次，《犬養木堂傳》，第二冊，頁 626-627。引自張朋園，《梁
啟超與清季革命》（台北：中央研究院近代史研究所，民 53 年），頁 13。

析，可以發現雙方在共同的民權基礎上，建立兩套性質有別的價值體系。在對比之下，革命黨以排滿的民族主義爲中心，發展出一套政治、社會及經濟的價值體系，而維新黨以保皇的立憲主義爲中心發展出另一套政治、社會及經濟的價值體系，各體系內的諸價值間相互發生增強(reinforcement)作用，而具合致性(congruence)，情形如圖一：

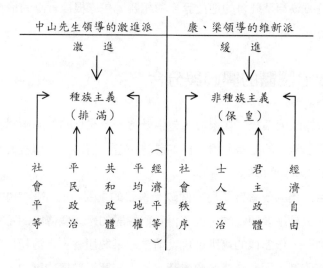

：表示增強作用

圖一　激進派與維新派的價值結構

保皇與排滿的觀念絕對相反，且相互敵對。以此爲中心而發展的兩套價值體系，當然有激進與緩進之別。在這一分別之下，凡是激進的價值觀都會增強排滿的價值觀，反過來，凡是緩進的價值觀都會增強保皇的價值觀。從另一個角度看，凡是贊成排滿或保皇的，祇要此中心的觀念未變，對有關的激進或緩進的價值觀，縱不過分熱心，也不會加以排拒，最多存疑而已。不過，等到中心觀念一變，就會影響

到價值體系的完整，並因此削弱團體的凝固力，甚至造成解體。譬如保皇的努力失敗，改變此一中心觀念後，君主政體及士人政治的價值觀，就不能如以前的凝固。排滿的革命完成後，一些增強的價值觀，如社會與經濟的平等，可能不再受到重視，而維持凝固力。團體即可能因價值體系的變動，而形成另一性質的分合。這種變遷當然也與外在的環境與政治及社會的地位等變項相關，是應根據實際的情況，另作觀察的。

二、政治團體的興起與分合

　　清末的政治系統，在環境（包括社會的及文化的）的衝擊下，發生結構與功能上的雙重危機，已如前述。這一情形使得傳統的政治系統逐漸步入解體的窮境。

　　政治系統論學者皆認為一個政治系統的主要目的在維持生存，[20]這在概念上是不成問題的，但值得我們探討的是一個傳統的系統，在遭受壓力時，作怎樣的適應。現就清末的系統觀察，當清廷拒絕維新派的變法改制，而釀成戊戌政變時，不但未解消環境的壓力，反製造內部的緊張，加深系統的動搖。

　　康、梁原想接近及鞏固光緒帝的權力中心，進行「光緒維新」，但這一努力因戊戌政變而徹底失敗。在權力結構上，光緒帝從未跳出慈禧太后所建立的舊勢力圈，也從未取得絕對的控制權，他的坍塌是可想而知的。不過，由於他的傾向改革，再經過維新派的擁戴與渲染，

---

[20] David Easton 教授即認為系統的主要目的在求結構與功能的持續 (persistence)。參見：David Easton, *A Framework for Political Analysis*. (New Jersey: Prentice-Hall, 1965)。

已使得他成為一種維新的象徵(symbol)。這種象徵很可以發揮維繫人心的認同作用，解消環境的壓力，可惜此認同象徵也伴隨權力的坍塌，一併消失。守舊派的得勢，對新興的改革份子來說，所產生的祇是反認同的作用，何況中國的傳統文化視女主的臨朝是非正統的！慈禧太后因受八國聯軍的刺激，後來也作過一些變更，但始終不能獲得改革份子的真正認同，原因即在此。

戊戌政變是使傳統政治系統趨向解體的一個重要關鍵：溫和的改革派從此滋生強烈的疏離感(alienation)，並進而與守舊勢力對抗。其中以康、梁為首的維新派，在逃亡海外後，即發動勤王，思以武力摧毀慈禧太后的守舊政權。在另一面，革命黨的勢力也從此更受改革份子的同情與支持，匯成一股澎湃的洪流。上述三派的演變與分合，不僅導致傳統政治系統的崩潰，且構成新建政治系統的變遷基礎。民初政黨政治就是在這個基礎上滋生與發展的，所以特別值得重視，現分數節，加以析述。

（一）立憲派的活動與演變

戊戌政變後，仍有甚多溫和的改革份子留在傳統的政治系統之內。其中也有不少參加過康、梁所領導的公車上書，對維新運動具有相當的同情。在情感上，他們雖尚認同抽象的清室，至少是君主國體，但對守舊勢力的政權，亦即傳統的政體，作強烈的反認同，決不信賴當政的守舊派會自作改革。這一種情感的造成，使他們在有意與無意之間，對守舊政權存有敵視與反抗的心理。從政治變遷的理論看，一個閥閱的、專制的、人治的，以及結構混同的傳統系統，在進行理性與法治的現代化改革時，如能產生眾所崇敬的神聖人物（亦即 Max Weber

所稱的 Charisma)，[21] 集中社會的權力與情感，作爲過渡，較能維持
系統的穩定與發展。而且，在現代化改革已逐漸推動時，當政者即須
順勢而進，不能逆退而避，否則定會引發反抗。[22] 光緒帝自成爲維新
的象徵，當然最能發揮 Charisma 的作用，但守舊的勢力，卻加以破壞。
繼任的傳統政權又盡廢新政，逆退反動，使認同及崇敬光緒帝的溫和
改革份子，在情感上感覺空虛與失望。由失望中必然產生敵視與反抗。
這一種敵視與反抗的混合心理，很影響到這一批改革份子後來的動向。
反過來看，康、梁如不嘗試改革及建立光緒帝的權力中心及 Charisma
式的人望，或守舊的勢力繼續前進，不廢除新政，改革份子也就不易
產生上述的心理，歷史的發展可能是另一種方向。

從另一個角度分析，贊成維新，同情康、梁的改革份子，雖在心
理上抗拒守舊的勢力，但並不反對君主政治的存在。對種族主義也不
作過分的強調。他們十分顧慮社會的安定，主張漸進而和平的改革。
改革的途徑是透過立憲而建立法治及效能的政府。在立憲的口號下，
他們主張召開國會，組織責任內閣，並在全國各地互爲呼應。

清廷在各種壓力下，不得不作一些退讓，在宣統元年，准許各省
成立諮議局。[23] 諮議局的成立使這些被稱爲立憲派的溫和改革份子，
有了合法組織及進一步的結合。宣統二年資政院成立，立憲派的份子
又可經由諮議局而進入中央的資政院，亦即由全省的結合而進入全國
的結合。實際上，各省諮議局成立後，[24] 張謇即以江蘇諮議局議長的

---

[21] Charisma 常被視為天縱英明、超凡入聖之意。

[22] 此為 James Davies 教授的看法，參見 James Davies, "Toward a Theory of
Revolution," *American Sociological Review*, 27, 1962, p.6。

[23] 議員經選舉產生，但附有科舉、學歷、財產等條件。

[24] 共設立 21 局。

身分，發起諮議局聯合會，請求清廷召集國會。各省諮議局代表在上海集會，決定發動請願，並定名爲諮議局請願聯合會。請願共分三次（第一次在宣統元年十二月初十，第二次在宣統二年五月初十，第三次在宣統二年九月二十），形成很大的政治運動，且在性質上是對抗當時的守舊政權的。這一種對抗的心理在談話會中及一般報刊上甚易發現，如領銜代表直隸諮議局的議員孫洪伊即曾說：「苟不達到開國會之目的，我孫某抵死不出京師一步也」。[25]《時報》的〈時評〉更爲激動：

> 去歲屬雞，有高唱一聲喚醒國魂之象。今歲屬犬，有猛屬無前，奮擊直追之勢。故今年之國民當爲奮勵之國民，對於專制之政府，對於野蠻之官場，……種種以奮勵手腕對付之。嗚呼！願我國民勿垂尾喪氣如委巷無家之狗也。[26]

召開國會之目的是爲了立憲，立憲的政體不但可消極地防止專制，消滅官場的「野蠻」與無能，且可積極地擴大參與，促進民權及推動責任及效能政治。立憲派的這種政治理想在各次請願書中表露無遺。第一次請願書曾說：

> 國會者，人民與聞政治之所也。必人民有公舉代表與聞政治之權，國家乃能加以增重負擔，以紓國難之責。[27]

第三次請願〈上監國攝政王書〉亦說：

---

[25] 《申報》，宣統 2 年 6 月 11 日。

[26] 《時報》，宣統 2 年 1 月 4 日。

[27] 《東方雜誌》，7 年 1 號，頁 11-17。

> 庶政多孔，而財政奇絀；官僚充斥，而責任無人。……
> 以如此之政治，當列強之競爭，其有幸乎!且無暇與列強絜短
> 較長也。凡百事不從根本解決，而徒爬枝搔葉，鮮克有濟。……
> 外人之覘吾國者，以為吾國之政治如滅燭夜行，無一線光明，
> 幾不足與於國家之數。[28]

　　三次請願的結果是前二次清廷拒絕，第三次同意將預備的年限從九年縮為六年，亦即定在宣統五年召集國會，並且禁止再作任何請願的舉動。立憲派的份子在〈告各省同志書〉中說：「千氣萬力，得國會期限縮短三年。心長力短，言之痛心」。[29] 很明顯地，他們認為請願運動是失敗了的。

　　立憲派份子在諮議局聯合請願，主張召開國會，在資政院則力主責任政治，要求組織責任內閣。資政院是宣統二年九月召開的，議員定額為二百名，欽選及民選各半（實際民選九十八人，新疆二人未選；欽選亦九十八人，二人緩派），另由欽派總裁、副總裁及祕書長各乙員。民選議員是由各省諮議局議員中選拔而來，不少曾參加過第一次及第二次請願。[30] 民選議員雖不較欽選為多，但在實際上操縱整個資政院的議場，[31] 如開院當天即接受請願聯合會的請願，並以大多數通過上奏朝廷召開國會。在其後的三個多月院會中，一再要求政府向資政院負責，且為湖南地方公債案、雲南鹽斤加價案及廣西巡警學堂外

---

[28] 同上，7 年 11 號，頁 146-148。

[29] 同上，7 年 12 號，頁 157-158。

[30] 如于邦華、陶鎔、陳樹楷、易宗夔、雷奮等皆是。

[31] 主因是欽選議員常與民選議員聯合，或持中立態度。

籍生入學案[32] 與政府齟齬，先主張軍機大臣應到院答覆質詢，復決議通過彈劾軍機大臣，形成嚴重的對抗之局。議員的許多發言很能流露出對光緒帝的懷念及對舊勢力厭惡的心理，如易宗夔即指摘：「政府不重視諮議局，顯然是政府壓迫人民，置先皇光緒『（庶政）公諸輿論』之上諭於不顧」。[33] 此語出後，議員曾為之大拍掌。[34] 雷奮且公開說明對軍機的彈劾「其宗旨所在，即是廢棄軍機，設立責任內閣」。[35] 這應是資政院的「第二篇文章」。[36] 資政院所通過的彈劾奏摺中亦明白要求「迅即組織內閣，並於內閣未成立之前，明降諭旨，將軍機大臣必應擔負責任之處宣示天下，俾無諉卸」。[37]

資政院的各項主張仍然未獲清廷的讓步。軍機大臣既拒絕前往備詢，彈劾案也未被接受（第一次彈劾案，清廷硃批：「著毋庸議，」第二次續彈，清廷留中不發）。[38] 若干民選議員曾憤而要求將資政院解散。清廷守舊勢力與資政院中立憲派人士的衝突，表面雖然成功，實質已大損傳統的尊嚴與威望。

從以上的說明，我們大致可知，立憲派的份子所推動的改革不外是民主與法治。他們的心目中有一個「光緒維新」的印象，所以在情感上與守舊的勢力對抗。但另一面，他們與康、梁的保皇黨不完全一

---

[32] 參見張朋園，《立憲派與辛亥革命》（台北：商務，民 58 年），頁 86-89。

[33] 引自前引，頁 88。

[34] 同上。

[35] 同前引，頁 91。

[36] 同上。

[37] 同前引，頁 95。

[38] 同前引，頁 99。

樣，並不把維新的理想僅僅寄託在光緒帝的一身。他們似乎想創造一個「宣統維新，」儘管理智上明知宣統的攝政王及當政集團是十分守舊而猜忌的。他們對抽象的清廷有一個較籠統的認同，因而一方面贊成立憲，一方面又要冠以君主。換句話說，他們在國體上仍留戀君主，但在政體上則主張民主、法治，期待「維新」的來臨。在這一種情感上才能解釋趙鳳昌所說的：「清室以立憲諉國民，國民亦以立憲諉清室，所求在此，所得在彼」。[39] 但這種感情並不是十分堅強的，清廷對維新的要求多方拖延打擊，很使立憲派的份子「痛心」，再加上種族精神在血液中的滋長，已使相互可以「諉」的情感逐漸破壞。情感象徵的魔力一除，立憲派是「會在憤怒與敵視中轉變態度接受革命的」。據徐佛蘇的記載，立憲派的份子因清廷禁止請願，迫令解散團體，極感憤怒，已有推翻清室秘謀革命之議。他記述：

> 各代表聞此亂命，亦極憤怒。即夕約集報館中，秘議：同仁各返本省，向諮議局報告清廷政治絕望，吾輩公決秘謀革命，並即以各諮議局中之同志為革命之幹部人員，若日後遇有可以發難之問難，則各省同志應即竭力響應援助，起義獨立云云。此種秘議決定之後，翌日各省代表即分途出京，返省報告此事，然清廷毫無所聞。[40]

從現在發現的各項史料可以充分證明：辛亥革命之所以獲得迅速成功，主在各省的紛紛獨立與響應，而各省的獨立與響應，大部由於諮議局的立憲派議員的主持或贊助。如四川都督蒲殿俊、湖北民政長

---

[39] 趙鳳昌，〈惜陰堂筆記〉，《人文月刊》，2 卷 8 期。

[40] 丁文江編，《梁任公年譜長編初稿》，頁 314-315。

湯化龍、湖南都督譚延闓（湖南獨立後的首任都督為革命黨人焦達峰，
但在十天後即被刺，譚由民政部長被推為都督）、福建民政部長高登
鯉、浙江都督湯壽潛、安徽民政長寶以珏等等皆是立憲派的份子，且
除湯壽潛外，皆是該省的諮議局議長。　張一麐認為：「辛亥革命，皆
以諮議局為發端」。[41] 非為無因。

　　立憲派份子雖由維新逐漸轉向革命，但基本的情感與價值仍與維
新相通，並不喜社會及政治的過激變動，也就是贊成緩進而不是激進。
他們的「光緒維新」或「宣統維新」已告幻滅，卻又不能完全破除維
新的情感與價值。他們對袁世凱的寄望正好彌補此方面的空虛，於是
袁世凱成了他們心目中的新 Charisma。再就立憲派份子的社會地位觀
察，他們絕大多數為社會的上層份子，屬當時的紳士階級。據近人張
朋園氏的統計，奉天、山東、陝西、湖北、四川等五省諮議局的議員
有百分之六十六點九具備貢生、舉人及進士等功名，另有百分之二十
四亦具生員的功名。[42] 其他各省雖欠確切的資料，大致應相似。資政
院的民選議員比例更高，貢生以上的佔百分之八十一點六（進士：百
分之二十二點四，舉人：百分之三十七點八，貢生：百分之二十一點
四），生員佔百分之八點二。[43] 這些議員中有相當的人數曾在日本留學，
且多出身於富有的家庭（《諮議局選舉章程》規定候選人的資格之一
是具備五千元以上之營業資本或不動產），其中曾出任清廷官職的，
也不在少數（各省諮議局正副議長六十三人中，曾任中央或地方官吏
的達四十人，且多為中級以上)。[44] 這一批具有上層社會及經濟地位的

[41] 張一麐，《心太平室集》，卷8，頁38。

[42] 張朋園，前引，頁27。

[43] 所據統計資料，見前引，頁28-29。

[44] 前引，頁30-31。

士紳階級，縱受新知識的影響及國勢衰敗的刺激而提倡維新，主張民主、法治，但在社會的層級上，仍不能擺脫士人政治及紳權等一套觀念。在傳統的社會中，士紳的地位與責任，常表現在對地方的關心中，但這並不是指社會與經濟的階層分野應不存在。他們所強調的民主大致屬士紳及士人階層，且大多反對經濟的社會主義化。爲保持本身的社會及經濟地位，士紳階層當然也是主張社會的基本結構與秩序應保持不變的。這一情況一方面更促使他們傾向同階層的袁世凱，一方面不能不與激進的革命黨份子發生裂痕，造成始合而終分的局面。

　　立憲派份子與革命黨在辛亥革命與各省起義時，曾有過短暫時期的合作，但等到滿清推翻，民國建立，蜜月的時期即過。激進的革命黨人總感覺立憲派份子過去擁戴清室，祇求立憲，不是真正的革命者，而且也看不慣立憲派人士的一派士紳傲態。如湖北諮議局議長湯化龍在武昌起義時，出任民政部長，除草擬軍政部規章，通電各省響應，且與列強交涉促承認武昌軍政府爲交戰團體，貢獻甚大，[45] 但與革命黨人的合作不過一月。革命黨人「謂其曾主張君憲，固與革命主義不相容。疑繼以毁，化龍因感不安」。[46] 在另一方面，湯自視士紳，不免倨傲。「化龍態度，有時不免有地位之見，而不自覺也」。[47] 這種態度，對革命黨的激進派而言，不僅是不能容忍，而且是列爲打倒的對象的。激進的革命黨人，除掉強烈的排滿感情外，頗富社會革命的理想，他們反對傳統社會的階層結構與行爲規範，主張平民政治。行爲激動的，更要改良社會風俗，如強調破神權、講衛生、禁畜婢及納妾、絕娼妓、閉賭館，甚至喊出打倒土豪劣紳的口號：

---

[45] 參見張國淦，《辛亥革命史料》，頁 103。

[46] 胡祖舜，《六十談往》，頁 60。

[47] 前引，頁 34-35。

　　拆奉旨牌坊，以至樂善好施匾額。毀去文魁、進士、狀
元各匾，斫折旗杆。因此之故，波及於各鄉之祠堂，各縉紳
之第宅，日被無賴騷擾不堪。[48]

　　這一些社會革命的行動，當然不是士紳階層的立憲派份子所能接
受的。前面說過，立憲派份子為了維持自己的政治及社會地位，最反
對社會結構與行為規範的改變。他們所主張的民權政治也是在士人問
政及紳權的觀念下形成的。平民政治在他們的眼中，變成了「眾愚」
與「眾亂」的政治。吳貫因即說：

　　若夫以多數政治為平民政治，則不知多數政治非必有利
而無害。苟人民之程度低下，則以多數為政，實足為致亂之
源。……一年以來，政局之扤陧，社會之紛擾，皆此等問題。……
嗚呼！此等政治豈特可諡之曰眾愚，循名核實，則眾亂政治
而已矣！眾惡政治而已矣！平民政治云乎哉！[49]

　　立憲派份子與革命黨的激進派無論在政治及社會的改革上皆格格
不入，雙方的合作祇能如曇花的一現。湯化龍在武昌受排擠，南下後
與立憲派另一要角林長民受黃興的邀約分任臨時政府陸軍部的秘書長
和秘書。他們已自覺十分委屈，但仍受到攻擊，據李書城的追憶：

　　湖北方面因銜恨湯化龍在上海重責武昌首義人士，特電
南京反對他任陸軍部秘書長，湯乃離寧赴滬。林長民在南京

---

[48] 此是康有為的指摘語，見康有為，〈議院政府無干預民俗說〉，《民國
經世編》（文海影印，民3年），卷1，頁218。

[49] 吳貫因，〈平民政治與眾愚政治〉，前引，頁83-84。

街頭上曾受到老同盟會會員的當面譏刺，說他從前反革命，
現在又混進革命隊伍來了。他因此也辭職赴滬。他們兩人後
來成立民主黨與革命黨為敵。[50]

　　這段話明白地指出立憲派份子在形勢上必須另謀發展，亦即組黨
與革命黨相抗。在「光緒維新」及「宣統維新」的情感象徵幻滅後，
他們以袁世凱作為新的寄託對象。現受革命黨激進派的排擠，再加上
政治及社會理想與政策上的根本差異，更使得他們非倚重袁的實力與
聲望不可。當然，袁的象徵作用，如與光緒帝相此，在這些具有功名
的士紳人物的心目中，到底是略遜一籌的。

　　辛亥革命在武昌，民國臨時政府的籌建則在滬、寧。立憲派的領
袖張謇雖曾在稍後聯合立憲派中的有力人士贊同共和，協助新成立的
臨時政府，但雙方的合作，也不過三數月。而且從一開始張即寄望袁
世凱出面收拾大局。早在辛亥之前，張力主立憲，即視袁為中國的伊
藤博文，[51] 辛亥之後，自更望袁有所作為。他曾密電告袁：「甲日滿
退，乙日擁公……願公奮其英略，旦夕之間戡定大局」。[52] 對革命黨，
張在心理上先存芥蒂，如說：「與孫中山談政策，未知涯畔」。[53] 顯
然是出於一種偏執的心理。他也抗議革命黨激進派對立憲派的排斥，
曾致函黃興說：「顧鼇拘後，而北方代表中各人驚走；林長民擊後，
而各省代表中有心人寒心；昨排秉三，又排蹇季常，又擊羅傑」。[54] 張

---

[50]　引自張朋園，前引，頁149。

[51]　吳闓生、沈祖憲編，《容菴弟子記》（文海影印），卷3，頁18。

[52]　張孝若，《南通張季直先生傳記》，頁150。

[53]　《張謇日記》，民國元年1月3日。

[54]　張謇，〈張季子九錄〉，《政聞錄》，卷4，頁4-5。

以狀元的科第，領導江、浙的實業界與教育界，成為當時的巨紳，他要求社會與政治的安定是十分可以理解的。臨時政府曾任張為實業總長，他未到任，不久電辭。後聯合革命黨保守派的章炳麟組織統一黨，與革命黨的激進派相抗。

立憲派的份子早在諮議局成立之前已有若干小政團的組織，如政聞社、預備立憲公會、憲政籌備會等等。各省諮議局成立後，進而有聯合會，再進而有請願聯合會及資政院的設立，立憲派的份子已由過去非正式的小政團逐漸進入正式的大聯合。這一大聯合是由諮議局與資政院的議員經過各種結合的功能（如請願、爭取責任內閣、彈劾軍機等），透過議員的角色，發展而來。這一發展在政治的現代化上十分具有意義。我們曾經主張政黨政治的現代化應由外在政黨(outside party)過渡到內在政黨(inside party)，亦即政黨應與議會結合——政黨的領袖產生於國會，而議員則由人民所選舉，如此，政黨的結構即經由議員的選舉，而建立在民意之上。政黨如不能受民意的監督，甚至成為一種極權統治的工具，現代化的政治即不可能。立憲派份子的這一次大聯合，很有成為內在政黨的可能。實際上，他們為了推動立憲運動，也正式籌組政黨，各項努力似皆朝向這一目標，所以是蓄意的(consciously)而非是隨意的(unconsciously)。宣統二年冬，孫洪伊、雷奮、羅傑、易宗夔、李素等人曾交換組黨意見。次年二月，孫洪伊以諮議局聯合會名義，邀請各省議長來京共商國是；四月，十六省代表四十人到京，參加二屆諮議局聯合會，實際會商組黨。五月八日決議以聯合會為基礎，成立憲友會。憲友會總部設北京，支部設各省，以各省諮議局及資政院議員為權力結構的骨幹，非常具有內在政黨的規模。當時的《時報》稱：「是黨之好處，一則其黨員多諮議局之人，或與諮議局有關係之人。……一則其各省支部多由各省諮議局議員擔

任組織」。[55] 所謂好處即憲友會以議會為結構中心，易發展為內在政黨，也就是說將來非為民選的議員很可能喪失政黨領袖的地位。如一日能達此目的，內在政黨的目的可達。但清廷以滿、漢之分，權貴之爭等等因素，終拒絕立憲派份子的立憲等要求，憲友會也連帶不能發生內在政黨的作用，且如前述，在辛亥革命後與革命黨合作，紛紛起義獨立。我們現須加以特別注意的，即立憲派人士始終存有內在政黨的理想，仍然希望經由議會達成立憲的代議政治，他們後來以袁世凱為象徵，也是為了貫徹這一理想。憲友會的領導人物後來與國民黨的分分合合，莫不與此有關。

在立憲派的份子中，也大致分成溫和與激烈兩派。兩派雖同具維新與立憲的見解，但在態度上一較同情清廷，不同情革命，對縮短成立國會期限有某種程度的接受；一較對抗清廷，較同情革命，對縮短成立國會期限有相當程度的不接受。以溫和派的領袖張謇為例，在辛亥革命之前，很反對革命。在辛亥革命發生後，初仍主「平亂」，並思藉革命壓逼清廷實行責任內閣及立憲，[56] 其後才轉向共和，但又大力擁護袁世凱。[57] 激烈派的領袖在辛亥革命前，早與清廷對抗，如川路風潮，就是川省諮議局議長蒲殿俊、副議長羅綸等所發動的，且因此為川督拘捕。[58] 蒲經釋後，與革命黨合流宣佈獨立，成為四川的都督。激烈派與梁啟超的想法頗為接近。梁於戊戌政變後亡命海外，雖仍認同清室，但不若乃師康有為全以光緒帝的權位為念。他且一度傾

---

[55] 《時報》，宣統 3 年 5 月 15 日。

[56] 《張謇日記》，宣統 3 年 8 月 23 日。

[57] 以張謇為首的江、浙立憲派皆屬意袁世凱收拾大局。

[58] 蒲、羅被拘後，川民擁往督署請求開釋，但遭槍兵射殺三十餘人，由此引起川亂。

向革命，後才逐漸轉向溫和與漸進的改革，極力主張立憲。他在日本
讀了不少有關民權與憲政的西方名著，再融會日本明治維新的史實，
而以感情之筆發爲議論，成爲風靡一時的立憲理論家，對國內輿論影
響甚巨。他蟄居東瀛，卻與國內立憲派份子聲氣相通，立憲派的請願，
要求召開國會等，他皆以激烈的文字支持，且曾代擬〈國會請願同志
會意見書〉。他與立憲派份子連絡的橋樑是舊日政聞社活躍份子徐佛
蘇。徐代表梁的一脈參加憲友會，當選爲三常務幹事之一。憲友會另
二位常務幹事一爲雷奮，代表溫和派；一爲孫洪伊，代表激烈派。[59] 孫
曾坦承兩派的存在，且說：「一近樸拙誠實，一近靈華巧黠」。[60] 現
將立憲派的政治價值結構及權力結構，分別圖示，如圖二及圖三。

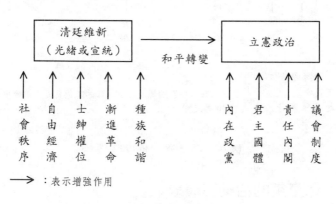

圖二　立憲派的政治價值結構

---

[59]　名單見《時報》，宣統 3 年 5 月 15 日。

[60]　〈中國政黨之前途〉，《時報》，宣統 3 年 6 月 4 日。

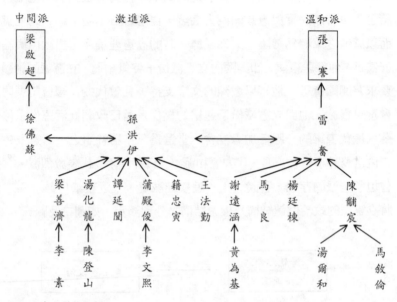

⟶：表示增強作用

*本圖以憲友會的三位常務幹事為主軸，參以總部及各省支部的其他負責人選繪出。
**梁啟超及張謇皆未正式參加憲友會。

圖三　立憲派的權力結構

（二）保皇黨的活動與演變

　　戊戌變法是康有為所領導的，參加的主幹除康的萬木草堂弟子，
如梁啟超等人外，還有湖南南學會的份子，如譚嗣同等。在西方文化
的衝擊下，講究新學以改良政治及社會的潮流亦推向湖南，且發展甚
速，影響亦大。這一情形應歸功湖南巡撫陳寶箴、按察使黃遵憲等有
心人士的創導。南學會大概成立於光緒二十三年，其時康、梁因推動
公車上書，主張變法維新，聲名已經大噪。就在南學會成立之時，梁

啟超受聘到湖南的時務學堂任總教習，於是與湖南的新興知識份子相
互接納，一面講學，一面參加南學會的活動，鼓吹民權變法等新思想。
湖南的守舊士紳王先謙即曾大加反對：「梁啟超及分教習廣東韓、葉
諸人，自命西學通人，實皆康門謬種。而譚嗣同、唐才常、樊錐、易
鼐輩為之乘風揚波，肆其簧鼓。學子胸無主宰……爭相趨附，語言悖
亂，有如中狂」。[61] 文中所指的韓為韓文舉，葉為葉覺邁皆是康的學
生：由此可見康、梁的廣東維新份子與湖南的改革人士合流的情形。

　　戊戌政變，譚等六君子死節。康、梁等避往海外。同年十月梁在
橫濱辦《清議報》，對慈禧太后的守舊政權展開猛烈的攻擊，且稱之
為「偽政府」。[62] 另稱頌光緒帝為賢君，為他寫〈光緒聖德記〉。[63] 康
在政變之後，力謀光緒帝恢復政權，且請英、日等國出面干涉。[64] 與
梁相較，他親受光緒帝的特達之知，且曾一度成為光緒帝的維新導師，
再加上中國傳統功名中人的一套君臣之義的觀念，他始終對光緒帝有
固執的感情及不變的寄望。梁在這方面程度較淺，且理性與分析力特
強，對光緒帝的眷念即不如康的濃烈。康的心目與感情中祇有光緒，
梁在日本住了一段時期後，頗懷疑應否將一切寄託在光緒一人的身上。
在光緒二十六年三月，他曾致書康，隱約有所表示，他說：

　　一、我輩所以如此千辛萬苦者，為救皇上也。從南方起
　事，去救皇上之實際尚極遠。……二、現時皇上既已嘔血……

[61] 王先謙，《虛受堂書札》，卷1，頁55。

[62] 《清議報》，27冊。

[63] 載《清議報》，2、9、10冊。

[64] 參見王樹槐，《外人與戊戌變法》（台北：中央研究院近代史研究所），
頁226-227。

想病重久矣。萬一不能待我之救，則彼時何為討賊……然賊
雖討，而上已不諱，則主此國者誰乎？先生近日深惡痛絕民
主政體，果萬一不諱，則所以處此之道，弟子亦欲聞之。[65]

　　梁的懷疑是基於理性的，人生本來苦短，如將維新歸諸一人，「萬
一不諱」，又將如何繼續？由此看來，梁雖同情光緒帝，但並非絕對
的。他對清室可能有所認同，目的應在促清廷維新，以便建立君主立
憲的民主政體。祇要這一政體能夠建立，國家就可長治久安，至於由
光緒帝去推動維新，或由他的繼任人去推動，尚在其次。所以，梁的
認同光緒或清室固有感情的因素，但另有理性的考慮，與康並不一樣。
梁在光緒二十六年的三月亦曾致函中山先生，反對排滿，說詞雖另有
一套，但精神與致康書相符，他說：

　　　夫倒滿洲以興民政，公義也；而借勤王以興民政，則今
日之時勢最相宜者也。古人云：「雖有智慧，不如乘勢，」
弟以為宜稍變通矣。草創既定，舉皇上為總統，兩者兼全，
成事正易，豈不甚善？何必故畫鴻溝，使彼此永遠不相合
哉！……不然屢次鹵莽，旋起旋蹶，徒罄財力，徒傷人才，
弟所甚不取也。[66]

　　梁後來與國內的立憲派份子相合，辛亥以後再傾向共和，甚至反
對宣統的復辟，皆從此一脈而來。
　　康、梁初抵日後，態度即顯示不同。當時中山先生與陳少白等興
中會革命人士也托身其地，擬往慰問，但康自稱身奉清帝衣帶詔，不

---

[65] 〈致南海夫子大人書〉，丁文江編，《梁任公先生年譜長編》，頁 112。
[66] 前引，頁 140-141。

便與革命黨來往。後日人犬養毅，不欲中國新黨人士隔閡，曾約中山
先生、少白、康、梁到早稻田寓所會談，到時康不來，中山先生、少
白與梁則談到次日的天明，十分投契。[67] 後中山先生派少白訪康，想
說服康、梁排滿，康答：「今上聖明，必有復辟之一日。余受恩深重，
無論如何不能忘記。惟有鞠躬盡瘁，力謀起兵勤王，脫其禁錮瀛臺之
厄，其他非余所知，祗知冬裘夏葛而已」。[68] 梁不但與中山先生、少
白繼續來往，且談到合作問題。光緒二十五年二月初一，康遠去加拿
大，[69] 梁與康門其他弟子與革命黨更公開來往。梁其時才二十六、七
歲的青年（梁生於同治十二年，至戊戌為二十六歲），其他弟子最長
亦不過三十上下，正值感情豐富、思想活潑的時期，自與年齡相若的
年輕革命黨交往，再看到日本明治維新的盛況，當然會滋長國族的情
感與民權的思想。他們曾結合十二人，組成一個激進的小團體，在日
本江之島的金龜樓結義。羅孝高說：「是年（光緒二十五年，即公元
一八九九年）六月，先生（指梁）和韓樹園文舉、李敬通、歐雲樵榘
甲、梁君力啓田、羅伯雅潤楠、張智若學璟、梁子剛炳光、陳侶笙國
鐮、麥曼宣仲華、譚柏笙錫鏞、黃為之諸先生同結義於日本江之島金
龜樓。據當時敘齒，先生次居第五，其餘諸君如以上的次序」。[70] 很
明顯地，以梁為首的這一團體很傾向於革命，他們在感情及中國傳統
的道義上，所難拋棄的是光緒帝與康有為。但既在原則上與革命黨接

---

[67] 〈戊戌後孫、康二派之關係〉，馮自由，《革命逸史》（台北：商務，
民 41 年台一版），初集，頁 49。

[68] 前引。

[69] 馮自由云：康抵日後，因王照舉發其假托衣帶詔之秘密，相互吵鬧，日
本慮生事端，故資助旅費使去。前引，頁 50-51。另據王樹槐先生考證，
日本亦應張之洞的請求，諷康離日，見王樹槐，前引，頁 231-234。

[70] 丁文江編，前引，頁 88。

近，這些問題不妨妥協解決。他們的腹案是勸康歸隱，另望革命黨接
受在共和革命後，擁光緒帝爲總統，如此即可兼顧革命與勤王的目的，
成事也較易。中山先生與少白等是否接受梁等對光緒帝的安排，無資
料可供查考，但可推想如能合作推翻清廷，民國建立後，由何人出任
總統，應可視實際的情形再作商量，不必立時承認或否定。在這一基
礎上，雙方曾進一步談到合併組黨，且擬舉中山先生爲會長，梁爲副。
馮自由回憶說：

> 時梁及同門梁子剛、韓文舉、歐榘甲、羅伯雅、張智若
> 等與總理往還日密，每星期必有二、三日相約聚談，咸主張
> 革命排滿論調，非常激烈，因有孫、康兩派合併組黨之計畫，
> 擬推總理爲會長，梁副之。梁詰總理：「如此則將置康先生
> 於何地？」總理曰：「弟子爲會長，爲之師者，其地位豈不
> 更尊？」梁悅服。[71]

爲了勸康歸隱，梁曾合康門弟子十三人聯合上書，文長數千言，
大致說：「因事敗壞至此，非庶政公開，改造共和政體，不能挽救危
局，今上賢明，舉國共悉，將來革命之日，倘民心愛戴，亦可舉爲總
統。吾師春秋已高，大可息影林泉，自娛晚景。啓超等自當繼往開來，
以報師恩」等語。[72] 由這段話可知，梁等對光緒帝的認同確實並非絕
對。上書的十三人，有十位爲江之島結義弟子（其中梁君力與麥曼宣
未與，可能是不在場），另加上唐才常、林述唐及羅普（孝高）（江
之島結義時，唐、林尙未抵日，羅在日未與盟，原因未知）。[73] 書上

---

[71] 馮自由，前引，頁 64-65。

[72] 前引，二集，頁 31。

[73] 馮自由說：「十三太保姓名，詢諸與此事有關係之康徒，多已不復記憶」。

後，各地康徒嘩然，視爲逆徒，呼爲十三太保。[74] 但梁與中山先生興中會的合併組黨，受到康門保守弟子的反對，是歲秋，梁到香港推康門弟子徐勤與少白起草合併的聯合章程。徐是保守派，表面贊成，實則反對，「因與麥孟華各馳函星加坡，向康有爲告變，謂卓如漸入行者（按指孫）圈套，非速設法解救不可」。[75] 康大怒，立派葉覺邁攜款赴日，勒令梁赴檀香山辦理保皇黨，雙方的合作與合併乃告結束。

　　梁與中山先生謀合作合併，確是走上激進的一面，但從上述亦可知，他始終不能將光緒帝與康有爲從情感中徹底消滅，處處有所顧慮。梁出身書香門第，原是功名中人，且參加過公車上書及維新變法，所以無論在傳統文化以及社會地位上，皆不能如中山先生與少白等心無記掛。當與中山先生及少白高談革命時，他受到情感的激盪，主張排滿共和，事後又考慮到君恩、師恩以及康門的勤王維新。他不能忘情民權及民族革命，但也覺得如能透過勤王維新，而導至君主立憲，可能更達到穩定社會秩序的目的。在另一面，梁在十七歲（光緒十六年，公元一八九〇年）時入康門，與康及同門弟子思想、事業及患難相共近十年，決非短時所可擺脫。各種因素的合致，使得梁祇得遵康命赴檀香山組保皇會。與革命黨分手後，勤王立憲的觀念逐漸抬頭，他一方面成爲康門中的激進派，主張用武力推翻慈禧太后的守舊政權，謀民權及憲政的樹立；另一方面卻成爲革命黨打倒的對象，因他不贊成排滿，傾向漸進，但又自命革命。在梁來說，他要推翻慈禧太后的舊政權，且對光緒的認同，夾有理智上的現實考慮，所謂保皇也就成了爲立憲與民權革命。他的這套說法，再配合他與康在戊戌變法及政變

此一名單，係馮之記憶。見前引，頁 32。

[74] 同前引。

[75] 同前引。

時的赫赫聲望，易爲傳統而略帶革新思想的僑界份子所接受。他去檀
島，原央中山先生介紹其地興中會人，但他到檀後，則設立保皇會，
掠奪興中會的根據地，控制僑界的財力支援。[76] 梁在檀島的得勢，似
更堅定他那套保皇革命的信心，乃轉往舊金山等地活動，分去中山先
生不少勢力。中山先生自稱：

> 自乙未初敗以至於庚子（即公元一八九五至一九〇〇
> 年），此五年之間，實爲革命進行最艱難困苦之時代也。……
> 適於其時有保皇黨發生，爲虎作倀，其反對革命，反對共和，
> 比之清廷爲尤甚。當此之時，革命前途，黑暗無似，希望幾
> 絕，而同志尚不盡灰心者，蓋正朝氣初發時代也。[77]

革命黨對梁的作風，當然大憤。在中山先生看來，康僅著重保皇，
尚易駁斥，梁則加上革命二字，全然在混淆是非，尤爲可惡。他對與
梁謀合作、合併一事，從不再提，頗感覺康、梁等功名中人，在社會
地位及現實的考慮上是不可能從事革命的。公元一九〇三年，中山先
生有一篇〈敬告同鄉論革命與保皇之分野書〉，鄭重聲明革命黨的革
命與梁的革命完全不同，而視梁爲敵寇。他說：

> 夫康、梁一以進士，一以舉人，而蒙清帝載湉特達之知，
> 非常之寵……今二子之遁逃外國，而倡保皇會也，其感恩圖
> 報之未遑，豈尚有他哉？……彼名爲保皇，實則革命，則康、
> 梁者尚得處於人類乎？直禽獸不若也。……夫革命與保皇，
> 理不相容，勢不兩立；今梁以一人而持兩說，首鼠兩端，其

---

[76] 在檀島獲捐款達 8、9 萬，見丁文江編，前引，頁 130。

[77] 孫文，《孫文學說》，前引，頁叁－164。

所言革命屬真，則保皇之說必偽；而其所言保皇屬真，則革命之說亦偽矣。……革命者，志在倒滿而興漢，保皇者，志在扶滿而臣清，事理相反，背道而馳。……誠能如康有為之率直，明來反對，雖失身於異族，不愧為男子也。[78]

中山先生又云：

彼黨狡詐非常，見今日革命風潮大盛，彼在此地則曰：借名保皇，實則革命，在美洲則竟自稱其保皇會為革命黨，欺人實甚矣……此計比之直白保皇如康怪者尤毒，梁酋之計狡矣。[79]

從中山先生的話中也可反應出：康一味注重光緒的復辟，不過是對一人、一室之愚忠，已不生太大的力量，而梁以激進的姿態，兼談民權革命，反能迎合及掀動人心對自由、自主及秩序的基本需要，相當具有號召力。梁在未去檀島之前，曾與康門十三太保籌劃武力推翻慈禧太后的守舊政權，建立維新政府。其時正與革命黨商談合併，雙方對是否保皇尚互作遷就，但皆同意以武力起義。當時康門弟子決定歸國進行的是唐才常與林述唐，出發之前，梁在紅葉館設筵祖餞，中山先生、少白亦在座。[80] 梁到檀島後態度有變，排滿已經不談，一心籌款助才常等勤王。才常返回上海發起正氣會，旋易名為自立會，並組自立軍。但是否排滿，僅用模稜的口氣帶過。才常手訂正氣會章程

---

[78] 孫文，〈敬告同鄉論革命與保皇之分野書〉，前引，頁玖—17-18。

[79] 孫文，〈復黃宗仰望在滬同志遙作掃除保皇黨聲援函〉，前引，頁玖—19。

[80] 馮自由，前引，頁34。

二十餘條，並撰一序言，其中一方面說道：「夫日月所照，莫不尊親，君臣之義，如何能廢」。一方面又說道：「國於天下，必要興立，非我種類，其心必異」。[81]「君臣之義」與「非我種類」二語是自相矛盾的。才常可能既想勤王，擁戴光緒帝，又想推翻滿族的專權，使漢族復興。這樣的兼收並蓄，當然不是力主排滿及共和的革命黨所能同意。庚子（光緒二十六年，公元一九００年）自立軍之役，才常、述唐皆死難，所謂保皇革命徹底失敗，自此之後保皇會即再無起事的行動。

庚子之役的失敗，梁受責難最多，刺激最深，一度想披髮入山。光緒二十七年重返日本，情緒雖然不好，但仍主張革命。光緒二十九年以後，梁的思想逐漸趨向漸進，反對破壞，也反對共和。排滿須破壞，破壞之後，社會秩序即難恢復。

破壞思想，未嘗不可提倡，但恐青黃不接，暴民踵起。[82]

他仍主張民權，但性質上近於英人洛克(John Locke)的自由主義。他也似乎著重現實與經驗，不過相信絕對的真理，甚至「不惜以今日之我，難昔日之我」。[83] 梁的自由主義是站在保障個人自由以限制政府權力的立場，所以必然會趨向議會政治、責任內閣與政黨政治。這一些皆需憲法加以明定，也需人民加以認同，否則憲政就缺乏基礎。梁最後力主立憲，且爲維持社會安定，作和平的過渡，他也贊成君主

---

[81] 引自高翰森等編，《中華民國革命建國史》（上海：新光，民 18 年），卷 1，頁 48。

[82] 民元年 10 月 21 日，〈蒞報界歡迎會演說辭〉，《飲冰室文集》，57 卷。

[83] 梁啟超，《清代學術概論》，頁 143。

立憲的國體。從政治價值的眼光看，實皆出於自由主義的民主政治。
大致從光緒三十二年開始，他極力發揮自由主義的民主政治觀，且與
同盟會人士展開激辯。綜合說來，梁重視實質上的民主政治，不措意
於表面的共和。他不主張種族革命，認爲滿人並非異族。他要求立憲，
並主張在立憲的過程中實行開明專制，作爲預備。在另一方面，他反
對土地國有，不主張政治革命與社會革命可以並行。他所顧慮的是：
社會秩序會因土地國有政策而不得恢復。至於中國的貧窮，他認爲非
因土地分配不均，而是資本未能發達，故主張與其分配土地，不如解
決資本問題，這也是出於一種自由經濟的看法。[84] 同盟會由汪兆銘、
陳天華、朱執信、胡漢民等人以共和主義、種族主義、社會主義的同
時進行加以駁斥，梁祇能一人應戰，當然吃力異常。故頗願調和。徐
佛蘇曾挽宋教仁出面，但中山先生、漢民皆不許。梁在這段時期雖堅
持君主立憲，但已不若過去保皇的態度，與康有爲的保守派逐漸分立。
佛蘇曾告宋：「《民報》動則斥其保皇，實則卓如已改變方針，其保
皇會已改爲國民憲政會矣」。[85]

　　梁與康的關係日疏，但與立憲派的關係日密。他在光緒三十二年
籌組政黨，三十三年成立政聞社，徐佛蘇回憶說：

　　　前清乙巳、丙午年間，吾國留日學生達二千餘人，對於
　　祖國救亡之主義，分「種族革命」與「政治革命」兩派。所
　　謂種族革命者，欲以激烈手段推翻滿清君主也。所謂政治革
　　命者，欲以和平手段運動政府實行憲政也。梁先生者，……

---

[84] 同盟會的言論機關是《民報》，梁的言論據點則是《新民叢報》。可參
　　見 73 號至 91 號的《新民叢報》。

[85] 宋教仁，《我之歷史》（台北：文海影印版，宋漁父先生遺著），第 6，
　　頁 3。

此時見留日學界主張立憲之人漸多，又慟心於國內歷次革命
犧牲愛國志士過多，而仍未能實行革命，乃亦偏重政治革命
之說，發揮立憲可以救國之理，於是於丙午年間，與馬良、
徐佛蘇、麥孟華、蔣智由、張嘉森及留日學界三百餘人創設
政治團體於日京，名為政聞社。[86]

徐、麥二人返國活動，鼓吹立憲及召開國會、建立責任政府等。
立憲派份子參加的甚多，對立憲運動產生巨大的推力。光緒三十四年
七月政聞社遭查禁，但次年（宣統元年）各省諮議局紛紛成立，梁透
過舊政聞社的立憲派份子與各省議員相互連絡，爭取立憲，並在日本
作理論的指導與言論的鼓吹。憲友會成立時，徐佛蘇隱然為梁的代表，
被推為三位常務幹事之一。辛亥革命的成功，得力於各省的獨立，各
省的獨立實出於諮議局議員的推動，

　　而昔年國會請願之能監促清廷，設立各省諮議局，畀人
　民以議政之權力者，實大半由於梁先生能以精神及著作領導
　余等之奮鬥也。此可知民國之成立，梁先生實有間接之力。[87]

辛亥革命後，梁不能與革命黨人合作，原因與立憲派相同。他要
穩定社會秩序，和平過渡到立憲政體，也必須找一位強有力的
Charisma，實行開明專制，他的對象也不出袁世凱。袁出賣新黨才生
戊戌政變，康、梁一向視為仇讎，現梁則隨立憲派改變態度，康的不
諒可知。從此，梁成為立憲派的一領袖，隨政局而沉浮，康則逐漸在
政壇消失。

---

[86] 丁文江編，前引，頁 202。

[87] 前引，頁 378。

保皇黨的政治價值結構及權力結構可如下圖：

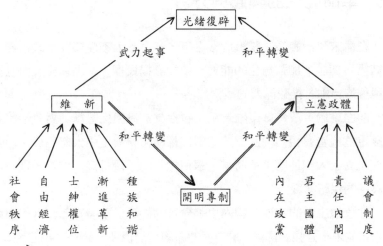

：表示增強作用，雙線箭頭專指梁啟超由保皇轉向立憲後的作用。

圖四　保皇黨的政治價值結構

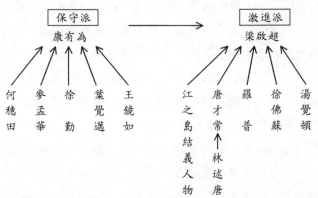

：表示增強作用

*江之島結義人物除梁外為韓文舉、李敬通、歐榘甲、梁啟田、羅潤楠、
　張學璟、梁炳光、陳國鏞、麥仲華、譚錫鏞、黃為之。

圖五　保皇黨的權力結構

三、革命團體的興起與分合

在清末政治體系的雙重危機之下，革命黨人不僅要變革政治體系的結構與功能，加強角色的能力，使能發揚民權，鞏固國權，而且要實現種族自由，推翻滿人的極權統治。

前面說過，革命黨與維新派（包括立憲派與保皇黨）對政治體系的雙重危機皆有相同的體認，且對民權的需要與主張大體相似，但在民族主義上大相逕庭：革命黨主張用激烈的手段排滿，維新派則持溫和緩進的保留態度。

在危機出現的初期，國內主張變革的知識份子多寄望清廷的自動革新，並未十分強調排滿。這方面的原因可能很多，主要的可能有二：其一是清廷已統治中國二百餘年，所建立的政治體系久為人民所接受，已產生所謂正統化(legitimacy)的效果，再加上中國傳統政治文化中一向強調的君臣之道，易使人民認同清室，在心理上自覺為政治體系中的成員。其二是任何政治改革皆需要力量。清廷掌握政治的權力，如能用新人、行新政，作主動的改革，定能事半而功倍，且不致損害到社會的秩序。在這兩個主因之下，早期的改革者皆爭取清廷的支持，作變法維新的努力。康、梁所推動的公車上書屬於這一類，中山先生早年的上書李鴻章也仍然屬於這一類。

但中山先生與康、梁的情形不同，他一方面欠缺康、梁的功名與社會地位，不但不能接近光緒帝，且尚見拒於李鴻章，爭取不到任何權力；另一方面他在年少時即接受西方的民主教育，且涵化甚深，較能擺脫中國傳統政治文化的拘束。康、梁在戊戌政變失敗後仍留戀保皇維新，而中山先生在上書李鴻章不成後即堅決主張排滿、共和，就上述的社會背景因素看，這些皆是必然的結果。

在政治現代化的過程中，革命的產生往往是由於舊有的政治體系不能自作調整與革新而來。革命黨的造成，常常是由於少數熱烈而激動的份子所發展而得。我國革命黨的出現與發展也是如此。同盟會成立後曾在宣言中說：

> 無論政治革命、種族革命，當伏處之時，無不有少數愚夫，懷抱辛痛，集會結社，為之祕畫。密雲不雨，伏藥遍地，迅雷乘之，乃易爆發，其理勢使然。……蓋天下公器，人權式尊，政之所繇，民實界之，大道之行，不可以界，天命惟民，古訓是則，東西甯有異哉？[88]

這一段話實際已將我國革命黨產生與發展的輪廓大致描出，下面再分別對各革命團體的興起與分合作較詳細的說明與分析。

（一）澳門時代的興中會

對我國政治體系的危機最有體認，而懷抱辛痛，欲從事政治革命、種族革命的偉大「愚夫」，當然首推中山先生。在二千多年專制傳統的政治文化之下，中山先生要從根本上加以推翻改造，使成為共和民主的政治體系，真是困難重重，不比愚公的移山易，但中山先生終其身努力不懈，實基於不同凡響的人格。從人格特質上觀察，中山先生具有非常深厚的體認能力(empathetic capacity)，他對人對事都能作設身處地的體認，洞悉力非常敏銳。由於這一能力，中山先生不但易於而且樂於接受新的知識與經驗。在另一方面，中山先生的性格十分爽

[88] 〈中國同盟會本部宣言〉（民前 1 年，1911 年 10 月），《國父全集》（台北：中華民國各界紀念國父誕辰籌備委員會出版，民 54 年 11 月 12 日），第二冊，頁肆－6。

朗、獨立、自由，且有一種超越的傾向。他能堅守原則，「是其所是，非其所非」，爭取理想的完美。對民生疾苦，中山先生亦抱有強烈的同情心，而以國家及社會的建設作為自我實現(self actualization)的目標。中山先生的這些人格特質，使他極富現代性(modernity)、創造性與革命性。他為了實現他的理想與原則，不惜突破傳統，脫出小我的狹窄天地。誠如心理學者 Richard S. Crutchfield 對革命者的性格的描繪，他不隨聲附和，而是特立獨行。他能不顧外在反對的壓力，堅持自己的原則與判斷。他真誠懇摯，不矯揉做作；熱情奔放，作美的追求。他反應靈敏、飽具信心與說服力，是一領導人物。[89]

　　人格的構成有遺傳的部分，也有後天陶冶與學習，亦即社會化(socialization)的部分。中山先生出生於廣東香山縣的翠亨村。其地緊鄰澳門，但「地多砂磧，土質磽劣，不宜於耕」。[90] 他的家庭世代務農，但境遇並不太好。這一情境使中山先生很能了解及同情平民的疾苦。在我國早期的革命家中，中山先生特別強調社會主義，即與此有關。他的日籍好友宮崎滔天曾經問他：「先生平均地權來自何處？是從學問上的研究得來的呢，還是從實際上的考察得來？」中山先生坦然答說：「我幼時的境遇，刺激我使我感覺有從實際上和學理上來研究這個問題的必要。我如果沒出生在貧農的家庭，我或不會關心這個重大問題」。[91] 中山先生的家境貧寒，在十三歲即隨母遠渡重洋，走依移墾夏威夷的長兄。這一件事對他的影響極大，因他抵夏威夷後，

---

[89] Richard S. Crutchfield, "Conformity and Character," *The American Psychologist*, (May, 1955), Vol. 10, No. 5, pp.191-198.

[90] 孫文，〈上李鴻章陳救國大計書〉，《國父全集》，前引，頁玖－8。

[91] 宮崎滔天，《孫逸仙傳未刊稿》（陳鵬仁譯），《傳記文學》，26 卷 3 期（民 64 年 3 月），頁 4。

先後進入英、美人士所辦的學校，親身體會到西方的生活方式與文化，
而內化爲人格的一部分。Henry B. Restarick 曾說：

> 如果孫逸仙在意奧蘭尼學校就學時，獲得任何為自由而
> 奮鬥的觀念，應歸因於閱讀英國歷史而來；其中包括英國《大
> 憲章》的制定，克倫威爾反對查理一世的專制，以及大英帝
> 國憲政的發展。[92]

中山先生雖受到西方自由民主精神的洗禮，甚至信奉耶教，但也
受到種族歧視的打擊。他的外國同學歧視東方人「或拖其辮，或扯其
袍，以取笑樂。先生初猶隱忍，久乃毅然抵禦，……當者辟易，同學
始不敢忤」。[93] 中山先生後來一面提倡民族主義，一面反對帝國主義，
恐皆因早年所受的刺激而生。在十八歲時，中山先生因信教爲長兄遣
歸，他回國後所看到的是農村生活的貧窮，人民的愚昧，以及種種不
合理的陋俗，如迷信、纏足等等。在政治上，他看到清廷在中、法戰
爭中的顢頇與腐敗，激憤異常，後來回憶說：

> 予自乙酉中法戰敗之年，始決傾覆清廷、創建民國之志。[94]

一八八五年，中山先生進廣州博濟醫院附設的醫學校學醫，兩年
後再轉學香港的西醫書院，一八九二年卒業。在這一段時期，他結識
了若干年輕的激進同志及數位主張維新變法的前輩。他們先開始談論，

---

[92] Henry Bond Restarick, *Sun Yat-sen: Liberator of China* (New Haven: Yale University Press, 1931), p.15.

[93] 羅家倫主編，黃季陸增訂，《國父年譜》增訂本，上冊（台北：中國國民黨中央委員會黨史史料編纂委員會，民 58 年 11 月增訂），頁 21。

[94] 〈孫文學說〉，《國父全集》，前引，第一冊，頁參－161。

逐漸形成秘密的團體，並著手進行某些具體的行動。這一影響到中國歷史的革命黨乃告誕生。

　　早期的革命黨祇不過是少數志同道合者的秘密結社，大家雖高談革命、造反，但既缺群眾的基礎，也乏金錢與武力。中山先生曾告宮崎滔天，在談論時代，尚不知如何著手進行革命。[95] 在另一方面，他們對清廷二百餘年的統治可能仍存有一些認同感，寄以一些希望，所以也很想藉清廷的力量，自上而下發動變法維新。從現存的資料看，這一想法很可能首先來自贊成溫和改革的數位年長前輩。無論如何，早期的革命黨確曾從事過溫和的改革運動，中山先生的上書李鴻章，請求實行新政，即是明證。他曾自承在澳門組織團體，主要的目的在上書請願，這一早期的團體，就是興中會。他在〈倫敦被難記〉中說得非常詳細：

　　　　予在澳門知有一種政治運動，其宗旨在改造中國，故名之曰「興中會」。其黨有見於中國之政體不合於時勢之所需，故欲以和平手段，漸進方法，請願於朝廷，俾倡新政。其最重要者，則在改行立憲政體，以代專制及腐敗的政治。予當時深表同情，即投身為黨員。……中國睡夢至此，維新之機，苟非發之至上，殆無可望。此興中會之所由設也。興中會之偏重於請願、上書等方法，冀萬乘之尊，或一垂聽，政府之或可奮起。……中、日戰爭既息，和議告成，而朝廷即悍然下詔，不特對上書請願者加以叱責，且云此等陳情變法條陳以後不得擅上云云。……吾黨於是憮然長嘆，知和平方法無可復施。……人民怨望之心，愈推愈遠，愈積愈深，多有慷

---

[95] 宮崎滔天，前引，頁6。

慨自矢，徐圖所以傾覆而變更之者。興中會總部設上海，而
會員用武之地，則定廣州。[96]

　　從上引〈倫敦被難記〉的記述可知，這一在澳門活動的興中會，
決定在廣州「用武」之前，曾有過上書請願的嘗試，中山先生既自認
早在一八八四年中法戰爭時，即決心排滿。我們可以推想，他對上書
請願定存有心理上的矛盾與衝突。自甲午（一八九四）上書李鴻章見
拒，他從此絕不再提此一舊事。很明顯地，這是作自衛性的遺忘。雙
趨衝突(approach-approach conflict)之一的上書因挫敗而打消，反更增
強他原有的排滿驅力。當時的老同志陳少白回憶上書挫敗後的情形說：

　　　所有希望完全成泡影，所以到了這個時候，孫先生的志
　　向益發堅決，……一定要反抗滿州政府。[97]

　　我們可以這樣說：中山先生在一八八四年雖立下排滿的志向，但
要等到甲午年（一八九四）才決心進行推翻滿清的極權統治。
　　從以上的敘述與分析，大體可知甲午年是革命黨轉向積極排滿的
一年。在此之前，中山先生及所屬的興中會雖有排滿思想，但仍從事
和平的改革，上李鴻章書是當時的一項高潮。自此以後，中山先生即
唾棄請願上書，且遠走檀香山創建積極排滿的興中會。檀香山的興中
會是中山先生在解消雙趨衝突後所建立的，等於是重新創建的，所以
他在〈倫敦被難記〉發表後的其他著作中，皆稱興中會創建於檀香山，
時在甲午戰後。他對甲午前的興中會及上書請願等活動雖絕少再提，

---

[96] 孫文，〈倫敦被難記〉，《國父全集》，前引，頁柒—2-3。

[97] 陳少白口述，許師慎筆記，《興中會革命史要》（台北：中央文物供應
　　社，民45年6月），頁8。

但也並不否認其時興中會的存在。在後來所著的《孫文學說》第八章中，中山先生曾說〈倫敦被難記〉第一章的敘述甚爲簡略，「而當時雖在英京，然亦事多忌諱，故尚未敢自承興中會爲予所創設者，又未敢表示興中會本旨爲傾覆滿清者」。[98] 中山先生的這一段解釋，雖對〈倫敦被難記〉有所補正，但亦不否認〈被難記〉所記甲午前在澳門活動的興中會，以及上書之舉。鄒魯在撰擬〈中國國民黨史稿〉時，曾採取〈被難記〉的記載，斷定興中會創立於澳門，時在民前二十年，亦即甲午前二年。[99] 民國四十三年，中國國民黨對興中會的成立年代另作考證，認爲〈被難記〉的英文原著中相當於「興中會」三字的祇有 Young Chinese Party，而這三個英文字雖可譯爲「青年中國黨」，但實際並無此黨的存在，乃由中央常務委員會決議：興中會於一八九四年在檀香山成立。[100] 按〈被難記〉是中山先生在倫敦蒙難出險後，用英文所寫，標題爲 Kidnapped in London，成稿於一八九六年十二月，初版於一八九七年年初印行。英文初版發行後的十五年，始由國人甘作霖譯爲中文，於民國元年（一九一二）五月交商務印書館出版，書名爲《孫大總統自述倫敦被難記》。[101] 中譯本既在民國元年出版，中山先生定然閱過，他在《孫文學說》第八章中亦指出世人常根據〈被難記〉獲悉革命的源起。但如前所述，他並不否認澳門時代的興中會，亦未對 Young Chinese Party 的中譯加以訂正。鄒魯爲親炙中山先生的

---

[98] 〈孫文學說〉，前引，頁叁－161。

[99] 鄒魯，《中國國民黨史稿》（台北：商務，民 54 年 10 月），頁 2。

[100] 引自日本《產經新聞》，古屋奎二，《蔣總統秘錄》，《中央日報》議印，第二冊，民 64 年 3 月，頁 91。

[101] 李雲漢，〈研究中山先生的外文史料〉，《幼獅》月刊，40 卷 4 期，民 63 年 10 月，頁 4。

老同志，他斷定興中會創立於澳門的〈史稿〉且經另一老同志胡漢民校正過，決非未經考慮。當然，興中會三字的正式中文名稱既出現於檀香山的興中會宣言，且中山先生在《中國革命史》及《孫文學說》中亦自稱興中會成立於檀香山，國民黨中央常務委員會據此而爲決議，也是一種慎重的作法。但我們在研究中山先生領導的革命黨時，卻不能不承認它的根源早在甲午前二年於澳門樹立，至於名稱是否爲興中會或青年中國黨，甚或無正式名稱，皆尚在其次。

如我們注重革命黨的實質發展，而非在名稱的考證，不妨對這一早期型態的革命組織，仍沿用鄒魯的說法，稱之爲興中會，但爲了有別於後來在檀香山重組的興中會，可改稱爲澳門時代的興中會。

前面說過，澳門時代的興中會，是由中山先生爲主，逐漸發展出來的秘密結社。它的核心是少數年輕的激進同志，另加上數位主張新政及溫和改革的前輩爲輔。在結構上，這一結社，似乎並未建立正式的制度；功能的運行，也大致取決於相互之間的磋商。亦即整個的組織型態尚未發展到一個較高的層次。但最值得我們注意的是，這一初級的革命團體，著眼在傳統政治體系的根本改革：由專權步上民權，由特權進入平等。它的成員並不是傳統社會中的所謂上層階級，他們既非世家子弟，亦非科舉中人，但多少接受過西方的新式教育，具有新的知識及超越傳統的改造精神。這是傳統中國的新興階級，他們播散出中國社會的無限潛能，促動中國社會的巨大變遷，也使得中國的政治發展進入了一個新的領域。

中山先生的背景與人格已如前述，他的年輕激進同志大都屬於同一類型，不出農、商的平民階級。他們多具現代性及革命性，有反傳統的傾向，且皆進過新式學堂，多少具有新的知識與思想，儘管在程度上仍有差異。在少數的年輕同志當中，與中山先生結識最早，而最具影響力的是陸皓東。陸是中山先生同里的總角之交，當中山先生因

信奉耶教遭長兄由夏威夷遣歸時，唯一在精神上加以支持，在思想上可以共鳴的就是陸皓東。陸曾在上海進過洋學堂，且信奉耶教。中山先生進入廣州博濟醫科學校後，陸浩東偕鄭士良同來談論革命。鄭是廣州人，曾在廣州德國禮賢會學校畢業，後亦入博濟醫科學校就讀。他是受過洗的基督徒，與三合會有淵源，中山先生曾告宮崎滔天：

> 經由他，得知中國以往秘密結社的內幕，這對我的革命
> 計畫有很大的幫助。這等於說，我由談論革命的時代進入實
> 行革命的時代的動機，鄭君的貢獻很大。[102]

在香港西醫書院時代，中山先生結識陳少白、楊鶴齡、尤烈等，四人朝夕相處，放言革命，被稱為「四大寇」。四大寇中的楊鶴齡亦與中山先生同里，是廣東輿圖局的學生；尤烈，廣東順德人，是廣州算學館的學生，「自幼好與洪門會黨遊，久有興漢逐滿之志」。[103] 陳少白，廣東新會人，原就讀廣州的格致書院，後受中山先生之勸，轉入西醫書院共學。興中會初期的文告，多出少白手筆。這一批年輕的激進同志醉心革命，中山先生曾形容說：「數年之間，每與學課餘暇，皆致力於革命之鼓吹，……大放厥詞，無所忌諱」。[104]

中山先生與年輕的革命同志雖具革命的理想與情感。但在早期仍作上書之舉，這固然由於傳統政治文化的影響，未完全否認清廷的政治體系，也受到一些年長師友的鼓勵。中山先生的年長師友中具有新思想，主張政治改革的首推何啓與鄭觀應。何啓早歲留學英國，後返

---

[102] 宮崎滔天，前引，頁 7。

[103] 馮自由，《革命逸史》（台北：商務，民 42 年 2 月台一版），初集，頁 8。

[104] 〈孫文學說〉，前引，頁參－162。

香港執業律師並創設西醫書院，是中山先生的老師。他常用英文在香
港的《德臣西字報》發表政論，力主新政，再由胡禮垣譯爲中文，後
並合撰《新政真銓》一書。鄭觀應是中山先生的年長同鄉，曾做過英
商洋行的買辦，非常通曉洋務，他曾編著《盛世危言》一書，贊成仿
效西法，改革政治。何、鄭二人對英國的君主立憲及自由、民主的制
度十分傾心，所以呼籲清廷立憲，建立議會政治。何在《新政真銓》
中不僅討論到君主與民主的性質，且詳論議會的權責，諸如與政府的
制衡關係、議員的選舉、議事，甚至涉及政黨。鄭亦說：

> 日與彼邦人士交接，察其習尚，訪其政教，考其風俗利
> 病得失盛衰之由，乃知其治亂之源，富強之本，不盡在船堅
> 炮利，而在議院上下同心，教養得法。興學校、廣書院、重
> 技藝、別考課，使人盡其才。講農學、利水道、化瘠土爲良
> 田，使土盡其利。造鐵路、設電線、薄稅斂、保商務，使物
> 暢其流。[105]

　　何、鄭既提倡君主立憲與議會政治，他們也連帶寄望清廷的「君」
能立憲維新，然後再經由議會政治而政黨政治，最後達成自由、民主
的政治。他們對清廷的寄望，使他們不能不成爲溫和的改革者，但他
們的政治主張卻十分具有吸引力與說服力，中山先生就很明顯地受到
他們的影響。他在〈被難記〉中所提到當時興中會的倡導和平改革及
改行立憲政體。恐怕皆本此而來。
　　目前沒有充分的資料可以證明何、鄭曾參加興中會的組織，但卻
足夠證實雙方具有密切的關係，對早期興中會的活動，何、鄭曾作某

---

[105]　鄭觀應，〈政績篇·自序〉，《盛世危言》。

種程度的輔導。以中山先生的上書李鴻章說，不但上書的過程經過鄭的安排，且書中建議的主要內容也與鄭的主張一樣。據陳少白的回憶，中山先生的文稿曾經過少白的修改，再攜至上海的鄭處。在鄭家由王韜參加修正，並介紹李鴻章幕下的文案朋友，而後中山先生始能偕陸皓東前往天津投遞。[106] 廣州至天津的路途非常遙遠，若非經過審慎的計畫與安排，中山先生決不會貿然行動的。再從內容看，上書的主要建議爲「人能盡其才，地能盡其利，物能盡其用，貨能暢其流」。這與前引鄭所說的「人盡其才，地盡其利，物暢其流，」也幾乎是同一口吻。無論如何，中山先生的上書並非是單純與獨自的行動，它是早期興中會的一種集團舉動，鄭應是主要策劃人之一。

　　何與澳門時代興中會的關係，無直接的史料可以覆按，但就以後的史實可以推知雙方必有連絡。何與鄭有同樣的看法，即李鴻章爲清廷能夠接受及推動新政的大臣。鄭策動上書，何有無參與不可知，但在一九〇〇年義和團之亂時，何曾與陳少白商量，欲透過香港英國總督卜力(Black)的支持，勸說當時出任粵督的李鴻章能趁機獨立，以實行新政。少白函告中山先生，中山先生認爲可以一試，而由何啓以英文代擬所謂〈平治章程〉六則，交送港督，「懇貴國轉商同志之國，極力贊成」。[107] 亦即請港督轉商李鴻章的贊可。這六則〈平治章程〉曾經過興中會全體會員的同意，但實質上仍是何在《新政真銓》中的主張，如訂憲法、設議會、公權利、平政刑、變科舉等皆是。由這一事件可以看出何與中山先生、少白決有政治上的連絡，且相互信任，非同泛泛。這種密切的關係，不可能臨時建立，一定是在中山先生肄

---

[106]　陳少白，前引。

[107]　孫文，〈致香港總督歷數滿清政府罪狀並擬訂平治章程請轉商各國贊成書〉，《國父全集》，第二冊，頁玖－13。

業何所創設及執教的西醫書院時及其後所發展而來的，亦即何與澳門時代的興中會早有連絡。

何、鄭皆主張以和平的改革達成變法維新，這與康、梁的主張並無二致，但何、鄭爲何不能與康、梁合拍，而與中山先生、少白等結合呢？其中的原因恐仍要從社會及背景的因素加以分析。前面說過，何、鄭皆與西人有直接的交往，對西方文化具直接而深入的體認，在程度上遠較康、梁爲廣、爲深。這一情形與中山先生相似。中山先生在年幼時即赴夏威夷接受西方教育，對西方文化的體認決不下於何、鄭，亦爲康、梁所遠不及。直接受西方文化涵化的人，在人格上易受影響，而人格特質相近的人當然易於接近，這是何、鄭易與中山先生結合的一項因素。就社會地位看，何、鄭與中山先生一樣，皆非科舉中人，亦非傳統社會中的世家子弟，相互易於來往，易於合作，這是結合的另一因素。康、梁雖主張倣效西法變法維新，但受西方文化的涵化不深，在人格上仍然保留中國傳統士大夫的積習，再加上科舉的功名與地位，就更不易與何、鄭或中山先生等結合。

從以上的各項分析，我們大致可發現澳門時代的興中會，有下舉的特色：

1.是少數人的政治結合，但組織尚不夠嚴密。在結構上已可看出是由中山先生領導的一種激進的團體，具有外在政黨的色彩。

2.組織的成員皆爲平民階層，但皆受過新式的教育。這一具有新思想的平民政治團體，使得中國傳統的政治體系在基本上發生動搖。

3.政治的目的與功能徘徊在排滿的民族主義及溫和的維新主義之間，但在結構上，兩者的價值取向是互相衝突的，如種族主義、社會平等、共和政治，皆不同於種族和諧、社會的秩序及漸進的民主建設。這一情形完全導致組織的繼續變動，而轉向一個較穩定的目標。

現將澳門時代興中會的政治價值結構及權力結構圖示如圖六及圖

七。

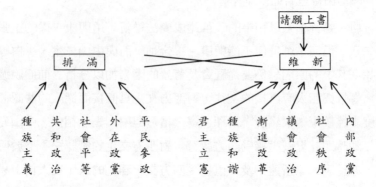

圖六　澳門時代興中會的政治價值結構

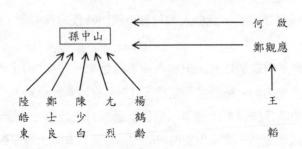

圖七　澳門時代興中會的權力結構

（二）檀島創建的興中會

中山先生偕陸皓東赴津上書李鴻章，其時中、日戰爭爆發，李至蘆台督師，根本未與中山先生相見。投書雖由李的文案老夫子轉遞，李是否看過不得而知，僅說打仗完了以後再見。

> 孫先生聽了這句話，知道沒有辦法，悶悶不樂的回到上海。陶齋見了，就替他想方法到江海關去領了一張護照，請他出國去設法。孫先生也就乘輪到檀香山去了。[108]

以上是陳少白的追憶，應當正確。陶齋是鄭觀應的號，他既是上書的主要策劃人，中山先生見拒後當然仍要回到鄭處再作商量。如前所述，中山先生本具有強烈的民族主義，在內心上與和平改革存有衝突，現連開明的李鴻章都加拒絕，改革當無可能。他的絕望更增加原有的排滿民族主義，內心已感義無反顧。鄭必然同感失望，但他向主和平改革，且在上海經商甚有成就與地位，很可能不願直接介入激烈而危險的革命行動。他請中山先生出國設法，想亦覺悟到革命已無可避免，但要推動革命需要大量的金錢，甚至外人的支持，他知中山先生僑外多年，如重回夏威夷發展，定有可為。鄭的這一看法，當然與中山先生、皓東等磋商過。比較合理的推想定然是中山先生同意去檀香山，而由皓東返粵連絡舊同志準備行動。澳門時代的興中會到此發生實質上的蛻變。

中山先生在甲午（一八九四）戰爭的持續期中抵檀，並創建興中會，這是檀香山時代興中會的開端。在發起組織興中會時，情況並不

---

[108] 陳少白，前引。

熱烈，中山先生曾說：

> 不圖風氣未開，人心錮塞，在檀鼓吹數月，應者寥寥，
> 僅得鄧蔭南與胞兄德彰二人，願傾家相助及其他親友數十人
> 之贊同而已。[109]

　　中山先生在檀島的活動，實際皆得德彰的助力，贊助的親友大多是德彰先容的。興中會曾發表過一篇義正詞嚴的宣言，主要的內容在說明外國的欺凌，內政的腐敗，「用特集會眾以興中，協賢豪而共濟，抒此時艱，奠我中夏」。[110] 詞句中充滿國家主義的色彩，至於如何復興中華，是不是要排滿，宣言中皆沒有明說。中國早期出外謀生的華僑，大多在僑居地經商，平素雖安分守己，但仍往往受到當地人的歧視，所以甚盼國家的強大：一方面能給與心理上的自尊，一方面能在權益上加以保障。他們平常也接觸到西方的文化，了解中國的強大必須從內政改革，於是對國內主張改革的人願加支助。但支持改革並不一定贊成排滿，不少華僑仍受到傳統文化的影響，一時不能擺脫忠君愛國的觀念，對清廷非無相當程度的認同。中山先生在檀島組會不易，甚至在宣言中未明言排滿，可能皆與此有關。興中會在檀島成立時，入會的有何寬、鄧蔭南、李昌、劉祥、黃華恢、程蔚南等十數人，其中始終排滿的祇得少數（鄧蔭南為其中之一，後隨中山先生返國參加廣州起義。鄧是三合會會員，向有排滿的思想），不少會員，包括德彰在內，後來也支助康、梁，參加保皇會。馮自由說：

> 啟超抵檀時……聞者惑於擁護清帝變法維新，是以保護

---

[109] 〈孫文學說〉，前引。

[110] 〈檀香山興中會成立宣言〉，《國父全集》，前引，第二冊，頁肆－1。

海外僑民權利之說，以為起兵勤王一途，實較革命排滿為事
半功倍，故於啟超之倡設保皇會，多踴躍參加，而舊興中會
會員尤稱得力，德彰亦其中之一也。[111]

　　由此可見，不少舊興中會的檀島會員，並不十分堅持種族主義，
他們對興中會恐亦無太大的歸屬感。實際上，中山先生對華僑同志的
寄望，較著重革命款項的捐獻，歸屬感的深淺尚在其次。康、梁與中
山先生在海外的衝突，主在保皇會爭奪僑界的財源，華僑對祖國的熱
心常表現在捐款上，德彰即對雙方同作捐獻，至於排滿與否，並未作
深切的考慮。這種情形在僑界已成為一種類型，主要的精神是來自國
家主義。

　　就革命黨的發展觀察，檀島成立的興中會較澳門時代的興中會正
式。在澳門時代成員有限，且相互的結合多來自私人的情誼，非為同
鄉舊識，即為學校同學，範圍相當狹窄而封閉。檀島的興中會在宣言
中定下若干正式的規定，代表一種制度的建立，如對入會規定須一位
會友的引薦與保證。在議事方面，「當照捨少從多之例而行，以昭公
允」。有關內部的權力組織，則規定：「本會公舉正副主席各一位，
正副文案各一位，管庫一位，值理八位，以專司理會中事務」。[112] 這
一些規定尚非十分完密周詳，但已可構成一種正式的組織，較澳門時
代大有進步。

　　檀島興中會基礎的擴大及排滿功能與能力的增強是在香港與輔仁
文社的合併。中山先生約於一八九四年九月來檀組織興中會，並募集
革命經費，同年十二月，因清廷對日戰爭的失敗，決趁民心的激憤與

---

[111]　馮自由，前引，第二集，頁6。

[112]　〈檀香山興中會成立宣言〉，前引。

觖望，返國實行革命。他在檀島僅停留三數月，所籌集的款項約合港幣一萬餘元。次年年初，中山先生重回舊根據地的香港，經與老同志皓東、少白、士良、尤烈、鶴齡等籌劃革命，決定與輔仁文社合併進行。

輔仁文社是楊衢雲、謝纘泰等發起組織的團體。楊、謝皆具排滿的思想，所以輔仁文社實際上也是少數激進青年討論革新政治及排滿的結社。衢雲是福建海澄人，但少在香港船廠習機械，後因傷指改習英文，曾任香港招商局總書記及新沙宣洋行副經理等職。纘泰籍廣東開平，生長澳洲雪梨，十六歲時才隨經商澳洲的父親返港，並就讀皇仁書院。他的背景與中山先生十分相近，對西方民主政治的認識也比較深刻。輔仁文社於一八九二年成立，澳門時代的興中會也在同年成立，但當時兩個團體並沒有直接的連絡，現僅知中山先生與衢雲在其時已經相識。

輔仁文社的合併，導致檀島興中會的改組。改組後的名稱雖仍沿用興中會，但以香港的為總會，檀島的為支會。一八九五年一月二十四日，香港興中會特發表宣言，其中的緣起部分，與檀島所發布的幾乎盡同，不過在章程部分，香港的規定要較檀島的詳盡得多，很顯示出組織方面的進步。從結社的目的看，檀島宣言並沒有說明建國的方向與政策，香港宣言則列舉「設報館以開風氣，立學校以育人才，興大利以厚民生，除積弊以培國脈」[113] 等項。對排滿及政治上的基本主張，宣言中也未明言，但入會者必須宣讀一份誓詞，這一誓詞雖然簡短，但政治的意義要較宣言來得重大。誓詞的全文是：「驅除韃虜，恢復中華，創立合眾政府。倘有貳心，神明共鑒」。[114] 「驅除韃虜」

---

[113] 〈香港興中會宣言〉，《國父全集》，前引，頁肆－2。

[114] 〈興中會會員誓詞〉，《國父全集》，前引，頁伍－1。

是民族主義的發揚；「創立合眾政府」是共和與民主的合致。很明顯地，這一主張受到美國聯邦政治的影響。中山先生在民國建立後有見各省獨立，互不合作的弊端，曾反對仿效美國的聯邦制度，但仍堅決贊成美國民治的精神，所以這一主張可解釋為民權主義的發揚。民族與民權主義的實現，必須在根本上對傳統的政治體系加以改造，這不僅是清廷，也是傳統士大夫階級所決不容許的。香港興中會不能不進行暴力革命，不能不成為所謂外在政黨，實在是傳統的政治體系使然。

從香港興中會的成立（一八九五），直至東京同盟會的組成（一九０五），其間共歷十年。在這一段漫長的時間，中國傳統的政治體系，受到內外環境的衝擊，危機更形暴露；在另一方面，中國的政黨政治也受到相當影響，產生若干實質上的變遷與發展，現將興中會的部分分述為下：

1.中山先生與衢雲所領導的興中會在一八九五年（乙未）至一九００年（庚子）的五年間，曾發動廣州及惠州的武力革命，但結果皆遭失敗。黨中的中堅份子陸皓東死於廣州之役，史堅如謀響應惠州起事，亦在廣州死節。衢雲在興中會改組後，爭得會長的名義，但在廣州之役措施失當，於一八九八年辭去會長職務。惠州之役，衢雲參加籌劃，事敗後，為清吏刺殺於香港。這五年間，使得興中會的元氣大喪，等到一九０一年鄭士良病死香港，興中會與會黨的合謀起事，更為暗淡。中山先生自稱：

> 蓋予既遭失敗，則國內之根據，個人之事業，活動之地位，與夫十餘年來所建立之革命基礎，皆完全消滅。[115]

---

[115] 〈孫文學說〉，前引，頁叁－164。

但惠州之役，對國內人心具有很大的激勵作用，中山先生亦指出：

> 當初次之失敗也，舉國莫不目予輩為亂臣賊子，大逆不
> 道，……惟庚子失敗之後，則鮮聞一般人之惡聲相加，而有
> 識之士，且多為吾人扼腕嘆息，恨其事之不成矣。……吾人
> 睹此情形，……知國人之迷夢，已有漸醒之兆。[116]

興中會的革命運動，對清廷的統治確產生相當的解體作用，但本
身的組織也因此趨向解體。

2.興中會的起事皆借助於會黨。會黨雖具有傾滿興漢的觀念，但
「知識薄弱，團體散漫，憑藉全無」。[117]當時的中國社會仍以「士子」
為領導階層，要推動進一步的革命即不能不爭取知識份子的合作。中
山先生對這一情勢漸有了解，所以在興中會起事失敗，黨中精英盡失，
組織瀕臨解體之際，轉向知識界發展。賀之才追憶說：

> 中山先生自內地失敗後，避居海外，……惟思聯絡祕密
> 會黨，如三合、三點等會，若輩知識懸殊，不能與共大事，
> 遂怏怏而之英倫。又以旅囊空空，一舉步舟車之費無所出，
> 蟄居愁城，其失意之狀可想矣。自至比京後，始知知識界中，
> 亦有同調，不禁喜出望外。[118]

一九〇〇年惠州之役後，中山先生避居日本，而以留日學生，作
為重組革命黨的對象。實際上，中山先生對知識份子的參加革命，早

---

[116] 同上，頁叁－165-166。

[117] 同上，頁叁－164。

[118] 馮自由，前引，頁137。

已注意。在庚子前一年，即一八九九年，就曾嘗試與梁啓超合作組黨，終因梁的首鼠兩端，而告破裂。庚子之後的三年間，中山先生多數時間住在日本橫濱，他是排滿首義的先進，且對西方文化有深刻的體認，甚受留學生的推崇。張繼說：「是年（按為一九〇一）赴東京之學生，多欲識中山」。[119] 中山先生對留學生也深為結納，張回憶由秦力山介見中山先生的情景說：「謁總理，見總理極和藹。留午餐，自以盆盛水，令余等洗面，殊出素日想像之外」。[120] 中山先生對知識份子的重視及對留學生的主動爭取，實構成興中會合併改組為同盟會的重要關鍵。他自己也提過一段舊事，可以證明這一說法：

> 河內博覽會告終之後，予再作環球漫游。……過日本時，有廖仲愷夫婦、馬君武、胡毅生、黎仲實多人來會，表示贊成革命。予乃托以在東物識有志學生，結為團體，以任國事，後同盟會之成立多有力焉。[121]

中山先生向主平民政治與地方自治，但也感覺實際運用，仍須知識份子的領導。他後來對政黨政治的看法，也與此相似。民國十年曾在演講中說過：

> 兄弟最近有一個感想，英、美的政治雖然是很發達，但是政權還不在普通人民的手裏。究竟是在誰的手裏呢？簡直的說，就是在有知識階級的手裏。有知識階級掌握國家的政

---

[119] 張繼，《張溥泉先生全集》（台北：中央文物供應社，民 40 年 10 月），頁 39。

[120] 同上，頁 233。

[121] 〈孫文學說〉，前引，頁參—166。

權，就叫做政黨政治。[122]

　　革命黨的步向留學界，範圍當然大爲擴大，但從另一面觀察，留學生的社會背景與思想也十分複雜分歧，如要發揮革命的功能，就必須加強結構的嚴密與領導的效能。換句話說，中山先生與留學生合作組黨後，革命黨即進入一個新境界。在這一轉變中，興中會的舊有結構與功能已逐漸不能應付，一些知識程度較差的老同志也就逐漸沒落了。

　　3.廣州之役（一八九五）失敗後，中山先生經日赴美，再轉往英倫。一八九六年秋抵達，但不久即爲清使館所誘囚，發生有名的倫敦被難事件。脫險後，曾在大英博物圖書館從事研究。當時社會主義的學說已在歐洲流行，中山先生深受影響，乃加以採擇融通，而創爲民生主義。他說：

　　　　倫敦脫險後，則暫留歐洲，以實行考察其政治風俗，……兩年之中所見所聞，殊多心得。始知徒致國家富強，民權發達，如歐洲列強者，猶未登斯民於極樂之鄉也。是以歐洲志士猶有社會革命之運動也。予欲爲一勞永逸之計，乃採取民生主義，以與民族、民權問題同時解決，此三民主義之主張所由完成也。[123]

　　中山先生的民族與民權思想，早在夏威夷及香港讀書時代，即已奠定。但接受社會主義而化爲民生思想，則是一八九六年在英倫所開端。中山先生富於同情心及體認的能力，且幼年飽嘗貧農的艱苦生活，

---

[122]　孫文，〈三民主義之具體辦法〉，《國父全集》，第一冊，頁壹－220。
[123]　〈孫文學說〉，前引，頁叁－164。

這些皆使得他易於接受社會主義的思想。中山先生對此非無自承，已如前述。[124] 他自主張民生主義後，即十分堅持。一九〇四年，中山先生手訂美洲致公堂的章程，即將「平均地權」列入為宗旨，[125] 後復沿用為同盟會的誓詞。他所創立的三民主義理論，不僅使革命黨的奮鬥目標更上一層，也使他自己成為黨內的理論家。他的革命歷史及理論上的權威，終帶給他不爭的領袖地位，並逐漸發生革命黨中 charisma 的作用。

4.庚子之前，中山先生力謀興中會組織的擴大，一度與湘鄂地區的會黨領袖議定三合、哥老兩會的併入。[126] 義和團亂作，亦曾透過何啟連絡廣州士紳及李鴻章幕僚，勸告李獨立，並推行地方自治等新政。乙未（一八九五）廣州舉事失敗，亡命日本橫濱，亦曾組織橫濱分會。庚子之後，中山先生與留學生合謀傾滿，對革命黨的名稱似另有計議。一九〇三年中山先生再往歐美鼓吹革命，經檀島時，曾重整革命陣營，但所新組之革命團體稱為中華革命軍，不再沿用興中會原名。[127] 一九〇四年冬及一九〇五年春之間，中山先生在歐洲組織革命團體，亦不用興中會的名稱。革命排滿由傳統社會中非屬「士子」階層的新進青年，連絡會黨舉事始，逐漸發展到傳統社會中最具勢力的留學「士子」。後者所代表的潛在而雄厚的勢力，使得中山先生不僅在實質上，也須在名稱上對興中會加以改組。

檀島所創建的興中會，在香港因改組而擴大，但與澳門時代的興中會相比，除在請願上書方面有異外，無論會員的社會階層及角色規

---

[124] 同（註92）。

[125] 孫文，〈手訂致公堂新章〉，《國父全集》，第二冊，頁陸—3。

[126] 馮自由，前引，初集，頁75。

[127] 同上，第四集，頁20-21。

範，皆大體相似。現將擴大後興中會的政治價值及權力結構，圖示如圖八及圖九。

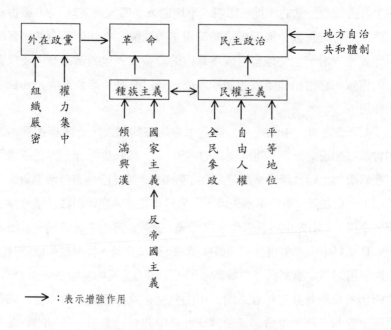

圖八　興中會的政治價值結構

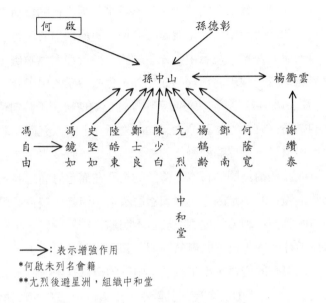

圖九　興中會的權力結構

（三）華興會的活動與演變

興中會的主要成員都是廣東人。衢雲雖隸籍福建，但年少時即至香港就學，其後並以香港為立業及發展革命之地。廣東接受西方文化的衝擊最早，對西方文化的認識也比較深刻。像何啓、中山先生、纘泰，年少時即在外洋親炙英、美的民主文化，返國後當然感覺清廷的專制與腐敗，主張改革。但傳統中國的士子絕大多數皆伏處內省，對西方的政治，所知極為有限。如前所述，這些士子為傳統社會的中堅，他們如支持清廷，反對革命，革命的前途就難以樂觀了。興中會會員舉義的失敗，與傳統士子的不加支助，多少有關，至少興中會的不易

擴大，即因未能深入到士子的層級。嚴格說來，興中會的會員在當時尚不被視爲傳統的士子中人。梁啓超往夏威夷組織保皇會，竟能一舉破壞興中會的原有基業，甚至中山先生的胞兄德彰都大爲傾倒，除因當時的僑界還保持一些忠君衛國的觀念外，也由於梁的舉子及士紳的傳統地位，產生吸引力。如何使得具有中堅地位的傳統士子轉向革新，甚至革命的道路，確是整個革命大業的關鍵所在。一八九四年的甲午戰爭，終於提供了一個慘痛而絕佳的機會。在這一戰役中，堂堂的天朝上國，竟敗於蕞爾島國的日本，傳統的士子在痛定思痛之餘，當然深感中國政治體系的不足因應，必須徹底改造。清廷中較具新思想的督撫，也主張師夷以制夷，他們眩於日本明治維新的效果，相繼選派優秀的學生前往留學。留學的風氣一開，國內喜慕新學的士子，紛紛買舟東渡。據現有的資料，甲午戰前，中國的留日學生僅四十餘人，此後人數激增，至一九〇五年時，估計在八千人以上。[128] 這一批擺脫舊社會束縛的留學生，多富民族的情感及創造、冒險的精神，其中年輕而激進的，尤其以自尊、自由、平等、博愛的生活理想，作爲自我實現的目標。他們贊成傾滿興漢，改建中國爲一個民主自由而強大的新國家。這一些實際上皆與中山先生等興中會的同志同調。

自甲午中國留學生湧向日本後，國內仍不斷遭受外來的侵略。一九〇〇年的八國聯軍，一九〇五年的日俄戰爭，使中國民族自尊心一再受辱。比較溫和的改革派曾寄望清廷的維新，但結果同樣令人激憤。一八九八年的百日維新，以戊戌政變終。一九〇〇年的自立軍，亦以失敗聞。情緒激動的留日學生，在這一段時期，曾組織若干愛國團體，有些介紹新知，有些討論國是，也有間關回國，連絡會黨及軍、學兩界，祕密進行排滿活動的。華興會與光復會就是這一類祕密結社中的

---

[128] 日本《產經新聞》，古屋奎二，前引，頁 226。

最著者。

　　華興會是以兩湖學生為主所組織的革命團體。兩湖在中國的內陸，不像廣東與江蘇的具有海港，易與西方的文化接觸。兩湖學生之具有新知及在革命大業中扮演重要的角色，與張之洞的總督湖廣及陳寶箴的巡撫湖南皆有關係。張、陳雖效忠清廷，但也贊成新政，陳的支助南學會及時務學堂，造成一股革新的風氣，已如前述；張在湖北則辦有兩湖書院，文、武二普通學堂，以及武備及將弁學堂等，對新知的引進，作用更大。[129] 居正曾說：「湖北自張文襄創設學堂後，而新潮輸入，革命已伏萌芽」。[130] 一八九八年張以官費選派優秀學生出國留學，使得兩湖的士子跳出傳統的文化環境，直接觀察及接受其他國家政治及社會進步之所在，而引發革命的動機。

　　華興會的主要領導人物是黃興（原名軫，字堇午，後改名興，字克強）。他是湖南善化人，屬於中產的士子階層。父親是湖南的名諸生，他自己也是學生員。在甲午戰敗及戊戌維新時，克強曾受過若干刺激。劉揆一記述：「當滿清戊戌維新（一八九八）時，公年二十四，肄業兩湖書院，時從院試經史中闡發時事」。[131] 他對時事的闡發，可以推知定是民權、憲政、變法、改制等主張。庚子（一九〇〇）年在中國連續發生八國聯軍、自立軍勤王及惠州起義等震撼人心的大事，克強其時仍在兩湖書院就讀，現雖無資料記載他的感受，但不難想像他的憤激。辛丑（一九〇一）冬，張之洞選派優秀學生赴日留學，克

[129] 詳情參閱蘇雲峰，〈武昌學界與清季革命運動〉，中華民國史料研究中心編，《中國現代史專題研究報告》（四），民 63 年 11 月，頁 269-316。

[130] 居正，《辛亥劄記、梅川日記合刊》（台北：中央文物供應社，民 45 年 8 月），頁 6。

[131] 劉揆一，《黃克強先生傳記》（台北：文海），頁 9。

強中選。他抵日後研究中外大勢，「洞悉滿清數百年來，純爲壓抑漢人政策，非先從事種族革命，必無改變國體政體之可言，遂留學師範於東京弘文學院，以爲造就革命人才之計」。克強造就革命人才，[132] 實際上是從連絡兩湖留日的士子入手。他先與楊守仁及樊錐等創辦《湖南游學譯編》，再贊助劉成禺、李書城等創辦《湖北學生界》。這兩個刊物所譯著的文字，完全在發揚民族及民權的精神。居正回憶說：

> 留學生創刊《湖北學生界》，以鼓吹革命思想，……吾
> 鄂各學堂，對於《湖北學生界》及革命刊物，人人手祕一冊，
> 遞相傳播，皆欲奮起為天完徐帝，大漢陳皇，而為漢族爭自
> 由，復國權矣。[133]

上面提到的樊錐是南學會中的主要份子，他以科舉功名中的拔貢，倡言「公之天下，朕其已矣，」「風情土俗，一革從前，搜索無剩，唯泰西者是效」。[134] 結果遭忌被逐，避禍來日。由此可見，南學會中的人物，與克強早有接觸。

八國聯軍之後，俄軍入據滿、蒙土地，留日學生組織拒俄義勇隊（一九〇三），兩湖學生是其中的主力份子。後義勇隊改組爲軍國民教育會，決定以鼓吹、起義、暗殺等三種方法實行革命，並公推克強返國推動。克強乃毅然自任，於一九〇三年夏歸抵湖北武昌，在兩湖書院演說革命的主張。其時宋教仁正肄業文普通學堂，因傾心新學，而與克強深相結納。克強留武昌不久，即因鼓吹改革，遭逐出境，遂

---

[132] 同上。

[133] 居正，前引。

[134] 引自《翼教叢編》，卷5，頁4。

返湘任教明德學堂。是年冬張繼亦來明德教書，劉揆一則自日本趕返，相與籌劃舉事。一九〇四年初，乃在長沙創立華興會，克強被舉爲會長。據劉揆一的記載，當時受邀參加的還有吳祿貞、陳天華、楊守仁、龍璋、宋教仁、秦毓鎏、周震麟、葉瀾、徐佛蘇、翁鞏、章士釗、胡瑛、柳大任、張通典、譚人鳳、王廷祉、彭淵恂、劉道一等。[135] 華興會成立後，謀在長沙起事，結果謀洩失敗，克強、揆一、教仁、天華、張繼等避往上海，再先後轉往日本。克強等抵日後，參加兩湖學生所創刊的雜誌《二十世紀之支那》，並擴展華興會的基礎，成爲當時中國學生在日的主要革命團體。

　　從上述華興會的發展可知這一團體是以兩湖士子爲主幹的秘密排滿結社。與興中會相較，組織的成員除去地區的所屬有別外，在社會地位上亦有不同。興中會的會員雖富有西方的新知識，帶有活潑的新精神，但大多非出於耕讀的所謂書香家庭，至少是不以科舉功名或學堂的學歷作爲進身社會的基礎的。中山先生、少白、士良皆學醫，而且學的是西醫；尤烈學算學，鶴齡學輿圖，衢雲學造船，皆側重西方的技術。現代的科學知識常促進個人的現代性(modernity)，使人的思慮重理性與經驗，相信進化與革新，確是中國最需要的新興人物。但在清末的傳統社會中，這樣的人物實在太少，不能構成社會的中堅，反有時受傳統士子的排斥，影響到革命的發展。前節曾引留比學生賀之才追述中山先生在比京重視知識份子的情形，其時的另一位留比學生朱和中則建議中山先生對革命的進行，應著重「更換新軍腦筋，開通士子知識」。在反覆爭論以後，朱回憶說：

　　最後我乃正言曰：「……先生歷次革命，所以不成功者，

[135]　劉揆一，前引，頁 12。

正以知識份子未贊成耳！」先生乃歷述史堅如、陸皓東諸人
之學問以證之。余曰：「人數甚少，無濟於事，必大多數智
識份子均贊成我輩，則事半功倍矣」。先生深以為然。[136]

　　朱自己即是湖北選派赴歐留學的士子，他的話應可反映當時社會
的實況。華興會的主要人物則多屬傳統社會的士子，他們的家庭都注
重耕讀，「讀」的目的在獵取科舉的功名，建築或維持自己的社會及
政治地位。前面說過，克強是兩湖書院的學生，教仁是文普通學堂的
學生，這兩個學堂雖較注重時事策論，仍以功名為主要對象。再如吳
祿貞，「年十五入邑庠，未幾輔廩膳生。十七歲，舉於鄉」。[137] 他中
舉後，再入湖北武備學堂，經選送日本士官學校習騎兵。楊守仁亦是
拔貢孝廉，曾講學時務學堂。陳天華則「善屬文，……日惟從事著述，
專以鼓吹主義為務」。[138] 他所寫的《猛回頭》、《警世鐘》等為當時
最盛行的革命讀物。張繼出身耕讀世家，「幼時家規拘束嚴，每日囚
於家塾」。[139] 十六歲時即就讀保定的蓮池書院。上舉華興會的主要人
物都屬士子的階層，可作為當時留學生的代表。他們雖尚未取得政治
上的高等地位，但因受社會的重視，且易與人數眾多的同輩士子交往，
所以無論在留學界或國內的激進知識份子間，皆發生領導的作用。

　　從留日的學生界看，庚子以來，留學生的人數增多，各型小規模
的革命組織亦如雨後的春筍，但仍以兩湖學生為主幹的華興會居於領

---

[136] 朱和中，〈歐洲同盟會記實〉，《革命文獻》（台北：中國國民黨黨
史會）第二輯，民42年7月。

[137] 曹文錫，〈慷慨悲歌吳祿貞〉，《中外雜誌》，17卷3期（民64年3
月），頁49。

[138] 馮自由，第二集，前引，頁129。

[139] 張繼，《張溥泉先生全集》，前引，頁229。

導的地位。據鄧家彥所口述的《革命珍聞》，當時各省的留學生皆紛紛組織革命團體，他所屬的團體，爲防範奸細混入，始終祇有一、二十人。在這些團體當中，「以華興會領袖黃興最孚人望，……與之時通聲氣」。[140] 他之參加同盟會的成立會，亦出於克強的通知。家彥是廣西人，所言比較客觀可靠。

　　從國內激進知識份子的革命行動看，華興會亦產生甚大的影響力。當華興會謀在長沙舉事時，湖北的革命份子曾組織科學補習所於武昌，以謀響應。克強且親往武昌商洽。這一團體的主要人物爲呂大森、曹亞伯、劉靜庵、田桐、孫武、張難先、宋教仁、胡瑛，等皆與華興會發生密切的關係，且大多亦參加華興會爲會員。長沙舉事失敗後，科學補習所同遭查封，留鄂同志劉靜庵、張難先、胡瑛等後假基督教聖公會附設的日知會繼續活動，且深入到新軍。日知會的革命運動經破獲後，劉、張、胡等皆繫獄，但從此湖北新軍中逐漸有革命的組織。開始時爲湖北軍隊同盟會，後經一再改組擴大，而有群治學社、振武學社及文學社。文學社後與湖北共進會相結合，而引發武昌起義。在這一連串的發展過程中，原華興會的兩湖知識份子始終發生很大的作用，且經常與克強、教仁等謀取連絡。如日知會時代，曾遣吳崑至香港晤克強商議籌款大舉。[141] 共進會成立前，焦達峰在日謀之於克強，克強因同盟會已經成立，頗覺不安，後亦任之，但中山先生方在南洋，並不知悉。湖北革命團體在武昌起義前，亦曾決定派遣居正、楊玉如赴滬請克強、宋教仁、譚人鳳蒞鄂，共商大計，[142] 可見關係的密切。

---

[140] 姚蒸民，〈鄧家彥口述革命珍聞錄〉，《中外雜誌》，9卷3期（民60年3月），頁111。

[141] 馮自由，第一集，前引，頁248。

[142] 居正，前引，頁37-38。

惜宋另有顧慮，未即行，譚後來頗有微詞：「皆宋鈍初之遷延有以致
之也。不然當時內地同志對於海外來者，實有一種迷信心理，安有黎
元洪！無黎元洪又安有此數年之慘劇？」[143] 辛亥革命後，湖北的革命
團體與黃、宋等另有分合，但在發展上，直接或間接皆受到華興會的
影響，這是無可置疑的。

　　以華興會爲代表的兩湖激進士子，在政治價值上，仍以排滿興漢
爲中心，而主張種族革命。至於國體主共和，政體重民主；民主的實
行則偏重於議會政治與權力的三分。與中山先生的全民參政及直接民
權相比，他們似有意或無意地強調士子的優越地位。當然，中山先生
也贊同知識份子對社會應負更多的責任及應作更多的貢獻與領導，但
政治的情感與價值較放在一般的平民。從另一面觀察，中山先生的社
會背景，使他易於接受社會主義的觀念，而華興會的兩湖士子就很少
衷心接受。如除去排滿的部分不談，華興會的士子的民主態度與主張，
實質上反較近於立憲派的人士。贊成傳統士子優越的社會結構的，往
往也贊同社會的穩定與秩序，華興會的士子在這方面，似亦與立憲派
人士相近。以上的觀察，在辛亥革命前，已可看到端倪。華興會的中
堅份子陳天華在長沙起事失敗，重返日本後，「忽發奇想，建議於東
京駿河臺之我國留學生會館，主張用全體留學生名義，向清廷請願，
實行立憲政治」。[144] 這全然是因排滿遭遇到挫折，而回退到溫和的政
治改革，以求心理衝突的解決。中山先生過去亦曾爲上書李鴻章而受
挫折，他的解決是堅決主張排滿。相互比較，雙方似都有過上書與排
滿的雙趨衝突，但解決的方向正好相反，由此我們不能不感覺確與相
異的社會背景有關。華興會另一要角徐佛蘇，亦曾參加長沙起事，後

---

[143] 譚人鳳，〈牌詞〉。

[144] 馮自由，第二集，前引，頁 13。

避往日本，思想上逐漸傾向立憲改制，贊成漸進的改革。他終於參加
梁啓超的政聞社，再入憲友會，成爲立憲派的主將。再看與華興會具
歷史關係的共進會。這一革命團體中的兩湖士子，雖多參加同盟會，
但在倣用同盟會的宗旨時，故將「平均地權」改爲「平均人權」，使
得社會主義的精神盡失。對共進會的改變，也有權宜的解釋，[145] 恐仍
無法掩飾不盡贊同社會主義的態度。華興會在領導上，以黃興爲主，
但在政治思想上，則以宋教仁爲重鎮。現將有關的政治權力結構及政
治價值結構，圖示如圖十及圖十一。

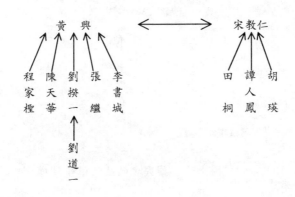

———➤：表示增強作用

圖十　華興會的權力結構

---

[145] 馮自由即認爲秘密會黨知識幼稚，對「平均地權」一語，不能了解。
見馮自由，前引，頁145。

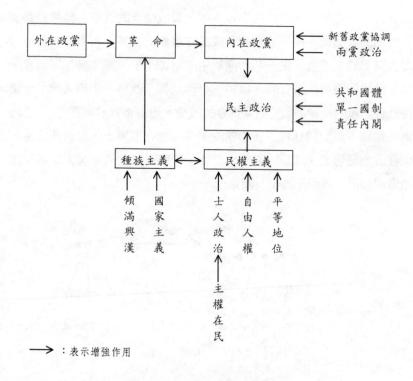

：表示增強作用

圖十一　華興會的政治價值結構

（四）光復會的活動與演變

　　興中會以廣東人士爲主幹，華興會以兩湖人士爲中堅，光復會亦
具有地域性，即以江、浙的人士爲核心，主要的目的，仍在排滿興漢。
江、浙的地理環境與廣東相像，在沿海地區皆有英、法等列強盤據的
港埠：江、浙之有上海，相等於廣東之有港、澳。廣東與江、浙人士
即透過這些港埠，與西方文化發生接觸，而能開風氣之先。從革命思

想的形成及傳播的過程中看，江、浙地區的人士亦與廣東及兩湖地區
的相似，即在帝國主義的侵略下，產生強烈的國家觀念，然後痛定思
痛，一面吸收西方民權與法治的思想，嘗試變法維新的努力，一面覺
悟到滿清異族的專制統治，而滋長種族主義的情感。其中自尊、自由
及自我實現等需要較強的人士，最後即走向排滿革命的激進道路。

　　江、浙的激進份子，多屬士子的階層，在社會的地位上，接近兩
湖的同志。他們也多留學日本，歸而組織排滿的革命結社，正如兩湖
的華興會。華興會的份子後與江、浙的激進人士較爲接近，這與同屬
一種社會的階層，不無關係。

　　江、浙激進份子的最早組織是在上海成立的中國教育會，主要的
創辦人是章炳麟（太炎）、蔡元培（鶴卿）、吳敬恆（稚暉）及黃宗
仰（烏目山僧）等。太炎是浙江餘杭人，生於書香世家，但有羊癇疾
的遺傳。[146] 十六歲時，曾應童子試，「以患眩厥不竟，先君亦命輟制
義」。[147] 他後來遊於浙省大儒俞曲園（樾）主講的詁經精舍，專心研
究國學，終成爲一代大師。張繼曾盛稱他的成就是「五百年來的集大
成」。[148] 在政治思想方面，他曾受康、梁的影響，不但加入過強學會，
且應梁聘赴滬擔任《時務報》的撰述（一八九六）。康、梁是主張變
法維新的，太炎雖自稱自小即有種族觀念，但既投身康黨，終不免贊
成過溫和改革。一八九八年，戊戌政變，太炎經臺避禍日本，仍投梁
啓超。其時梁的民族觀念大盛，且與中山先生謀合併組黨，太炎的排
滿思想乃一發不可遏止。除去戊戌政變，甲午中、日之戰（一八九四）
對他的刺激也非常巨大。他曾回憶在甲午之前，缺乏民族思想的「學

---

[146] 馮自由，第二集，前引，頁 36。

[147] 章炳麟，《太炎先生自定年譜》（香港：龍門，1965 年 11 月），頁 3。

[148] 張繼，前引，頁 24。

理」，自此之後，「略看東西各國的書籍，纔有學理收拾進來」。[149] 由此可見，西方文化對他的影響。這一影響使他在經歷戊戌政變後，決心從事光復漢業的宣傳與行動。太炎在一八九九年返上海，一九〇二年再來日本，「往謁逸仙，與語，大悅」。[150] 不久又看到張繼，「及見，甚奇之」。[151] 透過中山先生與張繼，太炎與興中會及其後成立的華興會中人士開始訂交，而與康、梁分途，立於極端相反的地位。

吳敬恆是江蘇武進人，他進過學、中過舉，受過康、梁的影響，贊成維新，且在戊戌年初上過書。他思想上的轉變幾乎與太炎完全一致：先受甲午中、日之戰的刺激，然後閱讀一些介紹西方文化的所謂新學，於是傾向變法維新。戊戌政變是另一打擊，從此對清廷失望，激發起原有的民族情感，而主張革命。他說：

> 在甲午以前，一懞不知革命為何物，但慕咬文嚼字的陋儒。經甲午慘敗，始覺中國不能不學西方工藝。……以後受了許多刺激，才一步步的浪漫起來。直到癸卯（一九〇三）在上海張園演說，演高興了，才開始說革命。[152]

在癸卯（一九〇三）之前，他已去過日本二次，第一次在一九〇一年，是與鈕惕生同去留學；第二次在一九〇二年，是奉粵督陶模命，

---

[149] 太炎，〈演說錄〉，《民報》，第 6 號，頁 1（日本明治 39 年 7 月 25 日；中國國民黨黨史史料編纂委員會，民 58 年 6 月 1 日影印，台北：中央文物供應社）。

[150] 章炳麟，前引，頁 8。

[151] 前引，頁 8-9。

[152] 引自章君穀，〈吳敬恆砥柱中流〉，《中外雜誌》，14 卷 3 期（民 62 年 9 月），頁 74。

率領胡漢民等數十廣東士子赴日學習速成法政。就在一九〇二年的夏
天，他爲清廷駐日公使蔡鈞奏請清廷停派留學生及照會日政府禁止中
國學生肄業軍校事，與蔡在使館衝突。結果蔡請日警押解歸國，他在
途中躍入城濠自殺，幸經救不死。這樣的刺激，當然加強他的排滿決
心。其時蔡元培正在日本遊歷，乃自動伴吳乘輪返國。蔡是浙江紹興
人，爲名翰林，亦具種族的觀念。[153] 蔡、吳返滬後，太炎亦歸，於是
在秋、冬之間，連合黃宗仰等組織中國教育會，宗旨在改良教育，提
倡新知。教育會成立不久，上海南洋公學的學生，因反對校方對言論
自由的限制，相率退學，並求助於教育會。黃、蔡、吳、章等乃開辦
愛國學社加以收容。他們一面講學，一面排滿，另每週在張園集會演
講，鼓吹革命。太炎談他的講學：「多述明、清興廢之事，意不在學
也」。[154] 稚暉亦稱：「鼓吹罷學與夾帶革命，雙方並進」。[155] 一九
〇三年，張繼、鄒容歸自日本，章士釗來自南京，於是深相結納，以
《蘇報》作爲發揮言論的陣地。鄒容當時住在愛國學社，用通俗流暢
的文筆寫成《革命軍》，太炎在《蘇報》加以推介。太炎自己亦撰寫
《駁康有爲政見書》，痛斥保皇的思想，甚至罵：「載湉小醜，未辨
菽麥」。[156] 他們的文章，不僅轟動一時，振奮人心，且成爲最流行的
革命讀物。張繼稱讚鄒容的貢獻說：「他的光榮，我以爲比得上法國

[153] 吳敬恆（稚暉），稱蔡為「通人與學人」，見吳稚暉，〈通人而兼學人〉，載《吳稚暉先生選集》，上冊，（台北：中國國民黨黨史史料編纂委員會，民 53 年 3 月），頁 187。

[154] 章炳麟，前引，頁 9。

[155] 引自章君榖，前引，14 卷 4 期（民 62 年 10 月），頁 44。

[156] 章炳麟，〈駁康有為論革命書〉，載陳雄輯，《民族革命文獻》（台北：反攻，民 43 年 5 月），頁 274。

的盧騷」。[157] 清廷對章、鄒及《蘇報》的言論，當然不能忍受，因向英租界的會審公廨控告，釀成有名的《蘇報》案。結果是《蘇報》遭受查封，愛國學社勒令解散，太炎處刑三年，鄒容二年（鄒服刑未滿，瘦死獄中），時在一九〇四年春。

愛國學社雖是江、浙知識份子鼓吹排滿觀念的搖籃，但在性質上，不過是少數意氣相投的名士的集合，尚不構成祕密的革命組織。到了愛國學社解散後，江、浙的激進士子大憤，革命結社乃逐漸形成。前面說過，在一九〇三年夏，留日的學生曾有軍國民教育會的組織，克強、撲一、天華等被推返湘起事，張繼亦在《蘇報》案發前，趕往參加。江、浙方面，被推歸國進行的，則是太炎的女婿，浙人龔寶銓。寶銓在一九〇四年秋返滬，初組暗殺團，後集合江、浙、皖等省的激進士子擴大組織革命團體。當時蔡元培從青島返滬，乃與寶銓等合謀將規章詳加修訂，組織光復會，蔡被推為會長，寶銓為幹事。太炎在獄中亦嘗致書蔡等策動。在滬參加光復會的還有陶成章及徐錫麟。陶與浙江的會黨關係密切，聯絡有年，早就有心舉事。徐是紹興的望族，曾中秀才，具有濃烈的排滿情感。陶、徐皆曾遊學日本，皆屬傳統社會的士子階層。他們與寶銓在日訂交，歸國後，合力發展光復會。

與華興會比較，光復會的會員也大多是受過新學的衝擊，且在日本留過學的傳統士子，不過這些士子中已經有人取得了名士的地位。所謂名士是在社會中具有較高聲望與地位的士子，他們可能缺乏政治上的權力，不能像立憲派的名士，成為名符其實的士紳，但仍可藉「文名」受到一般人民及士子的尊重。蔡元培與章太炎在愛國學社時代已成為東南名士，在士子的層級中屬於較上層的階級，視華興會為略高，但仍屬同一社會層面。光復會成立時，太炎繫獄，元培被推為會長，

---

[157] 張繼，前引，頁 25。

頗名士風流,「專心學術,不耐人事煩擾,致會務無大進展」。[158]太炎更染習名士的妄誕,曾疑稚暉在《蘇報》案中涉嫌不義,出獄後往復詬誶,元培亦覺過分。稚暉自避英後,即未列名光復會。太炎除以文章德望有助光復會的發展,實際上亦無革命行動上的貢獻。光復會的逐步擴展,且能獨樹一幟,發動起事,全賴陶成章與徐錫麟。

　　徐、陶參加光復會後,翌年(一九〇五)歸紹興,創辦大通學堂,光復會的重心乃由上海移至紹興。一九〇五年冬秋瑾由日返國,一九〇六年春由徐介紹加入光復會,並在紹興主持明道女學,創辦體育學校。旋徐與秋商議將體育學校併入大通學堂,改名爲大通體育學堂,由秋主辦,作爲浙省起事的根據地。徐則率同學生陳伯平、馬宗漢赴安慶謀大舉。一九〇七年夏,徐在安慶失敗,就義;秋因事洩,亦在紹興被捕,死節。光復會的舉事雖然失敗,但活動的規模與影響,皆很深遠,並不下於興中會與華興會。目前有關光復會的活動資料尚不多見,唯據屈映光的回憶,參加的知識份子相當不少,他說:

> 光緒三十二年正月……余亦偕同周佩瑗君赴杭,就讀於赤城公學。時秋瑾女士即已在杭,從事革命工作,以光復會名義召集青年,……余蒙許穎生、葉子布、朱介人諸先生之介紹,加入光復會,得以結識秋瑾女士及中堅份子章太炎、陶煥卿、周亦介諸先生。……知識份子,尤其學校青年均紛紛加入革命組織,杭州浙江弁目學堂官兵幾全爲光復會黨員。故革命工作在杭州發展極爲迅速,革命情緒沸騰澎湃,不可遏止。[159]

---

[158]　馮自由,前引,頁88。

[159]　屈映光,〈開國回憶〉,《中外雜誌》,9卷1期(民60年元月),

　　朱介人即朱瑞，後曾參加杭州光復之役，出任過浙江都督；屈亦曾被推爲浙省代表，參加民國元年臨時政府的組織，也做過浙江省的省長。他們的革命行動，實淵源於光復會。

　　徐、秋失敗後，光復會的另一要角陶成章仍力謀恢復。一九〇七年冬，他遠去南洋募款，謀再在江、浙起事。當時李燮和正在南洋教書，乃參加陶的活動，「駸駸有取同盟會而代之之勢」。[160] 李原是克強任教湖南明德學堂時代的學生，曾追隨克強等組織華興會，並參加長沙起事。後東渡日本入同盟會，再轉港由馮自由介紹往南洋任教，深得華僑信仰。[161] 李與陶合作後，頗分同盟會之勢。陶亦曾參加同盟會，且一度爲《民報》的編輯人，但素與中山先生不睦。張繼在加入華興會前，已與江、浙排滿人士如章太炎等有舊，後力主革命黨人的團結，一九一一年冬曾在星洲調處。他說：「至星洲，聞吾黨內分爲兩派：一，同盟會。一，光復會。乃集兩派人會飲，曉以大義，其要旨：當革命成功之日，所忌者同志之內訌」。[162] 辛亥（一九一一）武昌起義後，陶、李皆返滬謀江、浙的光復，李且運動駐滬湘軍參與上海光復之役，太炎曾加稱讚：「自徐錫麟死，光復會未有達者，李燮和乃流寓爪哇一教員耳，而能復振其業，……江、浙次第反正，則李燮和爲之也」。[163] 惜陶、李皆與上海都督陳英士交惡，形成革命黨之間的內訌。民國元年南京政府成立，李引退，陶在滬另組光復軍，遭刺死。

　　頁7。

[160] 馮自由，前引，頁235。

[161] 同上，頁234-237。

[162] 張繼，前引，頁238。

[163] 引自馮自由，前引，頁236。

　　江、浙的排滿活動，從元培、太炎等在滬組織愛國學社鼓吹始，
然後逐漸形成少數知識份子的秘密革命結社，而以徐錫麟、秋瑾及陶
成章為主要的執行人。徐、秋死節，才有李燮和的參加，但不久滿清
即遭推翻，光復會的活動亦告瓦解。這些光復會的名流與士子，在社
會階層上接近華興會，所以在革命的行動上及政治的理想上，也互有
聯絡及相通之處。如前述的張繼，雖為華興會會員，亦曾參加愛國學
社的活動；章士釗的情形也一樣。秋瑾留日時，與兩湖士子頗多來往，
且曾結合華興會的劉道一，組成十人會的秘密革命團體。李燮和原就
是華興會的組成份子，而後才成為光復軍的主將。就太炎來說，在態
度上也是傾向克強與教仁。

　　光復會的政治理想，雖集中在種族革命，但也非常注重民權，尤
以秋瑾的提倡男女平等為最大特色。這位中國偉大的女性烈士，具有
充分的現代性、自由感及自我實現的情操。她完全接受西方自由民主
的精神，反對中國的舊傳統，而主張家庭及政治的雙重革命。[164] 她說：
「近日得觀歐美國，許多書說自由權，並言男女皆平等，天賦無偏利
與權。……我國女子相比並，一居地獄一天門」。又說：「吾輩愛自
由，勉勵自由一杯酒。男女平權天賦就，豈甘居牛後。願奮然自拔，
一洗從前羞恥垢；若安作同儔，恢復江山勞素手」。[165] 她在自擬的《檄
文》中，曾譴責滿清「不與人以參政之權，……侈言立憲，而專制仍
得實行；名為集權，而漢人遭盡剝削」。[166] 錫麟的文字不多見，他在
安慶《起義佈告》中，除強調「光復漢族，翦滅滿虜」外，也痛責滿

---

[164] 參閱鮑家麟，〈秋瑾與清末婦女運動〉，載中華民國史料研究中心編，
　　　前引，頁6。

[165] 同上，頁16。

[166] 秋瑾，〈自擬檄文〉（其一），載陳雄輯，前引，頁49。

清「近則名為立憲，實為中央集權！既我股掌，禁止自由」。[167] 太炎最嚴滿、漢之別，認為滿清入關，中夏已亡。但也重民權與自由，曾為文宣揚鄒容的《革命軍》，強調革命的目的非僅在排滿，且「在導之脫奴隸，就國民」。[168] 否則徒然造成秦政，朱元璋之志，而「自相奴畜」。[169] 這當然是一種自由民主的思想。鄒容早死，未及參加光復會，但他感情最純真豐富，政治思想也最具體周詳。他曾列舉二十五條政見，供國人採納。其中包括天賦人權的觀念，主權在民的思想，代議及自治的制度，平權及獨立的精神，甚至主張：

> 無論何時，政府所為有干犯人民權利之事，人民即可革命，推倒舊日之政府。……舉一國人民，悉措諸專制政府之下，則人民起而顛覆之，更立新政體，以遂其保全權利之心，豈非人民至大之權利，且為人民自重之義務哉！[170]

他將美國獨立宣言及憲法的精神融會其中，實在難得。在政治思想上，元培亦應一提。元培主排滿，是站在民權的立場，對滿清少數人的特權統治，認為應加以推翻，所以屬「政略上的」。他認為滿、漢之間已有相當程度的混同，所爭者應是民權。關於民權，他說：

> 夫民權之趨勢，若決江河，沛然莫禦。而我國之官行政界者，猥欲以螳臂當之，以招他日慘殺之禍，此固至可憫歎

---

[167] 徐錫麟，〈安慶起義佈告〉，載陳雄輯，前引，頁48。

[168] 章炳麟，〈讀革命軍〉，載陳雄輯，前引，頁140。

[169] 同上，頁141。

[170] 鄒容，《革命軍》，載陳雄輯，前引，頁137-138。

者也。[171]

　　光復會的組織似不若興中會及華興會的穩定。中山先生始終在興
中會的會員間，起領導的作用，克強在華興會亦然，光復會就缺乏像
中山先生、克強式的領導人物。元培、太炎名士風流，偏重學問，宜
於鼓吹，而拙於實踐。錫麟及秋瑾早死，他們的領導作用，祇是曇花
一現，且未必爲太炎等所接受。太炎曾稱：「伯蓀（按係錫麟號）性
陰鷙」。[172] 陶成章後來雖仍思振作，但個性較爲偏激，入同盟會，再
抗同盟會，在革命的大勢上，當然難有成就。現將光復會的權力結構
及政治價值結構，圖示如圖十二及圖十三。

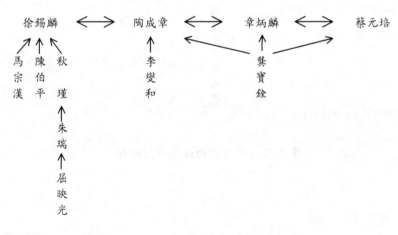

──→：表示增強作用

圖十二　光復會的權力結構

---

[171] 蔡元培，〈釋仇滿〉，載陳雄輯，前引，頁96。

[172] 章炳麟，《太炎先生自定年譜》，前引，頁12。

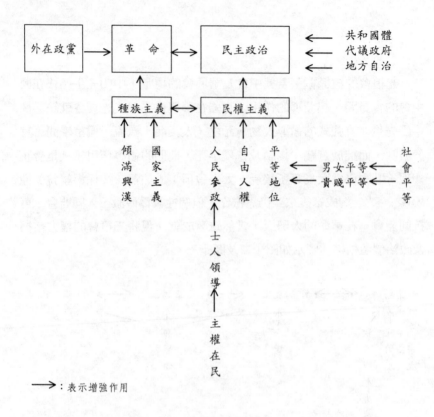

圖十三　光復會的政治價值結構

（五）結　論

　　從以上所述，我們大致可以看出興中會、華興會、光復會等革命團體的發展過程。這一過程顯示出若干共同的類型(patterns)，而與中國整體的現代化運動息息相關，值得再加以綜合說明：

　　1.革命團體的產生是從極少數的知識份子開始的。這些極少數的知識份子都因特殊的私人關係，而偶然相聚。其中最普遍的關係是同

鄉與同學。中山先生與陳少白、鄭士良等組織興中會,克強與劉揆一、宋教仁等組織華興會,元培與徐錫麟、陶成章等組織光復會,皆不外從此等關係而來。中國傳統文化從親情轉而注重鄉誼與學誼,以之入於政治,難免產生地域與學派的觀念。這一觀念如再與政治的理想及利害關係相結合,就易導致派系與摩擦。中國最早的革命團體皆本於此等關係,其後的發展當然也難避免。薛君度曾引萱野長知的話說:

> 同年(按係一九二八)七月三十一日,萱野長知為馮自由編撰《中華民國開國前革命史》致書於馮曰:「弟所希望者有三:(甲)毋偏於廣東人;(乙)毋誤第一次革命之真相;(丙)毋忘同盟會前後各省同志之苦心運動,如克強、教仁、人鳳諸兄之歷史,諸同志之事實」。以上兩人所言,必是有感而發。[173]

薛為克強的快婿,他引日人萱野的話,何嘗不是有感而發。

2.這些發動革命團體的少數知識份子,皆具濃烈的情感及堅強的性格。在心理的需要上,他們極重自尊、自由、自重、創造及自我實現的需要。他們為了恢復民族的自尊,排除專制的束縛,確實做到了生死以之,亦即將自我的實現昇華到自我犧牲的境界。若干烈士的成仁取義固是具體的表現,其他參加革命行動,幸而未死者,在性格上也是一樣。中山先生始終相信追求自由、民主的需要,而發動的「共和革命」,是「順乎天理,應乎人情,適乎世界之潮流,合乎人群之需要」。[174] 革命者,不過是先知先覺,但「決志行之,則斷無不成者

---

[173] 薛君度,〈紀念黃克強並論辛亥革命〉,《藝文誌》,38 期(民 57 年 11 月),頁 18。

[174] 〈孫文學說〉,前引,頁參-161。

也」。[175] 他自稱在鼓吹時「聞吾言者，不以爲大逆不道而避之，則以爲中風病狂相視也」。[176] 太炎也認爲「排滿復漢的心腸，也是人人都有，不過潛在胸中，到今日才得發現。……鶴知夜午，雞知天明，……本不是那隻鶴，那隻雞，所能辦得到的，但是得氣之先」。[177] 他爲了做一隻最先報曉的雞，同樣被人罵成叛逆及瘋癲。但他不覺得這樣的瘋癲爲壞事，「反格外高興」，另說：

> 兄弟承認自己有神經病，也願諸位同志人人個個都有一
> 兩分的神經病。近來有人傳說，某某是有神經病，某某也是
> 有神經病，兄弟看來不怕有神經病，祇怕富貴利祿當面前的
> 時候，那神經病就立刻好了。[178]

我們承認政治現代化的目標是謀取心理上的自由、自主等的最大滿足，中山先生等的組織革命團體，作先知先覺的努力，決非中國歷史上的造反，而是現代化的追求。如與立憲派的人士相比，就心理的需要來觀察，革命黨人更注重民族的自尊，且在程度上與速度上，要求傳統社會更深更快地步向現代化。

3.主張革命的少數知識份子，除強調自由、自尊、自主等需要外，特別贊成社會進化的觀點，而有反傳統的傾向。中山先生是最贊成達爾文的進化論的，認爲「自達爾文之書出後，則進化之學，一旦豁然開朗，大放光明，而世界思想爲之一變」。[179] 他相信「物競天擇，適

---

[175] 同上。

[176] 同上，頁叁－162。

[177] 太炎，《演說錄》，前引，頁2。

[178] 同上，頁3。

[179] 〈孫文學說〉，前引，頁叁－138。

者生存，」在社會方面，是「文明進步，以日加速，」最後的目的在
「大道之行也，天下爲公」。[180] 他對中國傳統社會的惡習及民智的幼
稚，皆曾有所批評，主張倣效歐、美等先進國家，而有所改革。實際
上，他的政治主張仍是一本歐美民主政治的基本精神。中山先生的這
些想法曾使他被人罵爲「白奴」。[181] 所謂「白奴」即今日罵人的「崇
洋拜外」，從現代化的過程中看，不過是主張西化而已。中山先生而
外，元培亦主進化論，他說：「自歐化輸入，群知人爲動物進化之一
境，而初無貴種、賤種之別」。[182] 社會的不斷進化，「風潮所趨，決
不使少數特權獨留於亞東社會」。[183] 太炎亦宣揚進化競爭的原理，且
用來說明民主的可行，他說：

> 民主之興，實由時勢迫之，而亦由競爭以生此智慧者
> 也。……人心進化，孟晉不已。……然則公理之未明，即以
> 革命明之，舊俗之俱在，即以革命去之。[184]

　　相信進化，相信民主、自由、平等皆本於人性，而可以競爭啓發
之，相信阻礙進化的傳統必須且必可革而去除，於是他們禮讚革命，
而以革命爲中心的政治價值，此在以前所附的政治價值結構圖中可以
見到。且聽鄒容的歌頌：

> 出十八層地獄，昇三十三天堂，鬱鬱勃勃，莽莽蒼蒼，

---

[180] 同上，頁參－139。

[181] 孫文，〈駁保皇報〉，《國父全集》，前引，頁柒－34。

[182] 蔡元培，前引，頁94。

[183] 同上。

[184] 章炳麟，《駁康有爲論革命書》，前引，頁279。

至高極高，獨一無二，偉大絕倫之一目的，曰：革命。巍巍
哉！革命也。皇皇哉！革命也。[185]

又說：「嗚呼革命！自由平等者，亦出於是也」。[186] 中山先生亦
稱讚：「革命者乃神聖之事業，天賦之人權，而最美之名辭也」。[187] 中
國社會既然落後，人民的知識程度也太低，是否經得起革命的震盪呢？
在變遷的過程中，是否會破壞舊有的秩序而引起不安與流弊呢？社會
的進化論者都是趨向樂觀的，中山先生答覆的最好：

> 再冷靜一點想，無論在甚麼地方，荒地開墾的時候，初
> 生出來的，一定是許多雜草毒草，決不會一起便忽然生出五
> 穀來的，也不會忽然會發生牡丹、芍藥來的。這種經過，差
> 不多是思潮震盪時代的必然性，雖是有害，但也用不著十分
> 憂慮的。[188]

4.組織革命團體的少數知識份子，除去前述的人格特質，易於作
民權革命的反應外，實也受到外在環境的觸發。在西方勢力及文化的
衝擊下，清廷政治體系所暴露的雙重危機，前已詳述，但對革命份子
的決心組織秘密團體，採取行動而言，也有幾個引發點：第一個引發
點是一八八四年的中、法之戰，此一戰役，由於清廷的顢頇，喪失對
安南的宗主權。中山先生及衢雲等皆深受刺激，決心革命。先生自稱：

---

[185] 鄒容，《革命軍》，前引，頁 103-104。

[186] 同上，頁 105。

[187] 孫文，〈中國革命之難易〉，《國父全集》，前引，頁捌－6。

[188] 孫文，〈社會問題〉，前引，頁拾壹－40。

「余自乙酉中、法戰敗之年，始決傾覆清廷，創建民國之志」。[189] 第
二個引發點是一八九八年的戊戌政變。這一政變使得若干溫和的改革
份子，對清廷的自作調整，完全失望，因而轉向革命。第三個引發點
是一九〇〇年的八國聯軍、自立軍之役、惠州之役等。這一些事件，
對中國知識份子的衝擊力極大。秋瑾即說：「吾自庚子（按係一九〇
〇）以來，已置生命於不顧。即不獲成功而死，亦吾所不悔也」。[190] 第
四個引發點是一九〇三年的俄軍強佔滿、蒙事件。上海志士為此召開
拒俄大會，留日學生亦組織拒俄義勇隊，後再改名為軍國民教育會，
推選志士回國革命。黃興、龔寶銓皆是受推返國組織革命團體的，陳
天華的傳記中有下面的一段記述：

> 　　歲癸卯（一九〇三）留學日本，時值俄兵入據東三省，
> 瓜分之禍日迫，朝野皆束手無計，乃大悲慟，齧指血，成書
> 數十幅，備陳滅亡之慘，郵寄內地各學校，讀者莫不感動。
> 是歲夏，黃克強、劉揆一等組織華興會，謀起義於湖南。[191]

　　這些引發點一再暴露清廷政治系統的危機，也不斷鼓盪愛國知識
份子的革命熱情，兩相結合，革命團體乃告產生。

　　5.當革命團體開始組織時，不過出於極少數具特殊私人關係的志
同道合者的聚會，還談不上具有結構。中山先生在香港所聚談的四大
寇，即屬此類。但由此開始，逐漸規劃參與同志的角色行為規範，並
作某種程度的分工，結構乃告出現。但結構的形成，主在進行某種功

---

[189]　《孫文學說》，前引，頁參－161。

[190]　鮑家麟，前引，頁8。

[191]　《革命人物誌》，第四集，頁1651-1666。

能，合而爲一個整體的體系；革命團體既重秘密排滿，危險性非常之
高，所以繼少數創始者而加入的，也並非過多。成員既非過多，結構
本身即非太複雜，分化的程度隨而不太精細。革命團體的活動高潮在
起事，爲了準備起事，無論興中會、華興會或光復會皆集中全力連絡
會黨，到了這個階段，成員突然增多，結構驟然複雜與分化，但角色
的規範並不穩定，也未能完全制度化，於是體系的本身就難得強固。
會黨的人員中固不乏忠貞仇滿的首領，也雜有不少「志在搶掠」[192] 的
會眾，對本身的角色規範並不甚了了，或有所了解，但不能符合。起
事失敗後，會眾哄散，再加上領導人的就義，原本非十分強固的結構，
就更難維持了。革命團體的體系，在起義後所發生的回退現象，對本
身具有「回投」作用(feedback)。中山先生及克強等向士子及學生的階
層求擴展，以及相互謀聯合的努力，皆本此「回投」的作用而來。

　　6.各革命團體的產出(output)功能，除推翻清廷外，尙有民主政治
及其他新政的實施。但在實際上，仍集中在排滿。排滿是促成革命的
主要因素，不少革命團體中的成員，在其他意見上非無出入，但爲了
共同的排滿目標，而合組革命的體系。這一情形運用在推翻清廷上，
固然推動體系的功能，但等到清廷被推翻後，不同的政見產生，如體
系的能力不能加以協調，體系本身即將陷入動盪的困境。

四、革命政團的統合與變遷

　　早期革命團體在歷經起事失敗的打擊後，體系本身的維持，已大
感不易。如要進一步推動革命的功能，達到傾覆清廷的目的，當然必

---

[192]　參閱朱和中，〈歐洲同盟會記實〉，載《革命文獻》，第二輯，中國
　　　國民黨黨史史料編纂委員會，民 42 年 7 月。

須重新調整本身的結構，加強角色的能力。這一「回投」(feedback)作用產生了若干具體的效果：

1.各革命團體的成員皆感到原有的體系必須擴充，擴充的最佳途徑，當然是各團體之間的相互聯合，進而改組為一新的、但組織擴大的革命團體。

2.在改組的過程中，應儘量吸收新知識份子會員的加入。根據各革命團體以往起事的經驗，純靠會黨的合作，往往不能受到傳統社會中堅份子的士子階層的支持，常被誤認為是一種下層社會的暴動。在另一方面，會黨人員及一般群眾知識程度淺薄，亦必須增強領導的層級，而多吸收知識份子。

3.革命團體內部的結構必須強化，使能有效完成革命的大任。強化的方式不外精密分割角色的行為規範，提高成員對體系的認同，以及發揮領導及合作的精神等。

（一）同盟會的設立

興中會是組織最早，舉義最先的革命團體，但也是遭受打擊最重，體系瀕臨解體的團體。中山先生對此感受極深，曾力謀重整，並決定向海外留學生的團體發展。一九〇〇年以後，留學海外，尤其是日本的學生日漸增多，各種討論革命的小團體也如雨後春筍，紛紛成立。中山先生在這樣的情形下，早有「同盟」的打算。中山先生的「盟」是與「誓」連在一起的。「盟」的目的在革命，「誓」的目的在加強心理的認同及團體的凝固力與懲戒力。一九〇四年冬，中山先生赴歐組織革命團體，曾在比京布魯塞爾、德京柏林及法京巴黎，結合留學生加盟革命黨，並以「驅除韃虜，恢復中華，建立民國，平均地權，矢信矢忠，有始有卒，有渝此盟，神明殛之！」為誓詞。當時比京的

留學生對宣誓一節，頗有辯難，據朱和中的追憶：

> 是晚，同人設盛筵以享先生，……夜深矣，先生起而言曰：「討論已三日三夜矣，今晚應作一結束」。大眾敬聽之，則先生提出宣誓一事也。諸人又復紛紛持異議，謂我輩既真心革命，何用宣誓？先生反覆辯論宣誓之必要，問難者愈多。向來我發言最多，獨於此事則默然。先生見眾議不決，乃問我曰：「子英兄，爾意何如？」余曰：「我輩既決心革命，任何皆可犧牲，豈憚一宣誓？」先生喜曰：「然則爾願意宣誓乎？」余曰：「願」。先生曰：「即從爾起」。余曰：「可」。眾乃無言。[193] 宣誓後，乃「同盟」，但通稱革命黨，未定會名。[194]

中山先生在赴歐、美之前，對擴大革命黨的組織，已在日本有所布置，當時雖未盟誓，但影響到其後同盟會的成立甚大。中山先生擴大的對象是廣東籍的留學生，也就是透過同鄉的特殊私人關係，重建革命的組織。據馮自由的回憶：

> 癸卯（一九〇三）漢民堂弟毅生因廣東大學堂風潮退學東渡。是年秋總理自安南蒞日本，余為紹介毅生及粵籍學生桂少偉、黎仲實、朱少穆、張崧雲、廖仲愷、伍嘉杰、盧少岐、何香凝諸人與總理相見。[195]

---

[193] 朱中和，前引。

[194] 馮自由，《中華民國開國前革命史》，第一冊，頁188。

[195] 馮自由，《革命逸史》，前引，初集，頁187。

　　中山先生乃託這些粵籍學生發展組織，並自認對後來同盟會的成立，發生很大的作用。[196] 一九〇四年，粵督岑春煊選派數十粵籍學生赴日學習法政，其中包括胡漢民、汪精衛、朱大符（執信）、金章、陳融、葉夏生等。[197] 他們抵日後，更加強廣東革命人士的陣容，成為中山先生最有力的新興支持者。這一新興的粵籍士子的勢力，不但可補救中山先生興中會的損失，且更強化中山先生的領導地位。

　　一九〇五年夏，中山先生由歐東歸日本，策劃留學生革命團體的大合作。在各省的留學生中，當時以華興會為代表的兩湖知識份子最為團結，而有力量。華興會的領袖黃興也最孚人望，於是日人宮崎滔天（寅藏）乃力謀中山先生與華興會的合作。華興會自長沙舉事失敗後，正從事自我體系的調整及擴大的努力，一經宮崎的介紹，雙方的合併，在性質上，已成水到渠成的事，至於參加的方式等，雖有討論，但總屬枝節的問題。

　　對前述雙方合作的需要，中山先生說得十分透徹，他透過宮崎與華興會的人士商談，宋教仁記其經過說：

　　　程潤生來信稱孫逸仙約余今日下午至二十世紀之支那社晤面，務必踐約云。未初，余遂至，孫逸仙與宮崎滔天已先在。余既見面，逸仙問此間同志多少如何時，陳君星台亦在座，余未及答，星台乃將去歲湖南風潮事，稍談一二及辦事之方法訖，逸仙乃繼談現今大勢及革命方法，不外聯絡人才一義，言中國現在不必憂各國之瓜分，但憂自己之內訌，此一省欲起事，彼一省亦欲起事，不相聯絡，各自號召，終必

成秦末二十餘國之爭，……此時各國乘而干涉之，則中國必
亡無疑矣，故現今之主義，總以互相聯絡為要。又言：方今
兩粵之間，民氣強悍，會黨充斥，與清政府為難者，已十餘
年，而清兵不能平之，此其破壞之能力已有餘矣。但其間人
才太少，無一稍可有為之人以主持之。……若現在有數十百
人者出而聯絡之、主張之，一切破壞之前之建設，破壞之後
之建設，種種方面，件件事情，皆有人以任之，一旦發難，
立文明之政府，天下事從此定矣。[198]

中山先生所說，實已將各革命團體起事失敗後的感受與需要，統
統道出，且採取一種主動的合作努力，很具說服的力量。華興會本身
的商討，宋教仁亦有記述：

先是孫逸仙已晤慶午（按：即係黃興），欲聯絡湖南團
體中人，慶午已應之，而同人中有不欲者，故約於今日集議。
既至，慶午先提議，星台則主以吾團體，與之聯合之說。慶
午則主形式上入孫逸仙會，而精神上仍存吾團體之說。劉林
生則主張不入孫會之說。余則言既有入會、不入會者之別，
則當研究將來入會者與不入會者之關係如何，其餘亦各有所
說，終莫能定誰是，遂以個人自由一言了結而罷。[199]

由上述更可知中山先生是採取主動而發起的立場，此可由「入孫
會」一語看出。華興會的是否聯合，最後雖以「個人自由一言了結而

---

[198] 宋教仁，《我之歷史》，第 2，頁 27-28，載沈雲龍主編，《宋漁父先
生遺著》（台北：文海），頁 180-190。

[199] 同上，頁 28（總 109）。

「罷」，但多少仍存團體地域之見。不過，黃興、宋教仁及陳天華等重要的華興會人士既願與中山先生合作，同盟會的基礎已奠。

同盟會的成立共召開過兩次會議。第一次在一九〇五年七月三十日（陽曆），第二次在同年八月二十日。首次會議假東京赤坂區檜町黑龍會會所舉行，由「孫、黃各自通知所識各省同志屆時赴會」。[200] 這一次到會的共七十三人，實際上是以孫為首的粵籍留學生，以及以黃為首的兩湖留學生為主幹。據馮自由的回憶：

> 第一次集會期屆，興中會員孫總理、梁慕光、馮自由三
> 人自橫濱蒞會。各省同志之由黃興、宋教仁、程家檉等通知
> 到會者，有張繼、陳天華、田桐、董修武、鄧家彥、吳春暘、
> 康寶忠、朱炳麟、匡一、魯魚、孫元、權道涵、張我華、于
> 德坤諸人。由馮自由通知到會者，有馬君武、何天炯、黎勇
> 錫、胡毅生、朱少穆、劉道一、曹亞伯、蔣尊簋、但燾、時
> 功玖、謝良牧諸人。由胡毅生帶領到會者，有汪兆銘、朱大
> 符、李文範、張樹柵、古應芬、金章、杜之杖、姚禮修、張
> 樹崇諸人。由宮崎寅藏通知到會者，有內田良平、末永節諸
> 人。[201]

會議由中山先生任主席，整個議程實皆為中山先生所推動。他先作演說，後提議定名為中國革命同盟會，後經討論，確定名稱為中國同盟會。他再提議同盟會的宗旨應以「驅除韃虜、恢復中華、創立民國、平均地權」四事為綱領。其時雖有數人對「平均地權」一語表示

---

[200] 馮自由，前引，第二集，頁 148。
[201] 同上。

疑義，卒仍尊重中山先生的意見，予以通過。中山先生在比京與留學
生同盟時，即堅主宣誓，並定有誓詞。在這一次會議，他仍作相同的
主張，經全場接受。誓詞的內容，經眾推黃興、陳天華二人審定，辭
句上，僅與比京的相差數字而已。即：「當天發誓，驅除韃虜，恢復
中華，創立民國，平均地權，矢信矢忠，有始有卒，有渝此盟，任眾
處罰」。眾人經宣誓後，由中山先生授祕密口號，再推黃興、宋教仁、
陳天華、汪精衛、馬君武等八人起草會章，於下次會中提出。

　　第二次會於八月二十日假東京赤坂區靈南坂本珍彌邸舉行。參加
的人員增至百餘人（如胡漢民於第一次會議因回國未及參加，第二次
會議已返日，即來參加）。開會時先由黃興宣讀章程草案三十條，再
經討論加以增刪。據宋教仁的日記，章程通過後，「乃公舉總理及職
員、議員。眾皆舉得□□□（按係中山先生）為總理，舉得□□□（按
係指鄧家彥）等八人為司法部職員，舉得□□□（按係指汪精衛）等
二十人為議員。其執行部職員，則由總理指任，當即指任□□□（按
係指黃興）等八人為之」。[202] 總理及職員選出後，另通過黃興的提議，
以華興會主辦的《二十世紀之支那》雜誌為同盟會的機關報。於是「會
事既畢，乃大呼萬歲而散」。[203]

　　從參加會議的人員分析，第一次的七十三人中，兩湖的留學生共
佔三十八名（湖南二十名，湖北十八名）；在第二次會議的百餘人中，

---

[202] 宋教仁，前引，頁 31（總 115）。唯據馮自由的記述，是在第一次會
議中，由黃興倡議公推中山先生為總理，不必經選舉手續，經舉手贊
成而推出（見馮自由，前引，頁 149）。現參閱章程第八條，有：「本
會設總理一人，由全體會員投票公舉」的規定，所以在第二次會議通
過章程後，再由會員投票公舉一次，較合情理與規定，宋在日記中的
記述，應當可靠。另馮記執行部職員亦為票選，宋記為指任，按章程
規定，宋為正確。

[203] 宋教仁，前引，頁 31（總 115）。

兩湖留學生幾佔一半（湖北二十七人，湖南二十三人），[204] 可見以華興會爲主體的兩湖士子的勢力。不過，廣東籍留學生的勢力亦相當堅實，出席第二次會議亦達二十四人。前面說過，在同盟會成立時，興中會已相當衰退，中山先生且不再以此相號召，但他的新粵籍崇拜者，最先透過興中會會員馮自由的介紹，所以仍存有興中會的淵源。在這一情況下，我們大致可以說，同盟會在初成立時，是以興中會與華興會的合併爲基礎。籍隸浙江的秋瑾，當時雖也參加同盟會，但還不是光復會的會員。她參加光復會是次一年的事。光復會的重要人士章炳麟（太炎），在同盟會成立時，尚因《蘇報》案繫獄。他於次年（一九○六）五月出獄，由同盟會會員鄧家彥、龔練百赴滬，迎來日本，「未幾，以壽州孫毓筠少侯之請，入同盟會，任《民報》編輯」。[205] 《民報》是《二十世紀之支那》在日遭禁後，同盟會新創的機關報。另一光復會的重要人士陶成章，雖也加入同盟會，且也出任過《民報》的編輯，但其後卻轉而與中山先生及同盟會對抗。太炎在一九○九年的自定年譜項下記述：「煥卿（按係成章的號）自南洋歸，余方講學。煥卿亦言：『逸仙難與圖事，吾輩主張光復，本在江上，事亦在同盟會先，曷分設光復會。』余諾之，同盟會人亦有附者」。[206] 除陶先加入，後反對外，徐錫麟亦從未加入同盟會，太炎且說他亦「鄙逸仙爲人」。[207] 由上述看來，光復會雖亦有人參加同盟會，但並不若興中會與華興會的重要。

　　在中山先生與華興會的同盟過程中，中山先生取得領導的地位。

---

[204] 參見蘇雲峰，前引，頁 288-289。

[205] 章炳麟，《太炎先生自定年譜》，前引，頁 13。

[206] 同上。

[207] 同上，頁 12。

這一地位的取得，除因中山先生的主動發起外，另有若干優越的條件，為克強所不能及。首先中山先生年長克強八歲，且興中會在檀島的組織與舉事，亦較華興會的組織與舉事早九年。所以無論在年齡及革命的聲望上，中山先生皆較克強為優。程家檉曾告華興會的同人：

> 孫文於革命名已大震，腳跡不能履中國一部，盍緩時日，以俟其來，以設會之名，奉之孫文，而吾輩得以歸國，相機起義，事在必成」。[208]

由此可知，華興會人對中山先生革命英雄式的聲望，已有所接受。其次，中山先生在新學及政治、社會理論方面的素養，亦非克強所能及。克強雖為秀才，曾是兩湖書院的高材生，無論國學與新學皆有相當根柢，但中山先生富思想，創造力甚強，且自少即得機緣在夏威夷就學。他精通英語，除去親身的體驗，尚能直接研判當代社會及政治的思潮。因之，中山先生在這方面的學養，以及對外的知識與能力，皆較克強為優異。「孫氏理想，黃氏實行，」恐即由此而來。再其次，中山先生曾是粵籍的華僑，他可藉華僑的身分，向南洋，尤其是美洲各地的鄉僑捐款。革命最需金錢與物質的接濟，中山先生具此條件，更非克強所能相比。以上三項構成中山先生在政治資源(political resources)方面的優越情勢，而使得華興會願與合作，亦使得克強樂於退讓，尊之為總理，而相互合作。中山先生被推為總理後，聲望更高，逐漸成為中國革命份子的神聖人物(charisma)，而有助於其後革命的推行。

再從同盟會所建立的新體系觀察，一種新的民主式的權力結構，

---

[208] 宋教仁，《程家檉革命事略》，民 2 年撰，載南京，《國史館刊》，第 1 卷第 3 號，民 36 年。

首次爲中國知識份子所建立。據同盟會的總章，中央決策結構採三權分立制，並以總理爲行政系統的最高決定人，亦即兼採總統制的精神。總章第八條規定同盟會設總理一人，由全體會員投票公舉，四年更選一次，但得連舉連任。無疑地，這一條的精神，完全採自美國憲法有關總統產生的規定，表示出黨員主權的民主制。總理對外代表同盟會，對內有任命及指揮執行部，亦即行政系統之權。總章第九條規定總理「有執行事務之權，節制執行部各員」。第十條續規定執行部分設庶務、內務、外務、書記、會計、調查六科，但「各科職員，均由總理指任，並分配其權限」。也就是說執行部由六科組成，相當於美國總統所領導指揮的內閣，大致仍是從美國制度中脫胎而來。立法權屬議事部，議員以三十人爲限，每年由全體會員投票公舉一次（總章第十一條）。議事部可議決規則，亦可決定議案，提案權分屬總理與議員，此可見之於第九條下半段的規定，即總理「得提議於議會，並批駁議案」。行政首長對議會的批駁權，是解決決策過程中發生衝突的一項設計，它的本源還是來自美國總統制。美國總統雖無權向國會正式提案，但可批駁國會的議案，方式是由總統退回覆議。如國會再以三分之二的多數通過，總統就必須接受。同盟會總理行使批駁權的方式究竟如何，總章中未加規定，故不得而悉。不過，我們可以肯定，行政與立法之間，確有民主式的制衡關係的存在。除掉立法與行政外，同盟會亦設司法部。司法部置判事長一人，判事二人，另設檢事長一人。判事長與判事大概就是法院的院長與推事，檢事長想即是檢察署的檢察長，但司法部的名稱，卻不見於總章的規定。總章爲何漏列司法，原因不悉，事實上，司法部確是成立了的，且由會員所選舉。前引宋教仁的日記，非常清楚地記載當時曾舉得司法部職員八人。[209] 馮自由

---

[209]　宋教仁，《我之歷史》，前引，頁 31。

的回憶並指出選出的判事長是鄧家彥，判事是張繼與何天瀚，檢事是宋教仁。[210] 鄧亦曾作此自承。[211] 司法部的職權如何，因未見明文規定，不能盡知，但既獨立自成一部，可見其中所含有的司法獨立的精神。再就中央與分支機構的權力關係看，總章第十六條規定，國內設五個支部，國外設四個支部，皆直接受中央本部的統轄。各支部設部長一人，亦皆由總理指任（總章第十八條）。支部包括數個省，如中部支部即下屬河南、湖南、湖北、江西等四省。省設分會，會長則由當地的會員公舉，且須受本部的統轄（總章第十五條）。除省設分會外，總章第二十二條及二十三條另明定各地設分會，會長由會員選舉，直接受支部的統轄。此處所規定的分會是否包括省分會在內，還是另指省以下的區域，總章未作清晰的劃分。但不管如何，分會會長皆由會員選舉，自治的精神已十分明顯。以上所規定的權力結構不過是角色行爲的一種「規制」，與實際實施的情形可能相差甚遠，如議事部的議員「先後歸國者眾，一年後形同虛設」，[212] 但此「規制」所代表的政治價值，卻十分值得注意，現可舉出數點：

　　1.規制中所表現的中央及地力分權的精神，完全來自西方的民主理論與制度。對中國二千餘年的專制政治而言，這是政治行爲規範上的大改變，性質上毫無疑問地是一種激烈的革命。

　　2.行政、立法、司法的三權分立，以及行政與立法之間的制衡關係等，使整個體系在民主的基礎上，實現結構的分化。與以前的各革命團體相較，同盟會不僅具有高度分化及統合的結構，而且接近正式政府的規模。

---

[210] 馮自由，前引，頁 151。

[211] 見姚蒸民，前引，頁 111。

[212] 馮自由，前引。

3.內部結構採取民主精神及制度的政黨，往往比較開放，易於轉變或即屬於所謂的內在政黨(inside party)。同盟會在推翻清室，建立民國上，雖爲革命的外在政黨(outside party)，但純就內部的規定看，確具有內在政黨的意味。民國建立後，同盟會一變而爲內在議會政黨的國民黨，非無歷史的線索可尋。

同盟會在會員的入會方面，也較過去各革命團體來得公開。如總章第六條即規定：「凡會員皆有實行本會宗旨，擴充勢力，介紹同志之責任」。第五條復規定：「凡國人所立各會黨，其宗旨與本會相同，願聯爲一體者，概認爲同盟會會員」。這些規定，已使同盟會擺脫基於私人特殊關係的祕密結社的時代。它要在全國各地設立分會，目的在建立全國性而具有周延性的革命政黨。這種公開而周延的性質，如能與民主的制度相配合，是可能推動同盟會的轉向內在政黨，而使政局安定，逐漸步入政治的現代化。

當然，規制所能代表的充其量是一種理想的角色行爲規範，這種規範是否受到多數會員的認同或接受，而加以遵行，產生如 Samuel P. Huntington 教授所說的制度化(institutionalization)的效果，[213] 確實值得推敲，但從政治現代化的觀點看，專制傳統的打破，必先從民主理想規制的建立始。規制如不建立，民主的角色規範即不能顯露，行爲即無標準可循。大體說來，規制常是政治現代性特別強烈的改革者所擬定的，亦即中山先生所說的先知先覺者，或太炎所說的得風氣之先的報曉者，所作的現代性的價值判斷。一般受傳統專制文化束縛較深的人，雖在人性上存有潛在的民主與自由的基本需要，但在突破專制的文化之繭，而能爲先知所覺之前，仍有一段遙遠而坎坷的道路須加

---

[213] Samuel P. Huntington, *Political Order in Changing Society* (New Haven: Yale University Press, 1968).

克服。這一過程幾乎不能不是迂迴曲折的。除掉傳統而複雜的文化因素外，尚有環境的、社會的以及功利等等的變數穿插其間，這些皆使得政治現代化的步伐顯得遲緩而蹣跚吃力。但同盟會的開創者既然定下以民主的實踐為行為的理想規制，無論如何總是朝向政治現代化踏了重要的一步。民主的實踐自然不能僅停留在一種規制的建立，還須理想的規制能實際為成員所接受，以及成員的能力足能履行理想的規制。如何改變傳統的專權價值觀念，再配合能力的提高，確是規制定立後所面臨的最嚴重的問題。這一問題在現代化的道路上，會帶來若干衝突與困擾，但終究還是無法避免的。

　　同盟會的體系雖主在排滿，但對基本民權的維護及社會主義的實施，也列為重要的目的。過去的各革命團體，最先強調排滿，稍次才略談民權，如民主、共和等，但絕少主張社會主義。同盟會列平均地權為革命的目的，完全出於中山先生的堅持，而使得中國的革命帶有社會革命的色彩。排滿是滿足民族的自尊，進而達成民族的平等，在性質上實屬民權革命的一種。社會主義雖重在經濟的平等，但也構成政治平等的鞏固基礎，也有助於民權革命。所以從權力的觀念來看，同盟會的革命目的最重要的重心，仍在政治。同盟會的軍政府宣言曾經說到：「我等今日與前代殊，於驅除韃虜，恢復中華之外，國體、民生尚當變更。雖經緯萬端，要其一貫之精神，則為自由、平等、博愛。故前代為英雄革命，今日為國民革命」。[214] 所謂自由、平等、博愛，皆具政治上的意義與價值。中山先生對政治為革命重心的看法，不但贊同，且有精闢的見解，他後來表示：

　　　人民必要能夠治，才能夠享；不能夠治，便不能夠享。

---

[214]　《國父全集》，前引，頁叄—1，

如果不能夠享，就是民有都是假的。[215]

中山先生所說的民治就是民權，由此可知，同盟會的革命不能不以民權爲主。

爲了實現國民的民權革命，同盟會定了三期步驟，即：第一期爲軍法之治，第二期爲約法之治，第三期爲憲法之治。軍法之治除掉要消除專制等「政治之害」外，還要破滅「風俗之害」，如蓄養奴婢及纏足等等。每縣最多以三年爲期。約法之治，著重地方自治，如舉辦地方議會議員及行政官的民選等。時期以天下平定後的六年爲限。全國在實行約法之治的六年後，就可解散軍政府，制定憲法，由全國國民公舉總統及國會議員，而進入憲法之治。人民經過這三個過程，才能「養成自由平等之資格，中華民國之根本，胥於是乎在焉」。[216] 上述同盟會所定的三期之治，亦必出於中山先生的主張，因中山先生在手擬的《建國大綱》中，同樣定出軍政、訓政及憲政的三期過程。但無論軍法或軍政之治，皆是由一個革命的政黨，用軍事的力量消除民權實施的障礙。換句話說，民權的實施先由外在政黨的組織始。到了約法之治，地方自治逐步推行，在選舉地方議員及行政官的過程中，其他政黨應准參加角逐。憲法之治，完全還政於民。外在政黨將民權推行到這一程度，自身必須改變性質，而成爲一般的內在政黨，亦即藉選舉，而非軍事的力量，贏取國會及行政權的控制，以實行自身的政綱。在整體政治現代化的進展上，這一過程，一方面促進民權政治的實現，一方面外在政黨必須捨棄由革命而掌握的黨治，轉變爲普通的內在政黨，甚至喪失政權，以推進民權，朝向政治的現代化。同盟

---

[215] 孫文，《五權憲法》，前引，頁貳－7。

[216] 參見同盟會〈軍政府宣言〉，前引，頁叁－2。

會的政治革命，既然是憲法之治，我們應可相信，同盟會定以內在政黨的建設，為實行民權政治的條件，亦即為了政治的現代化，自甘退讓為普通的內在政黨。當然，在實際的演進上，要看人民在進入憲法之治以前，是否已「養成自由平等之資格」，無此政治文化，實行憲法之治即甚不易。除此，也要看革命的外在政黨，在優勢的權力下，不加濫用，且願燃燒自己，而照亮政治現代化的道路。

與同盟會相比，立憲派的人士在推動民權上，也是主張立憲。所謂立憲，就是憲法之治，兩者的涵義完全相同。立憲派與同盟會的最大差異，倒不是在立憲的現代化的方向，而是在程度與方法上。同盟會所強調的民權，不僅包括男、女的平等，也要打破士紳與平民之間的差距。過去的興中會、華興會及光復會皆重視會黨，而會黨亦樂於親近、合作，這就是平民革命的明顯表現。同盟會列民生主義為宗旨，是要在經濟的平等基礎上，徹底實現社會階層的平等。立憲派的民權觀，決不能達到徹底的程度，大致停留在紳權的階段。另一方面，同盟會贊成透過約法之治，來提高人民的民主政治文化，然後再實現內在政黨。立憲派是要用內在政黨的運行，逐漸使人民習於民主的政治。雙方的目的相同，方法則有激進與緩進之別。

現將同盟會的政治價值及權力結構圖，繪示如圖十四及圖十五。

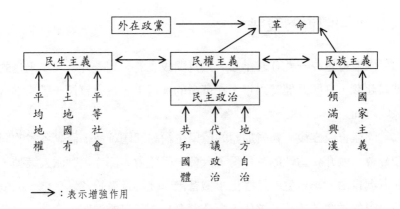

：表示增強作用

圖十四　同盟會的政治價值結構

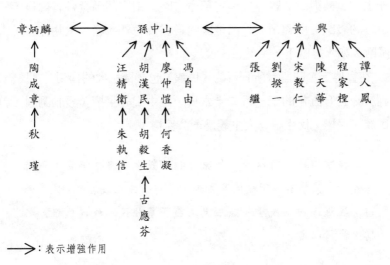

：表示增強作用

圖十五　同盟會的權力結構

（二）同盟會的發展

同盟會是在一九〇五年七、八月間成立的，到一九一一年十月的武昌起義，其間共歷時六年，在革命的進行上，這已算是一段相當漫長的時間。

同盟會成立後，各省加盟的留學生紛紛回國革命，籌劃各省的同盟分會，並介紹當地的革命份子入會。同盟會本部亦主動派人策動，如派馮自由、李自重前赴香港組織香港、澳門及廣州各地分會，另依吳春暘的推薦，派蔡元培任上海分會會長。留日的同盟會會員，也各就本省會員中舉出一人爲本省分會長，專司本省留學界的入會主盟事務。歐、美及南洋各地也各組分會，與國內相呼應。一九〇六年，中山先生、黃興與章炳麟等更編定革命方略，由本部頒發各省會員，使起事時的義師有所遵循。「由是國內各省及海外各埠，機關林立，人心歸附，如水之就下，黨勢日漸發展」。[217]

在宣傳上，同盟會所刊行的《民報》也發揮極大的作用。《民報》創刊於一九〇五年的十一月二十六日，由中山先生撰〈發刊詞〉，首揭民族、民權、民生等三大主義爲革命目標。

> 報字曰民，所以者何？原孫總理數十年舟車栖皇，顛播
> 海外，其孳孳不倦所提倡革命者，厥爲三民主義，曰：民族，
> 曰：民權，曰：民生。茲三大主義胥基於民，故《民報》之
> 稱，於焉以定。[218]

---

[217] 馮自由，前引，頁 157。

[218] 曼華，〈同盟會時代民報始末記〉，載黃季陸主編，《中華民國史料

當時梁啓超在日本辦《新民叢報》鼓吹君主立憲，《民報》乃站在國民革命的立場大加反擊，使君主立憲的聲勢大爲減弱。胡漢民回憶說：

> 梁啟超初以能爲時文，輕視學界。……及《民報》出，梁始大窘，於是爲文肆力攻擊，……其要點則謂革命必生內亂，必致瓜分，中國不求革命，但求立憲。……余等知非征服此儕，無由使革命思想發展也。精衛乃就革命與立憲之關係，及中國民族之立場，革命之所以爲必要諸點，闡明其意義，而反駁梁所主張。……革命黨從民眾利益立場，於客觀事實無所隱蔽，保皇黨則反之，其言僅以代表新官僚之利益，兩者相形，已足使人聽取其是非，……於是交戰之結果，爲《民報》全勝。梁棄甲曳兵，《新民叢報》停刊，保皇之旗，遂不復見於留學界。[219]

除去組織與宣傳的發展外，同盟會曾發動多次革命行動如萍瀏之役、黃岡之役、惠州七女湖之役、防城之役、鎮南關之役、欽廉上思之役、河口之役、廣州新軍之役、廣州三月二十九日之役等。這些革命有的是黨員自動進行的（如萍瀏之役），但大多經同盟會領導階層的策劃而推動的。中山先生與克強奔走經營其間，不僅聲名大噪，且將革命的風潮，傳播全國。中山先生稱讚廣州三月二十九日之役說：

> 是役也，集各省革命黨之精英，與彼虜爲最後之一搏，

叢編》，《民報》，前引，總頁 0001。

[219] 胡漢民，《胡漢民自傳》，載：羅家倫主編，《革命文獻》第三輯（台北：中央文物供應社，民 47 年），頁 17-18。

事雖不成，而黃花崗七十二烈士轟轟烈烈之概，已震動全球，而國內革命之時勢，實以之造成矣。[220] 又說：自廣州一役之後，各省已風聲鶴唳，草木皆兵，而清吏皆盡入恐慌之地，而尤以武昌為甚。[221]

同盟會無論在組織、宣傳及革命的行動上雖有可觀的成就，但也有若干因素影響到後來的發展：

1.同盟會所訂立的規制，並未能切實執行。本部在東京成立後，所屬各部所能發揮的作用不大。中山先生、克強返歸西南策劃革命後，執行部即難發揮甚大的功能。太炎曾說：「初，孫、黃之南也，以同盟會事屬長沙劉揆一、林生。林生望淺，眾意不屬。既與逸仙有異議，孫、黃亦一意規南服，不甚顧東京同志，任事者次第分散」。[222] 劉揆一即是當時執行部的庶務長。按規定總理他適時，由庶務長代行一切，他既「眾意不屬」，當然影響到本部的發展。至於議事部，也因議員的先後歸國，「一年後，形同虛設」。[223] 司法部的情形也一樣，「此部以任事諸人先後歸國，一年後漸無形取消」。[224] 本部的結構鬆懈，難免影響到體系的凝固及功能的推行。居正也記述辛亥前一年抵日本時的情形說：

其時總理在北美，克強在南洋，東京本都幾無人主持，

---

[220] 〈孫文學說〉，前引，頁叁－170。

[221] 同上。

[222] 章炳麟，前引，頁 12。

[223] 馮自由，前引，頁 151。

[224] 同上。

形勢頗形渙散。迄六月，趙伯先自新加坡來，會譚石屏、宋
遯初、林時爽、張簡亭諸兄，日商革命進行事宜。遯初主張
由長江發動，有組織中部同盟會之必要，石屏力贊其議。[225]

　　由上述可知，宋、譚籌劃中部同盟會的組織，是在本部「形勢頗
形渙散」的情形下，自謀發展，足見同盟會本身組織力的欠嚴密。再
共進會的成立，也與同盟會本部的缺乏組織力有關。太炎曾記其事：

　　　時東京同盟會頗蕭散，而內地共進會轉盛。共進會者，
　　起自川、湘間游俠，聞同盟會名，東行觀之，以為迁緩，乃
　　陰部署為共進會，同盟會人亦多附焉。[226]

　　共進會的會員如孫武、居正、焦達峰、劉公、張伯祥、余晉城、
吳祥慈等雖皆列籍同盟會，但共進會的組織卻非同盟會本部所發動，
也非由同盟會本部所能節制。中部同盟會成立後，力謀在長江起事，
譚人鳳（石屏）曾赴漢口與居正計議。居的追憶是：

　　　石屏抵漢，又提出中部同盟會，已發宣言，應加緊進行，
　　余唯唯。蓋石屏初到，與武漢志士，尚未有連絡，會務自無
　　從籌策也。[227]

　　居是共進會同志中與同盟會關係最深的一人，他後來曾受克強、
石屏之託，聯絡兩湖的革命份子，但當時的情勢，仍以共進會與文學

---

[225] 居覺生，前引，頁1。
[226] 章炳麟，前引，頁13。
[227] 居覺生，前引，頁2。

社為中部革命的主流。武昌起義即是這兩個團體聯合運動新軍中的同志所獲得的成果，很難說是同盟會所發動。兩湖的革命同志多少與克強所領導的華興會具直接或間接的關係，同盟會成立後，亦多加盟，因之，在籌劃武昌起義時，曾邀約克強、教仁等前往計議，但這並不表示革命運動為克強等所領導。武昌起義後，新軍同志竟推舊協統黎元洪作都督，可見平素與同盟會並無過深的聯繫。武漢的新興勢力，在以後政黨政治的發展上，甚至與同盟會立於相反的陣線，如同盟會本部在成立後的六年中，多發生堅強的組織力與領導力，及早組織中部的支部，而非是「渙散」、「蕭散」，同盟會會員或不致另組共進會，終造成為譚人鳳所痛惜的黎元洪的局面。[228]

2.同盟會的成立是建築在孫（中山先生）、黃（克強）合作的基礎上，但中山先生與克強在合作之初，非必無芥蒂。雙方的首次衝突是為了製定國旗。中山先生堅主青天白日旗，克強認為以日為象徵，有點效法日本的太陽旗，乃力主以井字旗代替，因井字寓平均地權的用意。[229] 按青天白日旗是興中會第一位烈士陸皓東所製作的，皓東是中山先生遭長兄自夏威夷遣歸後，最予同情，且最早贊助革命而最先死難的同志兼至友。[230] 他對中山先生的革命人格影響甚大，中山先生對他亦終身懷念。克強欲棄置皓東所製的興中會革命旗，中山先生在感情上自然是難以接受的。但這一爭執頗有傷克強及華興會中人的情感，宋教仁的日記對此亦有情感性的記述：

> 七時至《民報》社與黃慶午（按係指克強）言余辭職事，

---

[228] 參見本文：三一（三）。

[229] 參見章炳麟，前引，頁11。

[230] 參見本文：三一（一）。

慶午不應。良久，慶午忽言欲退會，斷絕關係。其原因則以
□以己意製一新國旗，而慶午以為不善，請其改之。逸仙固
執不改，並出不遜之言，故慶午怒而退會。時諸人均在，皆
勸之。余則細思慶午不快之原因，其遠者當另有一種不可推
測之惡感情漸積於心，以致借是而發。實則此猶小問題。蓋
□素日不能開誠布公，虛心坦懷以待人，作事近於專制跋扈，
有令人難堪處，故也。今既如是，則兩者感情萬難調和，且
無益耳，遂不勸止之。又思□會自成立以來，會員多疑心疑
德，余久厭之，今又如是，則將來之不能有所為，或亦意中
事。不如另外早自為計，以免燒炭黨人之譏，遂決明日即向
逸仙辭職，慶午事，亦聽之。[231]

　　上引教仁的話，當然有若干處是值得推敲的，但從中也可體會出
不僅是克強，恐不少華興會的人士也有「不可推測之惡感情」在。話
中的「另外早自為計」一句，尤應注意，因語句內已明白說出另樹旗
幟的想法。除去教仁，譚人鳳也有類似的感情與想法，太炎曾記：「石
屏始終謂孫公不可居首長」。[232] 這句話當然含意氣的成分。石屏後來
與教仁聯合發動中部同盟會的組織，即隱有另創局面的意思。

　　教仁與石屏等雖對中山先生有意見，但在創設中部同盟會時，仍
「奉東京本部為主體，認南部分會為友邦，」[233] 主要的原因是前面所
說的，合作的需要超過分立的動念。克強主張合作最力，且對中山先

---

[231] 宋教仁，前引，頁 367-368。

[232] 章炳麟，前引，頁 30。

[233] 〈中國同盟會中部總會宣言〉，《國父全集》，前引，第二冊，頁肆
—4。

生的政治資望有相當程度的敬仰，所以能在衝突之後，約束感情，坦誠與中山先生合力排滿。在排滿的因素未消，中山先生與克強的合作未解前，教仁等兩湖革命份子，自不能捨克強及相互的合作，而公然主張分裂。但感情上既有裂痕，終究會影響到同盟會的團結與發展。

　　光復會的重要人士參加同盟會，自章炳麟與陶成章始，但二人皆與中山先生發生嚴重的衝突，最後且導致分裂。衝突的導因是中山先生在一九〇七年初離日之際，接受了日人的贐儀。劉揆一記其事說：

> 　　時值本部同人章炳麟、張繼、宋教仁、譚人鳳、白逾桓等，因丁未春間，日政府徇清公使楊樞之請求，勸孫總理出境，饋以贐儀五千金。日商鈴木久五郎，亦慨贈萬元。孫總理受之。同人未喻其意，故頗不以為然。及潮州、惠州軍事失利，反對者日眾，欲開大會，改選公（按指黃興）為總理。……揆一以孫總理受此款時，留給民報社維持費二千元，餘悉以供潮、惠黨軍急需，誠非得已。……萬一因「總理」二字，而有誤會，使黨軍前途頓生阻力，非獨陷害孫、黃二公，實不啻全體黨員之自殺，故力排眾議。[234]

　　在這一風波中，提議革除中山先生的總理，而以黃興繼任的，即章炳麟。他甚至將民報社所懸中山先生的肖像除去。揆一從中排解，後克強來書說：「革命為黨眾生死問題，而非個人名位問題。孫總理德高望重，諸君如求革命得有成功，乞勿誤會，而傾心擁護，且免陷興於不義」。[235]克強既有此表示，華興會中的兩湖人士即解消誤會，

---

[234] 劉揆一，前引，頁32-33。

[235] 引自劉揆一，前引，頁33。

而結束風波。但章炳麟、陶成章始終對此事不懈，陶後赴南洋，公然重組光復會，與同盟會對抗。後又與章刊布傳單，攻擊中山先生假名革命，攫取私利。中山先生不能忍，乃歷述毀家紓難的經過，由吳稚暉刊載於《新世紀報》以息疑。其中說道：

> 　　所攻者以我得名，以我攫利為言。而不知我之經營革命，在甲午以前，此時固無留學生為我吹噓也。……今日風氣漸開，留學之士，以革命為大光榮之事業，而陶輩始妒人之得名，……以我為攫利，而不知我於未革命以前，在社會上所處之經濟界中，固優勝之地位也。若不革命，則我之地位必不失，……革命攫利云乎哉！……是從事革命十餘年來，所費資財，多我兄弟二人任之；……若為圖利計，我亦何樂於革命而致失我固有之地位，去我固有之資財，析我兄已立之恆產耶？[236]……

胡漢民及克強也力為中山先生辯白，漢民責陶忮刻多疑，並強調中山先生倡義十餘年，「其信用豈一、二曉曉者所能傷」。[237]另云克強「已有書致文島各教員，痛為辯白。而陶歸日本要求開會討論，黃君則拒絕不允。凡此皆非為中山先生個人，實為大局」。[238]章、陶對中山先生的攻擊，持續頗久，後經各方的辯誣，雖對中山先生的人格無所損傷，但多少破壞同志間的團結。章後來也不自安，在辛亥革命前即有與同盟會分裂之意。到了辛亥革命成功後，他竟高唱「革命軍

---

[236] 孫文，〈在倫敦將去美國時致吳敬恆函〉，《國父全集》，前引，第二冊，頁玖－62-63。

[237] 鄒魯，《中國國民黨史稿》，前引，頁125。

[238] 同上。

興，革命黨消」，而與同盟會分途。

3.同盟會的革命宗旨，不僅在狹義的排滿，而且在廣義的民權及社會革命。中山先生對此主張最早，也最力，他在《民報‧發刊詞》中，即提出：「可舉政治革命、社會革命畢其功於一役」。[239] 他所強調的民族、民權、民生三大主義的要義是：

> 一曰：中華民族自主（即不受外族之統治）。二曰：政府受人民之支配。三曰：國家財富受人民之支配。[240]

這一些觀念與主張，雖因中山先生的堅持，而爲同盟會列爲革命的目標，但實際上不少同盟會的會員，不但對民生主義的社會革命抱有異見，即對民權主義的全民政治也觀念含混，以爲帝制推翻，共和實現，即算達成民權的政治。當同盟會召開成立大會時，已有人對「平均地權」發生疑義，共進會則將「地權」，改爲「人權」，皆如前述。歐洲的同盟會人士，曾另發起一公民黨，採用同盟會誓詞中的「驅除韃虜、恢復中華、創立民國」等三語爲宗旨，而刪去「平均地權」一語。再據居正的記載，武昌首義的同志也非對民生主義有堅強的信念。孫武於民國元年四月，在漢口卅六團體歡迎中山先生的大會上，即曾致詞說：

> 先生講社會革命，我們知道是民生問題必須解決，但恐武漢人無此程度，若生誤解，視奪人財產，擾亂秩序，為社

---

[239] 孫文，〈民報發刊詞〉，前引，頁 2（總 0010）。

[240] 孫文，〈中國之第二步〉，《國父全集》，前引，頁柒－44。

會革命，則甚危險。[241]

中山先生雖旁徵側引，詳加解說，但是否能爲孫武等一派人士所接受，仍是問題。至於全民政治，中山先生的構想是透過軍法、約法及憲法等所謂「革命方略」的治理，從消極地破除社會的惡習與專制的餘毒，及積極地實施地方自治與培養民主的政治文化中，達到「政府受人民的支配」。如實施這一套革命方略，必須破壞舊有的社會結構與秩序，重新建立民主的政治體系。在這一情形下，外在的革命政黨，必得維持，否則即無法貫串。但不少同盟會會員不一定全心贊同全民政治的說法；縱然承認全民政治的價值，也不一定完全同意中山先生的革命方略。大致說來，某一些具中、上層社會地位的知識份子，仍多少維持紳權的思想，並不同情一般人民的民權。這些人士，除掉排滿的立場外，與立憲派的政治主張實相差無幾。且看章炳麟，他即坦然自承：

> 余于政治，不甚以代議爲然。曩在日本，已作代議然否論矣。國體雖更爲民主，而不欲改移社會習慣，亦不欲盡變時法制。……清之失道，在乎偏任皇族，賄略公行，本不以法制不善失之。舊制或有拘牽瑣碎，綱紀猶自肅然。[242]

另有一派知識份子，雖贊成全民政治，但態度傾向溫和，樂意與舊社會作某種程度的妥協，不主張激烈的革命，從而對中山先生的革命方略也不太熱心。上述兩派人士，在同盟會成立時仍能與中山先生合作，而不堅拒他的主張，主要的原因實在共同具有一個排滿的感情

---

[241] 居正，《梅川日記》，前引，頁 131。

[242] 章炳麟，〈太炎先生自述學術次第〉，載章炳麟，前引，頁 60。

與需要。蔡元培說得好：

> 清季言革命者，首推同盟會，會旨雖有建立民國、平均地
> 權諸義，而會員大素以驅除韃虜爲唯一目的。其抱有建設之計
> 畫者，居少數；抱此計畫而毅然以之自任者，尤居少數。[243]

　　如同盟會的多數會員，實際祇僅抱有民族主義的所謂一民主義，
或再加上民權，而成所謂二民主義，即與中山先生一派的政治價值，
不盡相合。這一情形當然也會影響到同盟會的發展，甚至可以這麼說：
排滿愈成功，內部分裂的危機也愈大。

（三）同盟會的分裂與改組

　　同盟會在東京成立時，是以兩湖及粵籍的留學生爲主幹，再集合
全國的革命份子，推行有組織地革命運動。在宗旨上，不僅爲民族的
革命，且兼及民權及民生；在結構上，完全採取三權分立及行政集權
的民主制度；在策略上，則制定革命方略，由軍法之治，而約法之治，
最後達成憲法之治。但這些理想的規範，在辛亥革命以前，並未受到
全體會員的普遍接受與遵守，而影響到同盟會的發展，已如前述。宋
教仁與譚人鳳等籌組中部同盟會，不僅有另樹旗幟之意，且欲糾正過
去的缺失，加強組織的力量。宣言中曾說：

> 自同盟會提倡種族主義以來，革命之思想從政界、學界、
> 軍界以及工商界，皆大有人在。顧思想如是之發達，人才如
> 是之眾多，而勢力猶然屬弱不能戰勝政府者，其故何哉？有

---

[243] 蔡元培，《序》，載宋教仁，前引，頁 3。

共同之宗旨，而無共同之計畫；有切實之人才，而無切實之
組織也。……於是乎有同盟會中部總會之組織，……總機關
設於上海，……各省設分部，總攬人才，分擔責任。……機
關制取合議，救偏僻，防專制也。……舉義必由總部召集，
各分會提議，不得懷抱野心，輕於發難，培元氣，養實力也。……
各團體對於總部，同心同德，共造時機，而省界情感之故見，
不可現也。[244]

宋、譚雖欲強化同盟會的能力，使能推動理想的規範，但在時機
上，已嫌稍晚。武昌起義的成功，大部出於共進會與文學社的策動新
軍，非屬同盟會的組織行動。繼武昌起義後的各省獨立，不僅不全屬
同盟會，也非全出其他革命團體的推動，其中的絕大部分且是立憲派
與革命團體的合作。不僅如此，立憲派在其後的政治轉變中，尚逐漸
取得優勢。如湖南的獨立，雖為革命黨人焦達峰與立憲派人士的合作
而促成，但達峰任都督十天後即遇刺，終由立憲派的譚延闓繼任，並
掌握實權。再如江蘇，光復時各地曾出現五都督，有屬同盟會（如上
海都督陳其美），有屬光復會（如吳淞都督李燮和），最後仍歸立憲
派的江蘇都督程德全。浙江的獨立，光復會與同盟會的黨人皆曾盡力，
但都督仍落於立憲派的湯壽潛。其他獨立的省份，如四川、廣西、安
徽皆屬立憲派（四川都督為蒲殿俊，廣西為沈秉坤，安徽為朱家寶），
另山西、雲南、貴州、福建、陝西、江西等省為新軍的領袖所控制。
這些新軍出身的都督，如山西的閻錫山、貴州的楊藎城、福建的孫道
仁、陝西的張鳳翽、江西的吳介璋等，雖曾列籍同盟會，但全屬獨立
行動，且大多受到立憲派人士的支持與合作。至於雲南都督蔡鍔本接

---

[244] 〈中國同盟會中部總會宣言〉，前引，頁肆—4-5。

近立憲派，不應算作同盟會的範圍。所以在所有的獨立省份中，真正受同盟會節制的，祇有廣東都督胡漢民。同盟會的革命理想形態原是在各省進行革命，成功後即推行革命方略中的軍法之治，現各省的獨立既非同盟會所盡能節制，革命方略的實施，當然遭遇到困難。立憲派與新軍領袖的傾向排滿革命，反使得辛亥革命後的政局趨於複雜，因立憲派的人士一向主張維持原有社會的秩序，在政治上僅主張溫和的立憲與士人政治，與同盟會所定的宗旨有異，故雙方除掉在排滿上的合作外，進一步即非易易。再看新軍領袖，其中雖多同盟會會員，但在掌握政治的實權以後，仍以鞏固自己的權力基礎為首要。另一方面他們的參加同盟會，重在排滿，對中山先生的民權及民生主義的理想、以及革命方略等，恐並無深刻的認識或具有太多的熱情。他們尊重同盟會及同盟會的領導人物如中山先生及克強等，但非即接受中山先生的理想及革命方略，甚至與立憲派相同，贊成舊社會秩序的維護，根本就不願繼續進行民權及民生主義的革命。從上述可知，立憲派與新軍領袖大多將革命限於排滿；排滿如獲成功，革命即可結束。至於如何立憲，以及新政治體系應如何建立及統合，不妨在舊社會秩序的基礎上，用溫和漸進的方法達成。這一情勢使得「革命軍興，革命黨消」的口號，產生實際上的作用，亦即清廷傾覆以後，同盟會的革命即應告一段落，本身亦應退為一般性的政黨。

前面說過，同盟會自成立以來，除掉未能發揮堅強的組織力以外，領導階層亦有意見上及思想上的距離。過去在強烈的排滿情感下，尚可加以掩蓋，等到辛亥革命後，已無法再以排滿維持一致，分裂的危機已發展至表面。章炳麟原與中山先生不睦，在政治主張上，並不贊成原有社會秩序及結構的破壞，實際與立憲派相近。他對國故的鑽研與愛好，以及所具有的傳統士子的社會地位，亦與立憲派的人士相似。所以他返國後，立即與排滿的立憲派人士相結合，倡言「革命軍興，

革命黨消，」公然與同盟會相抗。同盟會中與章想法接近的會員，包括新軍中同志，亦有作桴鼓之應的，使得同盟會的團結及外在政黨的革命路線，大受影響。中山先生在一九一一年（辛亥年）年底返國後，曾促同盟會發表了一個團結同志宣言，其中承認：

> 吾黨之眾，散處各地，或僻在邊徼，或遠居海隅，山川修阻，聲氣未通，意見不相統屬，議論岐為萬途。貪夫敗類，乘其間隙，遂作莠言，以為簧鼓。漢奸滿奴，則又冒托虛聲，混跡樞要。……此皆吾黨氣息隔閡，不能自為聯合，致良惡無從而辨，薰蕕同於一器。[245]

但宣言仍堅持同盟會的革命，不卒於民族主義，而實卒於民權及民生主義，亦即仍要保持同盟會的革命政黨的本質。對章等的言論，宣言也一併加以反擊：

> 吾黨偽怯者流，乃倡為革命軍起、革命黨消之言，公然登諸報紙，至可怪也。此不特不明乎利害之勢，於本會所持之主義而亦懵之？是儒生闒茸之言，無一粲之值。[246]

反擊儘管反擊，但實效如何，仍是疑問，因中山先生自己亦追憶說：

> 武昌起義後，……我到上海，有一種很奇怪的風氣，此空氣為何？即是一般官僚某某等，及革命黨某某等人所倡言

---

[245] 〈中國同盟會為團結同志宣言〉，《國父全集》，前引，第二冊，頁肆－6-7。

[246] 同上，頁肆－7。

的：「革命軍起，革命黨消」是也。當時這種言論的空氣，充塞四圍，一倡百和，牢不可破，……無論如何大聲疾呼，總喚不醒。[247]

　　章不但不醒，且進一步與同盟會公開決裂。他先於民國元年一月三日，與立憲派人士如程德全、張謇、唐文治、林長民等及光復會人士如李燮和、朱瑞等合組中華民國聯台會；後於同年三月二日，與張謇、程德全、趙鳳昌等人所領導的預備立憲公會合併，改組爲統一黨。

　　在武昌起義後，立憲派中較激烈的份子亦轉而趨向排滿革命，如湖南的譚延闓，四川的蒲殿俊等皆是。稍後，比較溫和的立憲派人士，如江蘇的張謇，也改變態度，贊成共和。但在立憲派人士轉變過程中，與革命黨的合作，祇有數月的成功，繼則相互排斥。湯化龍在武昌的遭受排擠，林長民在南京車站的遇刺，皆屬此類。[248] 立憲派人士當然對革命黨，尤其是同盟會，抱有敵視的態度。居正記述林遇刺事件說：「然經此一槍，而林之含恨圖報，對於吾黨之敵視日深矣」。[249] 立憲派向主立憲及召開國會等溫和及漸進的改革，現與章炳麟等結合組黨後，不僅促成同盟會內部的分裂，也使得同盟會難以繼續爲外在的革命政黨。章等所呼喊的「革命黨消」，從另一角度看，即主張「普通政黨興」。他們反對舊社會秩序的破壞，要求建立紳權的士人政治等，實際皆與袁世凱等人的看法接近，而與中山先生的主義相反。在這一情形下，他們樂於擁護袁世凱的主政，而不喜同盟會，特別是中山先生的當權。

---

[247] 孫文，〈要造成真中華民國〉，《國父全集》，前引，第二冊，頁捌－103。

[248] 參見本文：二－（一）。

[249] 居覺生，前引，頁85。

　　當章炳麟與立憲派人士合作組黨反對同盟會時，武昌的革命同志及新軍領袖也另擁黎元洪，組織民社，造成一股新勢力。武昌首義的成功，共進會及文學社的聯合策動新軍起事，爲主要關鍵。這兩個革命團體的領導同志，大多列名同盟會，且多少與克強有舊。但在克強馳赴前敵指揮，失落漢陽後，即產生意見上的不合。太炎記其事說：「初，克強在漢陽，視武昌諸將蔑如也。其義故淺躁者，欲因推克強爲都督以代黎公（按指黎元洪），未果。及漢陽敗，克強竄上海，武昌諸將甚恨之」。[250] 等到中山先生返國籌組臨時政府，「諸事由克強作主」，[251] 竟未在政府組織中安置武昌諸將，終導致雙方的分裂。太炎亦稱：

　　　孫公初返國，不曉情僞。湖北參議員劉成禺禺生、時功玖季友皆同盟會舊人，說孫公宜寵異武昌諸將，勿令怨望。克強與湯化龍梏之。……孫堯卿至南京，不用。……兩府之怨，自此起矣。[252]

　　孫堯卿即孫武，他憤南京臨時政府的棄置，乃返武漢組織民社，與同盟會相抗。張繼追憶說：

　　　辛亥革命時，有位孫武先生，他是武漢方面很重要的同志，當時被推爲兩大英雄之一。兩大英雄，一位是總理，一位就是孫武先生。武漢起事，的確很出力。發動的上一天，孫武先生不幸被炸彈爆發所傷，不能出來，所以舉義以後，

[250] 章炳麟，前引，頁18。
[251] 張繼，前引，頁238。
[252] 章炳麟，前引。

不得已請黎元洪出來當大都督。……孫武既沒有在武漢當領
袖，南京臨時政府成立後，就發生了意見。……孫武先生要
求做一個陸軍部次長，陸軍部的部長是克強先生，……可是
當時並不曾答應他。因這點小事，武漢與南京臨時政府發生
了意見，竟至黎元洪被袁世凱拉攏，武漢大部分同志，另組
民社，使革命蒙受重大彰響。[253]

另說：

舊同盟會因政見之不同，已分數派，加入民社者有之，
加入統一黨者有之。……因陶煥卿光復會之關係，浙江亦與
武漢接近，而疏南京。[254]

民社成立於民國元年一月十六日，重要的發起人爲黎元洪、藍天
蔚、譚延闓、孫武、朱瑞、張振武、劉成禺等。這一新勢力以兩湖軍
政人士爲中心，主要目的在擁黎戴袁，而與同盟會對峙。

統一黨的成立，助長了立憲派的聲勢，民社的崛起，使武昌的起
義同志，別樹一幟，不再爲同盟會所收攬。在這樣情勢的發展下，同
盟會仍要堅持前引辛亥年底所發表的團結同志宣言中的革命原則，以
及過去所主張的革命方略中的軍法、約法及憲法之治，皆非無礙難。
實際上，同盟會本部及各省的負責同志，也對徹底進行革命及實施革
命方略等節產生不同的意見。如擔任本部庶務長要職的劉揆一即倡議：

取消從前黨會之議，……務皆提倡共（和）民國政體，

[253] 張繼，前引，頁30。
[254] 同上，頁238。

組織中華民國政黨為共同統一宗旨。凡從前所設立，如同盟
會、憲政公會、憲友會、辛亥俱樂部以及一切黨會諸名義請
一律取消，化除畛域，共建新猷。[255]

將同盟會的名義取消，而與憲友會等立憲派的人士「化除畛域」，
這已完全放棄革命政黨與革命方略的實現，本質上即是主張「革命軍
興，革命黨消」。揆一原是華興會的重要份子，他的想法與克強、教
仁等是相差不遠的。前章討論華興會時，曾提到華興會的人士，除激
烈的排滿態度外，在強調士子的優越地位及維持傳統的社會秩序方面，
皆與立憲派接近。[256] 武昌起義後，排滿的目的已達，克強等的政治主
張乃逐漸轉向立憲派，不再堅持中山先生向所倡導的革命政黨、革命
方略、全民政治，以及民生主義等等了。胡漢民在《自傳》中曾對克
強有一段批評，很能證實以上的看法：

> 克強以三月二十九日之役及漢陽督師，聲名洋溢於黨內
> 外，顧性素謹厚，而乏遠大之識，又未嘗治經濟政治學，驟
> 與立憲派人遇，即歉然自以為不如。還視同黨，尤覺暴烈者
> 之祇堪破壞，難與建設。其為進步歟？抑退步歟？克強不自
> 知也。既引進張（按指張謇）、湯（按指湯壽潛），為收縉
> 紳之望；楊度、湯化龍、林長民等，方有反革命嫌疑，亦受
> 克強庇護。而克強之政見，亦日已右傾。[257]

漢民責克強的往右傾向立憲派，是「未嘗治政治經濟學」，其實

---

[255] 引自吳相湘，《宋教仁》（台北：文星，民53年10月），頁157。

[256] 參見本文：三─（三）。

[257] 胡漢民，前引，頁58。

治政治經濟學頗有心得的宋教仁，又何嘗不如此！？漢民亦稱：

> 鈍初居日本，頗習政黨縱橫之術，內挾克強爲重，外亦
> 與趙（按指趙鳳昌）、張（按指張謇）、湯化龍、熊希齡相
> 結納，立憲派人因樂之以進，宋之聲譽乃驟起，故章炳麟才
> 之。[258]

克強等原屬華興會的人士，多具傳統社會中士子的地位，他們在
實現排滿後，傾向以士子及紳權爲主的民主政治，並進而主張在安定
的社會結構上，推動內在政黨的漸進改革，反倒是十分自然的趨勢。

克強在辛亥革命前後，確如漢民所說的，聲華籍甚。他素重軍事，
在日時即與成城士官各校及聯隊中我國習軍事的留學生，「別設秘密
集會機關，時相與討論軍事焉」。[259] 這些習軍事的同志，包括方聲濤、
蔣尊簋、李書城、李烈鈞、唐繼堯、蔣作賓、閻錫山、何成濬、尹昌
衡、孔庚、李根源、張鳳翽等等，[260] 後來皆成爲新軍的領袖，且不少
在辛亥革命後出任都督或掌握軍權。他們對克強都相當推重，政治見
解亦較接近。在另一方面，章炳麟與立憲派人士自與克強一派結納，
當然同表推愛。章且宣稱「若舉總統，以功則黃興，以才則宋教仁，
以德則汪精衛」。[261] 也在中山先生未歸國前，克強與黎元洪爲大元帥
事，產生爭議，正好中山先生抵滬，克強、教仁與陳英士等乃密商舉
中山先生爲大總統，組織臨時政府。[262] 但漢民則說：

---

[258] 同上，頁 56。

[259] 劉揆一，前引，頁 21。

[260] 同上。

[261] 胡漢民，前引，頁 55。

[262] 參見居覺生，前引，頁 85。

　　　然終以黨人故，克強不敢奪首領之地位，鈍初欲戴爲總統，己爲總理，至是亦不得不服從黨議，然仍主張內閣制。[263]

　　中山先生倡議排滿，舉事最先；繼則奔走呼號，十餘年如一日。其間不僅躬親實踐，且奠定三大主義的革命理論及進行的革命方略，故被稱爲大革命家，實早具革命事業中的神聖(charisma)地位。武昌起義，非必爲中山先生所領導；他的革命理論與方略，亦非必爲當時立憲派及實力派，或克強一派人士所贊同，但仍無礙他的革命領袖的資望。在同盟會成立時，中山先生已被推爲總理，他的所謂政治資源亦向爲克強所尊重，從不與競領導的地位。[264] 漢民稱克強「性素謹厚」，但克強的顧全局，識大體，實也構成孫、黃合作的重要因素。在臨時政府的組織過程中，克強不奪首領的地位，而力推中山先生，固然如漢民所說的礙於黨議，或與黎元洪的相持不下有關，卻決不可忽略克強屈己推孫，著眼全盤的一向態度。至於宋教仁的力主內閣制，原爲一貫的政見，其中雖含有內在政黨的意味，但不一定全爲私利謀。徐血兒曾記中山先生回國後，教仁偕張繼回滬，主張舉中山先生爲總統，克強爲總理，且經同盟會諸巨子的議決。當時克強不允，中山先生與漢民亦主張不設總理：

　　　先生（按指教仁）內審國情，外察大勢，鑒於責任內閣之適於民國也，起而力爭，中山認可。……邀居正、田桐、呂天民至克強處力勸，克強始允。[265]

---

[263] 胡漢民，前引，頁 56。

[264] 參見本文：四－（一）。

[265] 徐血兒，〈宋先生教仁傳略〉，載徐血兒等編，《宋漁父》（台北：

在南京籌組臨時政府時，有人對教仁起誤會，中山先生仍不覺內閣制適宜於非常時期，後來「黃克強力說鈍初，勿堅持內閣制」，[266] 結果乃採總統制，由此可見克強對中山先生的尊重。但從另一面看，中山先生雖被奉爲總統，但他的理論與方略，卻不見得爲多數革命同志所接受。克強一派的轉向右傾，實促使中山先生陷於少數派。在現實的情勢上，立憲派份子與新軍領袖，掌有實權，他們與克強一脈相呼應，且大多主張排滿成功後，建立如劉揆一所說的共和民國政體，無須革命黨的繼續革命。中山先生如要組織臨時民國政府，就不能不與實力派妥協，也就不能不借重克強，而對向所主張的理論與方略不過分堅持。

當時的實況可能是同盟會的領導階層，欲舉中山先生爲總統，而由克強一派聯繫立憲派及新軍中的領導人士合作推動，並進而組織聯合政府。總統的產生須經各省代表會的選舉，但各省代表中，正如居正所說的「多不屬同盟會會員」，[267] 且含有立憲派的重要人士（如李素、林長民、吳景濂、谷鍾秀、李鑒等等），以及光復會的同志（如屈映光）。儘管中山先生具有崇高的革命聲望，而各獨立省份亦急於組織統一政府，以加速清廷的傾覆，仍需克強居間策劃。居正另記：「克強、英士、遯初密商舉總理爲大總統，分途向各代表示意」。[268] 中山先生當選大總統後，臨時政府的各部負責人選，也由克強負責商協各方所擬定。于右任對這一經過，曾有追憶：

文海），頁 7。另薛君度亦有同樣記述，見 Chun-tu Hsueh, *Huang Hsing and the Chinese Revolution* (Standford, California: Stanford University Press, 1961), pp. 127-128.

[266] 居覺生，前引，頁 104。

[267] 同上，頁 87。

[268] 同上，頁 85-86。

　　有一天，我到南京去看黃克強先生，那時他正在擬內閣名
單。我一推門，把他一怔，及見是我，把我抓住，說：「你來好
極了，先生（指國父）要我擬內閣名單，正要找你商量」。[269]

　　克強所草擬初步名單包括各派的領袖，如以同盟會的黃興長陸軍、
宋教仁長內務（後因代表會反對，改爲立憲派的程德全）、王寵惠長
外交、接近同盟會的陳錦濤長財政、外交及司法名宿伍廷芳長司法，
另以立憲派的張謇長實業、湯壽潛長交通，再以光復會的章炳麟長教
育（後因代表會反對，改爲同盟會的蔡元培，但蔡曾爲光復會的領袖）、
海軍起義將領黃鍾英長海軍。這一內閣名單，在提請代表會考慮及變
更時，皆由克強出面協調。後以武昌首義同志未見容納，引起物議，
克強乃提議黎元洪爲副總統，作爲彌補，獲代表會同意。[270] 聯合政府
的成立，實際上是外在革命政黨的取消，中山先生革命理論與方略的
停頓。中山先生雖得大總統之名，而喪其實。克強則能左右逢源，見
重一時。張繼回憶說：「總理（按指中山先生）在臨時總統期內，諸
事由克強作主。……一般趨炎附勢，概稱克強爲『克老』」。[271]
　　聯合政府所顯示的各派平等、公開及自主的情況，已使得同盟會
不得不變。自一九一一年十一月上海光復後，同盟會本部由東京遷上
海，次年，即民國元年的一月廿日，十八省的同盟會會員千餘人，齊
集南京舉行大會。[272] 在討論今後的組織時，會員分成左、右兩派意見。

---

[269]　慕黃，〈于右老談開國軼事〉，《中國一週》，156 期（民 42 年 4 月），
　　　頁 4。

[270]　參見居覺生，前引，頁 88。

[271]　張繼，前引，頁 238。

[272]　《民立報》，民元年 1 月 22 日。

左派認為革命的目的尚未完成，仍應保持以往的祕密組織，繼續進行革命；右派則強調武裝革命已告終了，應改組為公開的政黨，從事憲政及國會內的各種活動。結果右派獲勝，乃決議改組為公開政黨。[273] 時中山先生任臨時大總統，會中乃改選汪精衛（兆銘）為總理，汪以未孚眾望，次月辭職。[274] 民國元年三月三日，同盟會復在南京三牌樓第一舞臺召開會員大會，會中修改總章，增至三十四條。舊總章的宗旨原規定為「驅除韃虜、恢復中華、創立民國、平均地權」。現則改為「以鞏固中華民國，實行民生主義為宗旨」。另定九項政綱，強調實施地方自治，採用國家社會政策，普及義務教育，促進男女平等，實行種族同化等等。在權力結構上，較過去增設協理二人，亦即共設總理一人及協理二人。增設的作用，很明顯地是要位置黃興與黎元洪。原設的執行部，現修改為幹事部，下分總務、交際、政事、理財、文事等五部。各設主任幹事一人。總理、協理由全體會員選舉，主任幹事則由會員選出十人，再由總理從中選任。議事部的新名稱為評議部，評議員由本部全員選出，每省以一人以上，四人以下為限。自從臨時政府由同盟會的領袖負責組織後，一般投機份子，紛紛入會，新總章對這一點也有所反應，特明定新會員的入會，必須本身具有普通知識，且須由會員二人的介紹及評議部的認可。至於轉變為公開政黨的跡象，亦可在總章內看到，如有關政事部的職權，即規定「研究政治上一切問題，草創政見。聯合在議院及政府任職之各會員，以謀黨政之統一等」。[275] 以議院作為黨政活動的場所，當然不是秘密政黨及過去的革

---

[273]　胡漢民，前引，頁 63。

[274]　《民立報》，民元年 1 月 24 日。另胡漢民謂：「其後以精衛謙讓，迄未就總理之職」。見胡漢民，前引。

[275]　以上參見〈同盟會公開時代之總章〉，載鄒魯，前引，頁 78-82。

命方略所能容納的。新總章另有一點，值得注意，即總理的權限似乎
較過去的爲小。舊總章所規定的總理，有權節制及指任執行部的職員，
也可提議於議會及批駁議案。新總章則限定總理祗能在會員投票選出
的十位主任幹事候選人中，選任五位，至各部分設各科的科員，亦不
由總理直接任命，而由主任幹事薦任。評議部與總理之間的關係如何？
新總章未有明確規定。總理能否如過去的批駁議案，就值得疑慮了。
強化會員的權力及削減總理的權限，在精神上是與內在的議會政黨相
通的。議會政黨的黨魁及領導幹部，皆必須出之於獲選的議員，如組
織內閣，情況不變，亦即閣魁及閣員多屬議會的多數黨議員。在總統
制的國家，黨魁爲總統，領導幹部仍爲議院的領袖。同盟會的新總章
使主任幹事，亦經過選舉，不管是有意或無意地，確走向議會政黨的
道路。

　　總章修訂完成後，乃改選負責同志，結果中山先生當選總理，黃
興、黎元洪當選協理，胡漢民、汪兆銘、張繼、宋教仁、劉揆一、平
剛、田桐、居正、馬和（君武）、李肇甫等當選幹事。在上列十位幹
事中，中山先生究選任那五位爲各部的主任幹事，目前所得見的記載
略有出入。居正記述中山先生指定汪兆銘、張繼任總務，馬和、田桐
任文書，居正任財務。[276]《民立報》則記汪兆銘掌庶務，宋教仁掌政
治，張繼掌社會，李肇甫掌交際，居正掌財政。[277] 如按總章的規定，
社會部是不在組織之內的，可能記載有誤。除此，大致可以認定總務
部主任幹事爲汪兆銘、交際部主任幹事爲李肇甫，政事部主任幹事爲
宋教仁，理財部主任幹事爲居正，文事部主任幹事爲馬和或田桐。黎
元洪被舉爲協理，實是同盟會的拉攏。黎其時已爲民社的領袖，且與

---

[276] 居覺生，前引，頁 117。

[277] 《民立報》，民元年 3 月 9 日。

同盟會立於相反的立場，所以不久即辭去協理的職務。

　　同盟會成為公開政黨，完全在配合聯合政府所處的政治環境。這一轉變的過程，更表示出克強、教仁右傾一派的得勢。中山先生對此無可奈何，祗得放任，屈己以從，但也頗多感觸。民國三年，中山先生在日本重組中華革命黨，倡導革命時，曾致函鄧澤如說：

> 　　至此次組織，其所以誓服從弟一人者，原第一次革命之際及至第二次之時，黨員皆獨斷獨行，各為其是，無復統一，因而失勢力，誤時機者不少。識者論吾黨之敗，無不歸於散渙，誠為確當。即如南京政府之際，弟忝為總統，乃同木偶，一切皆不由弟主張。[278]

　　他後來一直痛恨「革命軍興，革命黨消」的說法，且曾公開批評到克強與教仁。如在民國十二年十月的一篇講詞中說：

> 　　光復時有一種謬說，謂「革命軍起，革命黨消」，……如本黨黨員黃克強、宋漁父、章太炎等，咸起而和之，當時幾視為天經地義，故改組國民黨，本黨遂完全變為政黨，革命精神由此消失。袁世凱並倡「軍人不入黨」之論，以防止革命，因得肆無忌憚，帝制自如，皆此說階之屬也。[279]

　　臨時政府雖聯合各派組成，但立憲派的總長如張謇、湯壽潛、程德全等實際皆未到任。在武昌起義後，立憲派的不少重要人士轉而贊

---

[278]　孫文，〈在日本組織中華革命黨致鄧澤如函〉，載《國父全集》，前引，第二冊，頁玖－197。

[279]　孫文，〈過去黨務失敗之原因〉，前引，頁捌－168。

助排滿，曾與革命黨有短暫的合作。但如前述，雙方因地位、價值觀念及利害關係的不同，終變合作爲相互的輕視與排斥。[280] 克強一派雖從中調協，立憲派人仍多懼，如張謇函告克強的：革命黨「輕於拘人、擊人」。[281] 當時袁世凱已派人南下議和，立憲派人乃積極擁袁，望能逼迫清室退位，改建共和，恢復舊社會秩序。張謇等與袁的來往及視爲象徵的情形，亦如前述，不贅。立憲派如此，即同盟會中的重要同志，又何嘗不如此！胡漢民曾記：

> 至舉政權讓之專制之餘孽，軍閥之首領袁世凱其人，則於革命主義爲根本之矛盾。……先生（按指中山先生）始終不願妥協，而內外負重要責任之同志，則悉傾於和議。……余集諸人意見，以陳於先生，先生於時，亦不能不委曲以從眾議。[282]

漢民所指的「負重要責任之同志」，不僅包括克強一派，且包括汪兆銘（精衛）及漢民自己。就客觀環境看，聯合政府對獨立各省，既不能控制，自身所能指揮的部隊，實力有限，恐也無法大舉。一般民心認爲清室傾覆，即無須革命，而寄望於和議。在這樣的情況下，擁有強大實力的袁世凱自易得漁翁之利。漢民對此曾自承：

> 精衛極意斡旋於伍廷芳（按係南方代表）、唐紹儀（按係袁的代表）之間，而余則力挽先生（按指中山先生）之意

---

[280] 參見本文：二－（一）。

[281] 張謇，〈爲時政致黃克強函〉，載張孝若編，《張季子九錄》，《政聞錄》，（上海：民 20 年），卷 4，頁 4。

[282] 胡漢民，前引，頁 60-61。

於內。余與精衛二人，可立功之首，而又罪之魁！然其內容
事實，有迫使不得不爾者。[283]

　　各方既屬意於袁，清室允退，和議立成。中山先生在民國元年二
月十四日辭職，並薦袁自代，獲參議院的通過。臨時政府雖為光復各
省的團結象徵，但自始即未受各方面的真正認同。中山先生曾抱怨任
總統時如木偶，一算時間，才不過一月又半。如從四月一日正式解職
算起，也祇得三個月，為時實在甚暫。臨時政府北遷後，中山先生見
政治發展的趨勢，在制定憲法及實行議會政治。他對不實施革命方略
的軍法及約法之治，而即進入憲政，頗表懷疑。但最後的目標既然相
同，在心理上也就稍作退讓，抱有一點樂觀其成的態度。再看袁世凱，
他是老官僚中較具新思想的人物，過去參加過強學會，後來亦與立憲
派親近，同情立憲。武昌起義後，他挾實力逼清室退讓，進而贊助共
和民國，中山先生對他既不能盡信，又不能全疑，心情難免矛盾。據
張繼的記述，宋教仁被刺後，章行嚴離北京返滬，走告中山先生及克
強：袁必作皇帝。中山先生及克強則認為「袁專橫有之，帝制之心，
尚未可信」。[284] 由此可見，中山先生早期對袁參信參疑的情況。等到
袁帝制自為，中山先生大為懊惱，曾說：

　　　當時予以服從民意，迫而犧牲革命之主張，不期竟以此
　　而種成今日之奇禍大亂也。嗚呼！此誠予信道不篤，自知不
　　明之罪也。[285]

---

[283] 同上，頁 61。

[284] 張繼，前引，頁 348。

[285] 孫文，〈八年十月十日〉，載《國父全集》，前引，第二冊，頁柒－86。

　　言下明顯地有自責之意。這可能是中山先生上書李鴻章後，另一次雙趨衝突的出現。[286] 他的解決是一貫地作積極性的增強，亦即更加主張激烈的革命，並將官僚、政客、軍閥徹底掃除。

　　自同盟會改組為公開政黨及袁當政後，中山先生即無意於黨務。同盟會的其他重要同志，如克強，自結束南京留守職務後，亦退出政壇。汪兆銘不久赴法留學，胡漢民則回任廣東都督。時能負實際責任的，祇有政事部主任幹事宋教仁。宋偕同盟會其他同志蔡元培、王寵惠、陳其美參加唐紹儀的內閣，分任農林、教育、司法及工商等部總長。唐原是袁系重要人士，但早年留美，富有民主法治思想。南北議和時，代表袁南下，與同盟會負責的同志，相處頗洽，後且加入同盟會，出而組閣。他因臨時約法中所規定的政體為內閣制，所以極力維持內閣的大權，「有時白總統持異議，抗爭座上，不稍屈」。[287] 宋等同盟會閣員，與唐相互提攜，「於是唐內閣有同盟會內閣之稱」。[288] 袁不耐事事由唐副署，更不滿內閣制下的虛位元首，於是藉王芝祥改任事件，不使唐副署，唐為制度受到破壞，憤而辭職，同盟會的閣員隨同請辭，唐閣乃倒。

　　在唐內閣時代，同盟會移至北京，時為民國元年五月初。六月中旬，唐閣倒後，同盟會本部於七月一日發表聲明，主張政黨內閣，並戒會員參加陸徵祥所組織的所謂超然內閣。到了七月二十一日，本部復召開夏季大會，重申同盟會的旨趣在政黨內閣，且強調如無法達成，寧願退讓。會中並改選教仁為總務部主任幹事，亦稱總幹事。另選張耀曾為政事部主任幹事，孫毓筠為理財部主任幹事。同盟會如要爭取

政權，達到組閣的目的，必須獲得參議院的支持。按臨時約法的規定，各省分別選派參議員五人，當時除西藏未派外，共得一百二十一席，其中同盟會僅佔四十餘席，[289] 距總額的半數尚遠。教仁等為了控制參議院的多數席，乃不能不謀與他黨的聯合。在這一情勢下，同盟會的改組已勢在必行了。

五、內在政黨的嘗試與革命的再起

自武昌起義後，舊有的政治體系，已告解體，但新的政治體系，尚待建立。當時的情形是：各省紛紛獨立，形成多元主權的局面，體系已成四分五裂，亟待整合。從政治的結構觀察，原有政治角色的行為規範，也發生根本的變化。帝制廢除，環繞在集權專制周圍的一套行為規範，就無法再繼續保存。臨時政府的建立，一方面嘗試著政治體系的整合，一方面努力於新政治結構的樹立。共和國的總統，為各省的代表所公舉，主要的職權則是「以忠於國，為眾服務」。[290] 官吏既不是總統的奴才，也並非人民的父母官，性質上與總統一樣，為民服務。中山先生在民國元年四月對這種新的行為規範，曾有很好的說明：

> 此次的革命，乃國民革命，乃為國民多數造幸福。凡事以人民為重，軍人與官吏，不過為國家一種機關，為全國人民辦事。……蓋共和與自由，專為人民說法，萬非為少數之軍人與官吏說法。……蓋在政治機關，凡百執事，按級供職，

---

[289] 谷鍾秀，前引，頁 100。

[290] 〈臨時大總統誓詞〉，《國父全集》，前引，第二冊，頁伍－2。

必紀律嚴明，然後能收身使臂，臂使指之效。……至於官吏，
則不過為國民公僕，受人民供應，又安能自由！蓋人民終歲
勤勤，以謀其生。而官吏則為人民所養，不必謀生。是人民
實共出其所有之一部，供養少數人，代彼辦事。……朝作總
統，夕可解職，朝為軍長，夕可歸田。完全自由，吾輩自可
隨時享之。²⁹¹

　　中山先生以曾任臨時總統的身份，現身說法，強調新的政治結構，
建築在「以人民為重」，亦即人民主權的基礎之上。總統、官吏不過
「為民辦事」，且須「按級供職，必紀律嚴明」。這是指行政層級的
分化及效能的加強。中山先生的想法可代表清室推翻後，一般知識份
子的理想行為規範。但一個理想規範的能否確立，與政治文化密切相
關。如政治文化在質的方面，僅有部分的變，或在量的方面，祇得少
數知識份子的變，理想的行為規範，就不易建立，新的政治結構也就
難得穩定。在一個專制傳統的政治體系，發生革命時，往往先由少數
的領導者，或所謂先知先覺者，在質上發生變化，多數的人民仍保存
舊有的傳統文化，無法大幅度地或快速地隨同變遷。縱在少數的知識
份子，在質的程度上，也有相當的差異。最常見的，也是最值得重視
的，是有些人既認為民主制度是理想的價值，亦主張有實行的可能；
但另有些人一面認為是理想的價值，一面卻懷疑能否付諸實行。這一
懷疑的本身，即阻擋政治文化的趨向民主。中國在辛亥革命後，大致
可以說，多數人民仍陷身舊傳統，少數知識份子，有部分質的變，卻
又混合著懷疑與若干舊傳統。真正在質上有徹底的變的，恐怕為數極

---

²⁹¹ 孫文，〈自由之真諦〉，前引，頁捌－10-11。

微。從人性看，人的基本需要中，有自主、自由的一面，[292] 若能打破傳統文化束縛，即可向民主政治的現代化更邁進一步。傳統的打破，要靠少數的「先知」覺多數的「後知」，儘管「後知」因基本需要的導引，必爲「先知」所覺，但其間所經歷的過程卻十分迂迴曲折，且多風險。除掉文化的因素以外，還有個人及社會層級的利害關係存在其中，相互的激盪，更使得革命後的現代化過程，發生種種的紛亂。

現看政治參與。傳統的參與是最高決策階層的世襲（帝王與貴族等），加上一般決策及執行階層的科舉取士。革命後，世襲取消，科舉廢除，政治體系的決策及執行階層，必須重新組織及另覓其他的通道進入。此在西方的民主國家，即透過政黨政治的運用。政黨以政見爲結合，以爭取政權，實施政見爲目標，而現代的政黨，誠爲 Marice Duverger 教授所說的，必須以群眾爲基礎，[293] 亦即將進退取捨完全放在民意之上。民意的表達方式是選舉與輿論，政黨則從中提擷，制定或修改政見，並提出適當的，也就是能遵守基本的政治規範，且具能力實施政見的候選人，供選民的選擇。群眾的民主政黨，也會影響到政黨本身的性質與發展，Samuel J. Eldersveld 教授指出政黨不過是政治體系的縮影(a miniature political system)，[294] 這一看法是十分精當的。因政治體系的民主，必使政黨的內部結構趨向民主，但反過來看，也可推論：政黨本身的權力結構，如一本民主的原則，取決於黨員的公意，自可進而推動整個政治體系的民主，雙方實具有相關的互動關

---

[292] 可參見：Hodley Cantril, "The Human Design," Journal of Individual Psychology, 20, 1964, pp.129-36.

[293] Marice Duverger, *Political Parties, Their Organization and Activity in the Modern State* (New York: John Wiley & Sons, 1954), pp. 63-71.

[294] Samuel J. Eldersveld, *Political Parties: A Behavioral Analysis* (Chicago: Rand McNally, 1966), p.1.

係。民主的政治體系,常不出民意代表所組成的代議式議會政體,民主政黨的活動乃不能不集中於議會,而以議會中的議員同志,作為黨內部的權力結構及決策的領導階層。這樣的發展,在政黨政治的性質上,可稱為內在政黨;在政府或政治決策的體制上,即可視為政黨內閣。但如前所述,民主的內在政黨,能否運行圓滿,仍與政治文化息息相關。人民與黨員是否對政治體系的全部決策過程,尤其是如 Gabriel A. Almond 及 Sidney Verba 教授所著重的「投入」(input)作用,加以重視或發生興趣,這是一個文化的問題。在另一方面,人民,包括同黨黨員及異黨黨員等之間,對相互的意見與權力,是否能加容忍、尊重,甚至欣賞,而擺脫權威人格(authoritarian personality)的絕對態度,不作意氣之爭,這仍是一個文化的問題。[295] 中國的傳統政治文化既然是專制的,且知識份子中,僅有極少數能作徹底的質的變,其他大多為部分質的變,尚混雜懷疑的態度,政黨政治的現代化,亦即民主內在政黨的發展,同樣地也是波折重重。

中國早期的革命團體是以排滿為結合的中心,這是政見的結合,在廣義上,已構成政黨的初步形態,而非屬純以人的利害關係為結合中心的朋黨。[296] 革命時代的同盟會,不僅將政見擴展至民權與民生,且在決策的程序上,採用三權分立的總統制,而以黨員大會為最高的

[295] Gabriel A. Almond and Sidney Verba, *Civic Culture* (Boston: Little, Brown, 1965), pp.16-18.

[296] 梁啟超認為朋黨的特徵有五:「一曰以人結合之中心,不以主義為結合之中心;二曰不許敵黨存在;三曰以陰險狠戾之手段相競爭;四曰黨內復有黨;五曰其烏合也易,其鳥獸散也亦易」。見所著,《政黨與朋黨之別》,上篇,載《民國經世文編》(二)(台北:文海),頁817。梁所舉的第二個特徵,即不許敵黨的存在,於一黨專政的國家,情形類似。因之,政黨與朋黨之別,仍以是否為政見作長期之結合為主。

權力機構。這雖是理想的政治結構，用總章加以規定，但如前所述，
實已發展成為具有民主規範的革命政黨，而易於轉變為內在的議會政
黨。[297] 從另外一面看，立憲派的政團，最初以君主立憲的政見結合，
並以各省的諮議局及資政院作為推動溫和改革（如上書、請願等）的
場所，也已具備議會政黨的早期形態。[298] 等到請願受阻，憲友會組成，
內在議會政黨的規模大備，但隱約含有排滿革命的意味。武昌起義後，
革命黨與立憲派的人士曾合作光復各省，再傾覆清廷。在籌組臨時政
府時，雙方雖有政見及利害關係上的距離，但對政黨政治的觀念卻相
同，即一方面贊成革命黨消，一方面主張普通政黨的建立。同盟會因
此正式改組為公開的普通政黨，而著力於議會政黨的運用。憲友會的
激進份子組成統一共和黨，與同盟會接近。比較保守的立憲派人士先
與中華民國聯合會合組統一黨，再與民社合併，改組為共和黨，在參
議院反抗同盟會。到了民國元年的八月二十五日，同盟會復聯合統一
共和黨、國民共進會、國民公黨、共和實進會，改組為國民黨，而掌
握參議院的多數席。

（一）議會政黨的文化背景

　　從政治文化的立場觀察，民國初年的多數人民是缺乏民主的文化
的。傳統的科舉取士，不過使士人階層加入統治的行政體系，作為帝
王的官吏，決非代表人民組織政府，以實現民意。人民久受專制文化
的薰陶，早已接受君君、臣臣等一套自上而下的專權觀念。換句話說，
傳統專制體系下的人民，最大的期待是帝王或官吏的仁政，從不想對

---

[297] 參見本文：四－（一）。

[298] 參見本文：二－（一）。

帝王或官吏的權力，用任何辦法，如議會政治、權力制衡等加以控制，更不敢自作主張，強使帝王或官吏接受，付諸實現。用 Gabriel A. Almond 及 Sidney Verba 教授的概念解說，人民所需的衹是政治體系的「產出」(output)，而不是「投入」(input)。他們終日期待英明的君主，愛民如子的清官，多施一點仁政，但卻不思自作主人，選舉代表，組織政府，為自己服務。這一型的政治文化，不能不說是「臣屬的文化」(subject culture)。[299] 自從西方的勢力於清末大舉入侵後，民主制度偕「參與的文化」(participant culture)俱來，對中國傳統的臣屬政治文化，發生極大的衝擊。首當其衝的，當然是接觸較多的少數知識份子。他們一方面受自尊需要的驅使，一方面由久受壓抑的自由、自主需要的招迎，乃發動以民族自由及人民自由為目標的革命。革命喚起中國人民自尊、自由及自主等等的需要，但如前所說，仍受質與量的限制，無法使涵化或社會化(socialization)的幅度普遍及速度加快。武昌起義雖將專制的、異族統治的清廷推翻，但這僅是推動臣屬文化朝向參與文化演變的起步。實際上，大多人民，甚至若干知識份子，包括參加過排滿革命的，仍深受臣屬政治文化的影響。在行為規範的結構方面，仍是專權性的，權力結構的掌權階層，於進行「轉變」(conversion)的決策功能時，往往到了最後不能容忍異己與異見。表現在人格上，常見到的是權威人格(authoritarian personality)，亦即如 T. W. Adorno 教授所說的，易於接受權威、倚賴權威及強調權威。[300] 民國成立後，絕對專制的權力結構推翻，但尊重及容忍異己、異見的相對權威結構，卻一時不易建立。失去對數千年帝王權威的依賴，可能在秩序感及安

---

[299] Gabriel A. Almond and Sidney Verba, *cp. cit.*

[300] 參見 T. W. Adorno, et al., *The Authoritarian Personality* (New York: Harper, 1950)。

全感上有所威脅，反過來，又不能全盤接受參與的文化，而以民意及民主規範爲權威。這種過度的脫節現象，在現代化過程中，難以避免，但在政治體系的運用上，發生雙重或多重的規範標準，政治因而不能穩定，甚或常起爭執。大多人民既留存臣屬文化，且在權威人格上，居於接受與依賴的程度，不但不能發生民意的參與及監督的作用，反有期待舊秩序的權力結構的心理。這一些對政黨來說，皆發生很大的影響。首先，一般人民對政黨政治欠缺認識，既無積極的參與感，也未必作消極的認同。相反地，他們可能還感覺「樹黨」是「立異」，「黨爭」是破壞政治秩序，妨害到向所注重的體系的「轉變」功能與「產出」，亦即畏懼政府的威信會受到打擊，而不能制定良好的政策。具有此類想法的，也有不少知識份子，且發出毀黨的議論，增加政黨政治的困難。試舉一例，如程德全即認爲：

> 而政黨者，其功用首將國內之人才，剖為數體。每體勢將皆以不具為病。一旦以國家託之，不具之體，用人行政，悉由一定蹊徑，其緣此不具之體以攀升者，不具又加甚焉，其結果將使政治之發育，絕不充分。[301]

這類想法仍不出臣屬文化中，所謂「君子不黨」價值觀。中山先生則憂慮「我中國人民久處於專制之下，奴性已深，牢不可破」。[302] 但一再強調參與文化的民主政治體系，不能不有政黨。他說：

> 倘人人不問國事，於國家則極危險，故有政黨可以代表

---

[301] 程德全，〈覆張國淦書〉，載《民國經世文編》（台北：文海），政治3，頁71，總頁902。

[302] 〈孫文學說〉，前引，頁叁－149。

民意。如無政黨，於國家則更不堪問矣！……各政黨之中，
若逢政策與自己黨見不合之事，可以質問，可以發揮黨見。
逐日改革，則無積滯，……是故立憲之國，時有黨爭，爭之
以公理法律，是為文明之爭，圖國事進步之爭也。若無黨爭，
勢必積成禍亂，為無規則之行為耳。[303]

又說：

今日講到民權，更不能不要政黨，無政黨則政治必愈形
退步。……流弊所及，恐不能保守共和制度，將漸變而為專
制。[304]

中山先生看出專制臣屬文化的毒害及政黨與民主政治的關連，而
諄諄善導。立憲派的贊成議會政黨的人士，在這方面的看法，也與中
山先生相同。如列名共和黨的名記者黃遠庸即說：

政黨者，人民發表政見之機關也，國民表示意向之機關
也。故政黨者，共和國家之所有物也，非共和國，則政黨不
能存在，在共和之國，則未有無政黨者。[305]

他一樣擔心傳統專制文化的「不黨」的觀念，曾感慨地說：

---

[303] 孫文，〈黨爭乃代流血之爭〉，《國父全集》，前引，第二冊，頁捌
－75。

[304] 孫文，〈政黨之要義在為國家造幸福為人民謀樂利〉，前引，頁捌－70。

[305] 黃遠庸，〈政黨淺說〉，載《民國經世文編》，前引，政治 3，頁 4，
總頁 768。

> 吾人之所大懼者，懼夫今日無黨之說，深中人心，又實
> 合於中國舊道德，及國人茍且偷安，顧忌畏事之積習。則真
> 正政黨，永無發達之日，而國家所賴以夾輔輿論政治之目的，
> 無由得達。[306]

　　黃在這段話中，已將中國一般人民接受及依賴權威的心理，明白
道出。但不管中山先生與黃如何解說，傳統臣屬文化的變遷，並非一
朝一夕所能普及辦到的，這實在是政治現代化過程中的難題。

　　其次，黨員與政黨之間，以及政黨相互之間，仍然不能盡脫臣屬
專制文化的牢籠，這種現象，可從數方面看出：

　　1.很多黨人完全是以利害關係而結合，所開列的政見，不過是門
面語，決不是代表民意，或以民意爲依歸的。民初的政黨，一時多如
雨後春筍，竟達三百多個，[307] 其中真正能以群眾的內在政黨爲發展目
標的，恐怕少之又少。黃遠庸形容得極爲透徹：

> 今者黨之問題，可謂波靡全國矣。一般之賢愚不肖，既
> 盡驅率入於此圍幕之中。旗幟分張，天地異色。……目有視
> 視黨，耳有聞聞黨，手有指指黨。既已聚千奇百怪之人，而
> 相率爲黨，遂即鑄爲千奇百怪之黨，蔓延於中國，乃復演爲
> 千奇百怪之崇拜政黨論，或毀謗政黨論，以相攻於一隅。於
> 是乃有黨與黨之爭，有黨與非黨之爭，更有一黨之中，一部
> 分與部分之爭。[308]

---

[306] 黃遠庸，〈鑄黨論〉，前引，頁 10，總頁 780。

[307] 顧敦鍒，《中國議會史》（台北：文星，民 51 年）頁 43。

[308] 黃遠庸，前引，頁 9-10，總頁 778-779。

2.大多數的黨，既非以政見相結合，亦不以民意爲依歸，於是中國傳統政治文化中人的結合因素，乃發生作用。此可見於跨黨份子之多。如伍廷芳具十二黨籍，那彥圖、黃興具十黨籍，黎元洪具九黨籍，熊希齡、陸建章、王人文、孫毓筠具八黨籍，陳其美、景耀月、唐紹儀、于右任具七黨籍，張謇、梁士詒、趙秉鈞、楊度、溫宗堯、程德全、胡瑛、王寵惠具六黨籍，汪兆銘具五黨籍，其他跨黨的人尚多，但不少是屈於人情，爲人拉入裝撐場面而已。[309]「不黨」或「泛黨」，皆不是議會政黨政治中的正常現象。

3.黨員之間及各黨之間常發生黨爭。所爭的內容，並不是中山先生所說的是爲了「公理、法律」，「圖國事進步之爭」，而多出於利害，尤其是意氣。意氣最能表現權威人格，是屬於強調權威的一種。謝彬曾記：

> 自民國初元迄今，政黨之產生，舉其著者，亦以十數，其真能以國家為前提，不蔑視法令若弁髦，不汲汲圖擴私人權利者，能有幾何。而聚徒黨，廣聲氣，恃黨援，行傾軌排擠之慣技，以國家為孤注者，所在多有。且爭之不勝，倒行逆施，調和無人，致愈激烈而愈偏宕，即持良好政見者，亦為意氣所蔽，而怪象迭出，莫知所從。[310]

意氣出於感情上的權威，結果卻更傷害感情，變成對人而不對事，最後弄到憤事而後止。康有爲曾對當時政事的情形，誇大渲染，但多少值得參考，他說：

---

[309] 李劍農，《中國近百年政治史》（台北：商務，民 54 年），下冊，頁368。

[310] 謝彬，《民國政黨史》（台北：文星，民 51 年），頁 2。

　　　乃自開院至今垂二月餘矣，……人數日日不足，不能開
　　議。即間日勉強能開，亦祇聞擲墨盒，持手鎗，改記事簿，
　　甚至互毆。議長逃於室，議員鬨於堂。[311]

中山先生可能看到當時黨爭的激烈，所以特別強調執政黨與在野黨之間的關係，並非是敵對，而是互相監督，共策政治的進步。[312] 他反對非正當的黨爭，特告誡說：

　　　若有不正當之黨爭，與黨員不正當之行為，貽誤國事，
　　即為放棄責任。今日國民責望本黨之殷，即他黨亦生戒備。
　　要之本黨一切行為，無不出於正當，則他黨從此亦不敢再出
　　卑劣手段。[313]

梁啓超亦警覺黨爭已越出政見的範圍，於是主張政黨必須有優容的氣量，並說：

　　　對於他黨，不可有破壞嫉忌之心，且尤必望他黨之能發
　　達，相與競爭角逐，求國民之同情，以促政治之進步。[314]

　　再其次，民國初年以袁世凱為首的新舊官僚及實力派，仍抱有相

---

[311]　康有為，〈國會歎〉，載《民國經世文編》，前引，政治 2，頁 34，
　　　總頁 718。

[312]　孫文，〈政黨宜重黨綱黨德〉，《國父全集》，前引，第二冊，頁捌
　　　－63。

[313]　同上。

[314]　梁啟超，〈蒞民主黨歡迎會演說辭〉，載《民國經世文編》，前引，
　　　頁 55，總頁 870。

當程度的集權與專制的觀念，對政黨政治的監督，認為妨害到權威的推行，不能加以容忍。正好一般人民也缺乏參與的觀念，且易於接受及容忍權威，乃合而維持臣屬的政治文化，使得議會政治及政黨內閣，皆遭受打擊。袁對政黨推動的民主政治，缺乏基本上的認識，還以「不黨」為超然。他出任臨時總統，卻不能遵守內閣制下的總理決策大權，另一方面又不能領導與聯合參議院中的多數黨，建立政黨內閣，反而憑藉實力，擺脫政黨，組織所謂的超然內閣，且自詡：「我任人，但問其才不才，不問其黨不黨也」。[315] 這完全不了解內在政黨的政治功能。他的僚屬也大率類此，如楊度，即主張取消政黨內閣，否則，「相挾相持，互生疑慮，實於國家大計有損」。[316] 時人批評袁說：「既無道德以為體，又無學識以為用，徒挾古皇帝之思想，以盜民國，則其才適足以濟其惡」。[317] 實際上，不僅是袁等官僚與實力派，即若干活躍於議會中的議員，也不見得對自由民主的真正意義與精神，有所悟解，葉景莘說得好：

> 如民權、自由、共和、專制者，今人人之口頭禪也，而明其義者蓋寡，故一方面有以抵抗法律為民權，破壞秩序為自由，盜賊當事為共和，執法不阿為專制者。而他方面，則以箇人之命令意見為法律，而強人以遵守焉。夫今犯上列數弊者，雖非皆出於無心，而實多由於習慣。[318]

---

[315] 引自林長民，〈參議院一年史〉，前引，頁50，總頁749。

[316] 楊度，〈與黃克強論入黨〉，前引，頁70，總頁900。

[317] 白蕉，《袁世凱與中華民國》（台北：文星，民51年），頁1。

[318] 葉景莘，〈中國人之弱點〉，載《民國經世文編》，前引，政治2，頁4，總頁658。

　　所謂習慣，即是權威的以及臣屬的文化傳統。在這一傳統中，民意根本無法伸張，群眾的內在政黨，恐不是容易真正建立的。

　　總之，從以上所述，我們大致可以發現排滿的民族主義革命雖告成功，包括政黨參與在內的政治現代化運動，雖已起步，但無論在質與量的方面，中國的一般平民及士子與官僚層級，尚保留甚多臣屬文化中的政治行為規範，對參與文化的民主與法治的角色規範，涵化的情形相當不能一致，且在程度上，僅有極少數知識份子能作深入的領悟與接受，少部分在半領悟、半接受及半懷疑之間，大多是漠然無所體認。人民的不重視「投入」，不能形成有效的參與與監督；議會中的黨籍議員，復欠缺互相尊重與容忍的所謂民主修養，而無法遵行議會政黨的互動角色行為規範；握實權的新舊官僚與軍人，在專權的思想與維持既得利益的考慮下，更不願改造舊有的政治結構，反而藉口維持社會及政治秩序的穩定，而大肆攻擊黨爭，主張極權。政黨政治即在如此的情形下開其端，但是否能構成議會政治的中心，而為各社會階層所認同與接受，並進一步推動現代的政治參與文化，實值得懷疑。好在既有對參與文化涵化甚深的極少數先知先覺者，努力倡導，再配合人性中對自由、自主、自尊的基本需要，政治的現代化一經發動，縱然路途迂迴曲折，且荊棘遍地，仍然無法停止。

　　　　蓋平等、自由、博愛，乃公眾之幸福，人心之所同向，
　　無可壓迫者也。[319]

　　中山先生說出此語，即明白指出現代化的方向必然是民主的政治體系，政黨政治也必然要遵此方向，才能達到整體現代化的目的。

---

[319]　孫文，〈黨員須宣傳革命主義〉，《國父全集》，前引，第二冊，頁捌—116。

（二）國民黨的組織與失敗

　　前面說過，同盟會在民國初年，不能不變爲公開政黨，而進入議會作政治活動。既入議會，當然要贏得多數席，而爭取政權。所謂政黨內閣，原是民主政治的常軌，實無可厚非。中山先生任臨時大總統時，臨時政府的組織是根據臨時政府組織大綱。民國元年二月十四日，中山先生辭職，薦袁世凱自代，到了三月八日，參議院乃議定臨時約法，廢除臨時政府組織大綱，將每省的議員額，由三人增至五人，選派的方法，由各省自定。開始時，仍由各省都督，派遣增額的議員，不久即有省議會反對都督指派，而贊成民選，「湖北省議會通電，持之尤力，參議院乃議決，即現有機關改民選，令各省臨時省議會選舉來代。……自是絡繹交迭，其制漸備。……是爲民選時代」。[320] 光復後各省議會，固然不少由革命黨人所控制，但大多不過是舊諮議局的化身，仍以立憲派人士爲主。革命黨曾經分裂，立憲派亦有激進與漸進之分，所選出的參議員亦分屬數個政黨，且多立憲派的人士。民國元年四月中旬，參議員陸續北上，並決定改選全體職員。當時在一百二十餘席的參議院中，同盟會與共和黨各佔四十餘席，皆不過半，但共和黨是「順應袁政府組織極大與黨之要求，而用以對抗全盛之中國同盟會者也」。[321] 所以十分勢盛。如前所述，章炳麟與同盟會分裂後，與立憲派的溫和份子張謇等，幾經合作而成立統一黨；[322] 至民國元年五月，統一黨再聯合武昌首義份子黎元洪、孫武等所領導的民社，[323] 合

---

[320] 林長民，前引，頁 47，總頁 743-744。

[321] 謝彬，前引，頁 45。

[322] 參見本文：四一（三）。

[323] 參見本文：四一（三）。

併三個小政團，組成共和黨。據谷鍾秀說：

> 共和黨成立後，其勢駕同盟會而上之。以國權主義相揭
> 櫫，而其實為政府所用。又惟恐政府勢力不強固，而以擁護
> 為己任。詆之者目為御用黨。[324]

處於同盟會與共和黨之間的，是統一共和黨，在參議院中共得二十五席，稱第三黨。這一第三黨卻具有舉足輕重的勢力，因倒向同盟會，同盟會即可控制參議院，反之，倒向共和黨，情形亦同。統一共和黨於民國元年四月十一日在南京成立。列名發起的是立憲派中較激進、親近革命黨人士，如谷鍾秀、殷汝驪、彭允彝及吳景濂等。實際上是由谷鍾秀的共和統一黨、殷汝驪國民共進會及彭允彝的政治談話會等三個政團所合併而成的。臨時政府移至北京，參議院改組職員時，統一共和黨即操縱於同盟會與共和黨之間，「吳景濂之得議長，谷鍾秀之得全院委員長，殷汝驪之得財政委員長，均屬操縱之效」。[325] 大體上，統一共和黨是與同盟會相提攜的。同盟會在唐紹儀內閣時代，極力主張尊重臨時約法所規定的內閣制，即責任在內閣，決策權力亦在內閣，政府律令的頒發，皆須內閣總理的副署。統一共和黨亦盡力贊助。而且統一共和黨的黨魁，吳、谷、殷等，皆為參議院的領導負責人士，所以更遭官僚實力派及共和黨的忌恨。黃遠庸曾記述吳等因支持唐拒絕副署袁改命王芝祥赴南遣散軍隊事，「有署曰軍界公啓者，聲討吳景濂、谷鍾秀、殷汝驪罪狀，並牽及谷之死力為王芝祥君督直者，受得賄賂若干云云，且謂將與天下共誅之」。[326] 由此可見統一共

---

[324] 谷鍾秀，前引，頁 99。

[325] 謝彬，前引，頁 46。

[326] 黃遠庸，〈三日觀天記〉，載《遠生遺著》（台北：文海），卷 2，頁

和黨與同盟會關係的密切。唐閣倒，共和黨因不得多數席，故一味附
和袁系的主張，倡組超然內閣，以陸徵祥爲總理，同盟會與統一共和
黨亦聯合反對，贊成政黨內閣。後統一共和黨因各黨在現實政治下，
皆無法提出組閣人選，始同意陸出任，但仍聯合彈劾總理。

　　統一黨與民社的合組共和黨，再附和舊官僚與同盟會相角，使得
同盟會不能不與統一共和黨作全面的合併，消極地謀求參議院的優勢，
積極地爭取組織政黨內閣。在陸徵祥所提閣員名單遭參議院否決時，
共和黨擁袁的議員及官僚實力派的軍警，皆對統一共和黨的負責人，
加以攻擊，不但共和黨的議員如劉成禺等，對吳痛罵，使得「議長是
日之尊嚴爲之大損」，[327] 且軍警會議公所的軍警官員曾威脅以武力解
散參議院等，使吳、谷、殷等大爲激憤。且正式國會，按臨時約法的
規定，須在約法施行後的十個月內召集，約法是民國元年三月八日所
制定，十一日由政府公布施行的，正式國會應在民國二年元月十一日
前集會，如能與同盟會合併，在國會議員的選舉上，亦將互蒙其利，
於是乃提出兩黨合併之議。

　　宋教仁自在北京實際負責同盟會的會務後，主張政黨內閣最爲熱
烈。他爲了堅持這一內在政黨的原則，不惜辭去總長的職位，與唐閣
共進退。他並不反袁，對陸徵祥也無成見，且嘗語人曰：「以現勢論
之，正式總統，非袁公莫屬，然內閣必須由政黨組織，始能發揮責任
內閣制度之精神，而不必出於己黨也」。[328] 他不贊成陸的超然內閣，
是要改中國傳統的專權政治，入於民主政治的正常軌道。統一共和黨
最後支持陸的組閣，教仁無力阻擋，但堅決反對同盟會的同志入閣。

　　76。

[327]　同上，頁 77。

[328]　谷鍾秀，前引，頁 118。

黃遠庸曾記：

> 同盟會中本分兩派，一派持穩健主義，且不甚贊成黨員
> 不入閣之說，聞平剛君主之。其多數則絕對不主張以黨員入
> 閣，且提議無論大總統提出何人，一律不投同意之票，宋教
> 仁君、張耀曾君等，持之最力。[329]

教仁固然在現實上，謀與統一共和黨合併，以便步調一致，控制
議席的多數，但也感覺理想的民主政治，仍以兩黨政治爲佳。他想藉
內在政黨的兩黨政治，將新舊勢力合糅，再逐漸調和融化，以促進全
國國民的政治現代化。自兩黨合併之議出現後，教仁即同意變更同盟
會的名稱及改良內部的組織。當時同盟會的內部意見並不一致，最後
才告贊成。黃遠庸亦有記述：

> 同盟會改組事，宋教仁、胡瑛、魏宸組、譚人鳳、劉揆
> 一、張耀曾、李肇甫等主之最力。屢次會議，皆無結果。……
> 昨十四會議又經提議，此事由魏宸組君主席，宛轉陳詞，略
> 謂爲淘汰流品及融合新舊起見，不能不有此一著。……而白
> 逾恆、田桐等數人，即痛陳同盟會係數十年流血所成，今日
> 當以生命擁護此名與國民同休，奈何提及改組，聲勢激烈。
> 於是有人主張付假表決以覘多數心理，而卒以否決，此數大
> 有力者，莫如何也。[330]

同盟會與統一共和黨既決定合併後，乃「更併合同主義、同系統

---

[329] 黃遠庸，〈喬粧打扮之內閣〉，載《遠生遺著》，前引，卷2，頁67。
[330] 黃遠庸，同上。

之其他三黨，合組爲國民黨」。[331] 這三個政團，即王寵惠及徐謙等的
國民共進會，董之雲、許廉等的共和實進會，虞熙等的國民公黨。五
個政黨的代表在民國元年的八月五日召開談判會，就同盟會代表張耀
曾所提的草案開始討論，最後決定改草案中民主黨的名稱爲國民黨，
另同盟會代表李肇甫不贊同統一共和黨將民生主義去除的主張，乃由
張繼協調，將黨綱的「採用社會政策」，改爲「採用民生政策」，其
餘皆無異議。[332] 八月十三日。同盟會召開全體大會，推宋教仁及張繼
等十六人爲籌備員。八月二十五日，國民黨召開成立大會於北京的湖
廣會館。其時中山先生正抵北京，特來致詞。選舉的結果由中山先生、
黃興、宋教仁、王寵惠、王人文、王芝祥、吳景濂、張鳳翽、貢桑諾
爾布等九人當選理事，胡漢民等三十人當選參議。另由理事推舉中山
先生爲理事長，中山先生則委教仁代理。

　　中山先生北上是爲了調和黨見，克強不久亦來，皆與袁相談甚洽。
當時國民黨組成，佔參議院的絕對多數席，且陸徵祥因受彈劾稱病不
理政務，國民黨本可出而組織政黨內閣。但克強謙辭中山先生的推薦，
袁對教仁的組閣，表面無可無不可，而實則反對。克強爲了拉攏及調
和袁的實力派，乃建議總理人選任由袁作決定，不過連同閣員須加入
國民黨。袁與國民黨總部皆同意。中山先生自同盟會改組後，雖然位
尊，但卻爲少數派，已如前述；[333] 國民黨的成立，多爲教仁策劃，中
山先生既不便，恐亦無意過問，所以對黃、宋的政黨內閣主張，同樣
不表反對。他當時對政治既無實質上的影響力，且多少對袁存有一些
樂觀的看法，於是決心謀民生的發達，願意退出政壇，致力鐵路的建

---

[331] 謝彬，前引，頁 46。

[332] 參閱〈五黨大合倂誌詳〉，載《民立報》，民元年 8 月 18 日。

[333] 參見本文：四一（三）。

設。教仁等主張政黨內閣及兩黨政治，原是所謂立憲之治的主要內容，
中山先生在原則上並無異見，時表贊同。在北京的政局下，他所能著
力的仍不出調和政見，暫時放棄革命方略的主張，姑且期待袁等官僚
實力派及一般人民，能在議會政治的逐步進步下，實現民主政治。民
國元年十月，他從北京回到上海曾說：

> 余現注全力於鐵路政策，以謀發展民生。黃克強抵京後，
> 主張政黨內閣，調和各派意見，袁總統均甚贊成。余出京時，
> 邀國務員加入國民黨之議始起，今閱報，國務員現已加入本
> 黨。是今日內閣，已為國民黨內閣，國民黨與政府之調和，
> 可謂躋於成功。[334]

他在這段話中，已隱約說明目前無意於政治，且指出克強是調和
政見，邀請國務員加入國民黨的主要建議人。再參看他委由教仁代理
國民黨理事長的事實，應可推知中山先生內心中，定有叢結及難言之
隱，可能內心存有這樣的矛盾：即在理論上不能不贊成教仁等政黨內
閣的主張，亦想樂觀其成，但在另一面，又懷疑民智的未開及袁系等
官僚的具有民主的誠意，卻並不望果真如此。在矛盾中，中山先生似
乎產生一些規避的想法，他後來曾追憶當時的心情：

> 國民黨成立，本部設在北京，推我任理事長，我決意辭
> 卻。當時不獨不願參加政黨，且對於一切政治問題，亦想暫
> 時不過問。[335]

---

[334] 孫文，〈國民黨當以全力贊助政府〉，《國父全集》，前引，第二冊，
頁捌—46。

[335] 孫文，〈國民黨過去失敗之原因與今後努力之途徑〉，前引，頁捌—183。

克強爲了遷就袁系,使袁所指派的內閣總理趙秉鈞亦加入國民黨,
如此雖具國民黨的政黨內閣之名,但並無其實,對議會政治及內在政
黨的推動,非特無益,而且有害,黃遠庸且說:

> 及趙秉鈞通過後,黃因力勸袁總統勸各國務員加入國民
> 黨,臨時現湊的政黨內閣,不驢不馬,人多非笑之,謂此非
> 政黨內閣,乃係內閣政黨。[336]

民國元年的十二月中旬,國會的參議院及眾議院的選舉開始辦理,
結果經初選與複選後,國民黨在參、眾兩院皆贏得絕對多數席。按照
國會組織法及兩院議員選舉法的規定,參議員由各省省議會選出(每
省十名,蒙古等地區另有名額規定),眾議員則由人民直接選舉,各
省名額,按人口的多寡分配。但無論候選人與選民皆有財產及學歷上
的限制(須年納直接稅二元以上,或有五百元以上之不動產,或在小
學畢業以上或同等學歷),且女性無投票權,男性的候選人須年滿二
十五歲,選民則僅須年滿二十一歲。這些限制在民初時代,與西方民
主國家也相類似。教仁是最熱心於內在政黨的,而且極盼將政黨政治
建立在民意的基礎之上,於是仿效民主國家黨魁爲黨員競選的辦法:

> 沿江而東,而湘、而鄂、而皖、而寧、而滬,時騰其在
> 野黨之口,辯以暴政府之短,此固各國在野黨之常態,原無
> 足異,然詛咒之者,已不覺大詫曰:嘻!宋教仁果欲組織政
> 黨內閣耶!何相逼之甚也。[337]

---

[336] 黃遠庸,〈政談竊聽錄〉,載《遠生遺著》,前引,卷2,頁153。
[337] 谷鍾秀,前引,頁118。

　　結果宋於民國二年三月二十日在上海車站擬乘滬、寧車赴京時，遇刺而死。兇手爲武士英，經「搜得證據，知爲袁世凱及趙秉鈞所主使，舉國震動，而國民黨員，尤爲憤怒」。[338]

　　宋的被刺，在實質上，已表示內在政黨的死亡。參議院時代，雖有越出常軌的黨爭，但在政治現代化剛起步的國度，並不足驚異。宋在其間的調和糅合，已使得兩黨政治具有規模。黨爭或不能一時泯滅，總趨向調和，實在不足爲慮。惜一般平民及官僚、軍警，一方面籠罩在專制、臣屬文化的傳統下，覺得政黨與政府之間的意見衝突，爲無法容忍之事，會破壞政府的權威，另一方面，又考慮本身的利害：或爲維持特殊的權位，或爲畏懼特殊的權威，乃不對民主的政治體系，加以支持。袁在這樣的情形下，愈來愈趨向守舊，逐漸要恢復帝制。中山先生於舉兵失敗後，避往日本，重組革命黨，認爲在中國實行內在政黨的立憲之治，必須要剷除官僚、軍閥與政客的惡勢力，另須徹底改造一般人民的臣屬文化傳統，使能轉向到參與的文化。他對中國人民的「奴性」常有批評，認爲是五千餘年的專制餘毒。他曾沈痛地說出：

　　　　本來政治主權是在人民，我們怎麼好包攬去做呢？……以五千年來被壓做奴隸的人民，一旦抬他做起皇帝，定然是不會做的。……又須知現在人民有一種專制積威造下來的奴隸性，實在不容易改，雖勉強拉來做主人翁，他到底覺得不舒服。……我們現在沒有別法，祇好用些強迫的手段，迫著他來做主人。[339]

---

[338] 鄒魯，前引，頁146。

[339] 孫文，〈訓政之解釋〉，《國父全集》，前引，第二冊，頁捌－110-111。

中山先生所說的完全是迫使自由的思想。他覺得中國人敷衍苟安的心理，亦即臣屬文化的傳統，必得革除消滅，甚至說：

> 你不承認十二年的禍亂是革命黨造成的麼？民意卻大多
> 數承認是這樣的。……將真正民意綜合起來分析一下，一定
> 復辟的人佔三萬萬九千萬多。我們果然要尊崇民意，三、四
> 十年前祇好不提革命了。[340]

但他相信世界是進化的，後知必爲先知所覺，所以要不斷革命，到成功爲止。

> 譬如高山頂上有塊大石，若不動他，就千萬年也不會動。
> 但是有人稍爲撥動之後，他由山頂跌下，非到地不止；要是
> 有人在半山腰想截住他，這人一定是笨呆了。[341]

中國的政黨政治，在國民黨的組成後，本可趨向以內在政黨爲中心的政治現代化，不僅宋教仁在努力推動，中山先生似也有所等待。但最後仍敵不過臣屬文化傳統中的權威勢力，終使中山先生在心理的衝突後，更要從事激烈的革命。中國的民權何時實現？參與的政治系統何時建立？內在政黨的功能何時發揮？這一些恐仍在革命的滾石過程中。　（原文摘自作者著：《民初政黨政治：政治現代化的一項討論》，國家科學委員會研究報告，1971年。）

---

[340] 孫文，〈學生要努力宣揚擔當革命的重任〉，前引，頁捌－163。

[341] 同上。